KB270816

예수의 윤리

살림

이 책은 "사람이 왜 살아야 하는가?" 그리고 "산다면 어떻게 살아야 하는가?"라는 질문에 대해 윤리(倫理)를 통해 개인적인 대답을 하려고 한 것이다. 다시 말하면 "예수의 윤리" 가운데서 이 대답을 얻을 수 있다고 생각하여 정리한 것이다.

필자가 처음 예수의 윤리에 대해 깊이 생각한 것은 삶의 마지막 단계에 왔다는 것을 실감했기 때문이다. 2008년 3월 25일(음)에 필자는 법적인 나이로 70세가 된다. 그러나 생명의 시작을 잉태 시점으로 본다면 출생할 때에 이미 한 살을 먹은 셈이다. 그래서 필자는 당당하게, 법적인 그날부터 나이를 세지 않고, 실제 나이가 71세가 된다고 말하고 싶다. 이것은 생명의 창조주가 하나님이심을 밝히고 싶고, 또 그렇게 믿고 싶은 마음에서이다. 어떻든 간에, 많이 살았다. 65세만 채우게 해 주시라고 하나님께 기도하였는데, 나중에는 욕심이 생겨 70세까지만 연장해 주시라고 기도하였다. 하나님이 그 기도에 응답해 주셨으니, 참으로 감사한 일이다.

이후에 나는 어디로 갈 것인가? 이것이 필자의 최대 관심이었다. 그것은 하나님 나라에 들어가는 것이었다. 그렇지만 자신이 없었다. 그래서 하나님 앞에서 모든 것을 내려놓고 "주 예수를 구주로 믿습니다"라는 기도를 했다. 지금도 계속해서 반복해서 하는 아침기도가 이것이다. 이러한 관심과 기도로부터 예수님께 집중하였다. 성경의 핵심은 예수님이라는 생각 때문이었다. 그럼에도 불구하고 그리스도 중심이라기보다는 삼위일체 하나님 중심이어야 한다는 것이 필자의 신학적 핵심 관심이다. 그러나 현대 유신론(有神論, theism)과 같이 임마누엘 하나님이신 예수님을 등한시하거나 무시하는 일은 없어야 한다. 이러한 맥락 속에서 예수님께 집중하면서 이 책을 진행하도록 하겠다.

필자가 지금까지 해 온 것이 기독교윤리학(基督敎倫理學)이라는 학문이기 때문에 예수님에 대해 집중한다면 그것은 "예수의 윤리"로 나타나야 한다고 생각했다. 그래서 주제를 "왜 예수의 윤리이어야 하는가?"로 정하고 글을 쓰기로 하였다. 그리고 내가 처한 현실과 생명을 좀더 감안하여 "왜 지금 예수의 윤리이어야 하는가?"라는 질문을 하였다. 다시는 생각을 정리할 기회가 오지 않을 것 같은 느낌이 들어서였다. 물론 그 이전에 『생명이란 무엇인가?』라는 글을 써서 어느 정도 개인적인 형편에 대해서는 정리를 하였지만 그래도 좀더 생각과 신앙적 입장을 정리하여 밝히는 것이 좋겠다는 생각에서 이 글을 쓰기 시작했다.

생각을 더 진전시켜보자면, 예수 그리스도가 나의 구주가 되신다는 것을 믿으면 "왜 지금 예수의 윤리인가?"라는 문제의 답을 밝혀야 할 것이었고, 따라서 거기에 합당한 행위 즉 "사람이 마땅히 해야 할 일이 무엇인가?"를 밝혀야 한다고 생각했다. 그러나 필자의 능력의 한계로 인하여 모든 것을 포괄하는 방대한 연구는 할 수 없다는 판단 아래, 신약성경의 앞부분에서 예수님과 또 앞의 여러 질문들에 대해 집중적으로 조명하여 서술한 네 개의 복음서를 중심으로 필자가 생각해 온 것을 쓰기로 하였다. 이 글은 결코 학문을 위한 주석적인 것도 아니고 그렇게 할 의도도 없다. 다만 성경을 읽고 느낀 대로 "왜 오늘 예수의 윤리인가?"라는 질문에 스스로 대답해 가면서 쓰고자 한 것이다. 그러한 목적을 위해 가능하면 성경을 많이 인용하여 독자들이 직접 음미하면서 필자가 묵상하는 대목을 알 수 있게 하였다. 이렇게 한 것은 독자가 비록 기독교인이 아니더라도, 지금 우리가 살고 있는 상황에서 요청하는 것들을 살펴보면서 예수님의 윤리를 한 번 고려해 볼 것을 바라는 목적도 있다.

이러한 구상을 책으로 낼 것을 최종적으로 결단하게 한 것은 한남대학교의 조용훈 교수의 영향이 크다. 그는 필자가 한 학기 동안 한남대학교에서 강의할 수 있도록 해 주었고, 또 한 학기 동안 강의를 해 달라는 부탁을 하기에 그것을 받아들여, 기회로 삼고 결단하게 되었다. 바로 그 강의를 통해, 학생들과 이 책의 내용으로 토론할 계획이다. 또 이 시대를 사는 사람들이 예수의 윤리를 토론해 볼 수 있는 기회를 가지게 하고 싶다.

특별히 한남대학교의 조용훈 교수와 천사무엘 교수에게 감사한다. 이 책이 나오도록 협조한 필자의 가족에게 깊이 감사한다. 그리고 출판을 가능하게 한 살림출판사의 여러분에게도 감사의 마음을 전한다.

제 1 장

왜 지금 예수의 윤리인가?

– 예수의 윤리의 정의(定義, definition)와 필요성

필자는 2006년 9월 20일 서울 영등포구에 있는 진단 방사선과 병원에서 건강검진을 받았다. 뜻밖에도 일주일 후 다시 오라고 하는 말을 들었다. 오른 쪽 갑상선 부분에 암 증후가 있다는 것이었다. 담당 의사가 오라고 한 날에 가 본 결과 속히 좋은 병원에 가서 수술을 해야 한다는 말을 들었다. 그래서 연세대학교 의료원에 연락을 하고 2007년 1월 초에 수술을 받았다. 수술 결과 암이 아니라는 것을 확인했다.

처음 수술 날을 받아놓고는 마음이 매우 착잡하였다. 암이라면 만약의 경우 육신의 목숨이 끝날 수도 있다는 생각을 했다. 의사를 포함하여 주위의 많은 사람들은 갑상선 암은 심각한 것은 아니니 걱정할 필요가 없다고 말하였다. 그러나 당사자인 필자는 겁이 많아서인지 암이라면

일단 주변정리를 해야 한다는 생각을 했다. 그래서 정리하는 가운데 "가장 우선적으로 생각하는 것이 무엇일까?" 하고 생각하다가 지금까지의 신앙에 대한 점검이 가장 우선이리라고 생각하였다. 만일 병원에 누워 있게 된다면 마음으로 조용히 묵상할 성경 구절은 있는가? 마음속으로라도 부를 수 있는 찬송을 기억하고 있는가? 그런데 한심스럽게도 성경 중에 암기하는 부분이 거의 없었다. 찬송은 더 말할 것 없이 끝까지 외워서 부를 수 있는 것이 전무했다. "지금까지 목사로서 목사 후보생들을 교육해 왔으면서 그리고 교회에서 설교를 해 왔으면서 무엇을 하였는가?"라는 질문을 되풀이하였고 솔직히 겁이 났다. 그리고 최종적으로 확인한 것이 "과연 예수는 믿는가?"라는 질문이었다. 그래서 다시 깊이 생각하고 찬송을 몇 곡 외우고 성경을 읽었다. 하나님은 병을 통해서도 사랑하신다는 것을 확실하게 깨달았다. 왜냐하면 하나님은 그 병을 통하여 마음을 깨끗하게 하시고 하나님을 뵐 수 있게 하시는 분이라는 것을 알았기 때문이다. 예수님은 분명히 마음이 청결한 사람은 하나님을 볼 수 있다고 말씀하셨다. 이 얼마나 좋은 소식인가?

"왜 지금 예수의 윤리인가?"라는 질문은 이렇게 필자가 갑상선 암일 가능성이 있다는 말을 듣고 육신의 삶의 마지막 단계에 있음을 느끼면서 가장 중요한 것으로 스스로 생각해 보게 된 것이다. 부활 이외에는 육신으로는 다시 돌아올 수 없다는 것을 생각하면서 일생을 마칠 정리를 하는 가운데, 만일 이 세상을 떠난다면 그 다음은 어떻게 될 것인가를 생각해 보았는지를 스스로 물어보았다. 하나님의 나라(天國)에 들어가는 것을 마지막에 생각하게 되었다. 그렇다면 하나님의 나라에는 들어갈 수 있는가? 필자는 스스로 질문을 하는 가운데 만일 갈 수 없다면 어떻게 되는가? 또 간다면 어떻게 되는가? 정말 하나님 나라는 있는 것인가? 지금까지 하나님 나라가 있다고 가르쳤는데 정작 본인은 그것을 확실히 믿고 있는가? 이런 질문들을 하였다. 어리석은 사람의 질문 같지만 가장 현실적이고 가장 절박하고 가장 중요한 질문임을 필자는 확실하게 깨닫게 되었다. 만일 하나님 나라가 없다고 생각한다면 지금까지 거짓으로 가르쳤고 사람들을 속이는 일을 한 것임을 깨달았다. 필자가 하나님 나라를 믿는 것은 분명한데, 어떻게 하면 들어갈 수 있는가라는 생각을 또 하였다. 지금까지 필자는 예수님을 구주로 믿으면 하나님 나라에 들어간다고 가르쳤다. 그래서 필자는 다시 스스로 이 점을 확인하고 "예수님을 구주로 믿습니다"라는 고백을 했다. 그러자 오늘 필자에게 "예수는 누구인가?" 이것이 가장 중요하면서도 심각한 질문이 되었다. 그리고 더 나아가 "예수님의 가르침을 따라 사는 것, 즉 예수님을 믿는 신앙과 윤리는 무엇인가?"라는 질문이 뒤따랐다.

　사람들은 우리가 살고 있는 시대를 매우 "불확실한 시대"라고 말하기도 한다. 필자는 갈브레이스(John Garbraith)의 책 『불확실성의 시대 *The Age of Uncertainty*』를 오래 전에 읽는 가운데 이것을 알았다. 이것은 이상(ideal)과 결과의 현실이 일치하지 못하기 때문에 한 말이기도 하다. 사실, 많은 사람들이 이상을 가지고 출발하지만 결과는 그 이상과 다르게 되는 경우가 거의 전부라고 할 수 있다. 사회주의 · 공산주의도 인간의 삶의 질을 평등의 원칙 가운데 실현하려고 하는 이상을 가지고 출발하였지만 결국 실패하였다. 자본주의도 우리 시대의 혁명이라고 코흐(Richard Koch)가 말한 바 있지만,[1] 노력한 만큼 얻을 수 있다는 인간의 능력을 극대화하는 이상을 가지고 출발한 것이 힘 센 사람의 몫은 너무 많아지고 약한 자를 배려하지 못한 채 그저 빈부의 격차를 심화시키는 결과를 가져오게 하였다. 그래서 "성장보다는 분배"라고 외치는 사람들도 나타나게 되었지만, 분배를 강조하면서 성장이 둔화되고 결국 성장하려고 하는 의욕까지 상실하게 만드는 현실을 가져왔다. 그래서 많은 사람들은 자본주의의 토대라고 생각하는 자유민주주의를 제창하기도 한다. 코흐는 민주주의를 혁명이라고, 자본주의에 이어, 말하였지만[2] 이러한 이상은 결국 원하지 않는 현실이나 예상치 못한 결과를 초래하였다. 이것을 수정하거나 보상하기 위해서인지는 몰라도 일부 사람들은 사회적 민주주의(social democracy)라는 것을 주장하기도 한다. 다시 말해, 경제 즉 분배는 사회주의적으로 정치는 민주주의적으로 하자는 것이다. 중국과 같은 나라는 정치는 사회주의를 하고, 경제는 자본주의를 하기도 한다. 그렇지만 정치는 권력을 가진 사람들이 세력을 확보하는 수단으로 가지고 있으면서 현실적으로는 자본주의를 하는 것으로 볼 수 있다. 그렇다면 자본주의 이후는 무엇이어야 하는가? 정말 모든 것은 불확실한 것인가? 그렇지만은 않다. 필자는 예수님에게서 확실한 해답을 찾는다.

우리 시대는 또 "불확정성의 시대"라고도 한다. 필자는 서울 광나루에 위치한 장로회신학대학교의 신문인 「神學春秋」에서 신준호 박사의 "양자론(quantum theory)에 의하여 조명되는 칼 바르트 신학의 몇 가지 주제들"이라는 글을 읽었다. 그는 이 글에서 양자론으로 신학을 해석하고 이해하려고 하는 내용을 전개하였다. 이것을 이해하기 위하여 여러 다른 책들을 본 결과 나는 양자역학(quantum mechanics)이라는 학문의 용어도 알게 되었다. 이 이론이 나에게는 너무 어렵고 생소하여 아주 먼 과학이라고만 생각했는데, 얼마 전에 읽은 책 티플러(Frank J. Tipler)의 『기독교 물리학 *The Physics of Christianity*』의 내용과 겹쳐지면서 신학의 세계에 새로운 바람이 불고 있구나 하는 느낌을 받았다. 일반적으로 신학자들이 과학을 논하는 것은 생소한 일이라고 여겼는데, 최근에 들어 신학자들이 신학을 과학과 연계하여 논의하는 글들을 자주 읽으면서 "불확정성의 원리(uncertainty principle)"와 같은 과학 논의가 신학에도 무관하지 않다는 생각을 하였다.

사실, 문영빈 교수가 "현대 물리학, 시스템 이론, 신학의 대화: '관찰'의 개념을 중심으로"라는 글을 발표한 것을 읽고 신학자들이 과학을 읽고 깊은 대화를 하려고 한다는 느낌을 가졌는데, 그 글이 발표된 대학에서 또 다시 과학 이론으로 신학을 이해하는 노력을 하는 것을 보고 새로운 생각을 하게 되었다. 또 기독교에 대해 적대시한다는 인식을 주는 생물학자 도킨스(Richard Dawkins)에 대해 신준호 박사가 다음과 같이 말한 것을 보고 필자는 더욱 확신을 가지게 되었다.

생물학자인 도킨스는 신의 존재 혹은 부재를 논하기 전에 우선 자신의 "인식론적 한계"를 주의 깊게 검증했어야 했다. 도킨스가 사용하는 소박한 고전 물리학적 내지 생물학적 인식 방법에 의해서는 양자 세계의 신비한 현상들이 전혀 이해될 수 없듯이, 또한 영원하신 하나님 존재도 당연히 인식되지 않는다. 도킨스뿐만 아니라 하나님을 언급하는 많은 현대주의 철학자들 그리고 종교학자들에게 요청되는 것도 이러한 "인식론적 겸허(epistemic humility)"일 것이다. 왜냐하면 "왜 하필이면 예수를 통해서만 하나님을 알 수 있는가?" 혹은 "왜 그리스도교적 하나님 개념은 그렇게도 배타적인가?"라는 종교 다원주의의 질문은 "왜 양자의 존재는 하필이면 불확정성의 원리를 통해서만 인식되는가?"라고 묻는 것과 마찬가지의 인식론적 무지 안에 있기 때문이다. 오히려 우리는 타종교 혹은 타학문의 "신 인식론"에도 양자물리학이

요청하는 것과 같은 …… "인식 대상과 존재적으로 결부된 고유한 인식 방법"이 참으로 존재하는지를 되물어야 할 것이다.[3]

양자론(quantum theory)의 인식 방법은 고유한 인식 방법으로서 독일의 물리학자 하이젠베르크(Werner Heisenberg)의 "불확정성의 원리"라고 한다. 이 원리에 의하면 양자들의 존재는 오직 불확정성의 원리라는 인식의 틀을 통해서만 해석되고 이해될 수 있다. 신준호 박사에 따르면, 빛의 파동/입자(wave/particle)라는 이중적이면서 단일적인 역설은 이성적으로 이해하기 어렵지만 실험에 의하여 반복적으로 증명되었기 때문에 승인되지 않을 수 없다. 이 이중-단일성의 역동적 존재구조를 통해 예수님의 완전히 하나님이시면서 완전히 인간이 되시는 것을 이해할 수 있다고 한다. 이것은 동시에 아버지와 아들과 성령이 하나 되는 것도 이해할 수 있게 한다. 그동안 신학은 하나님의 뜻에 따라 계시를 통해 삼위일체 되시는 하나님, 예수님의 이중성 등의 이해를 설명하려고 많은 노력을 해 왔으나 실제로 이해하는 데 확신을 갖지 못하는 사람들에게 많은 논쟁거리를 제공하였는데, 사람들이 인정하는 과학이 이것을 해명할 수 있다면 얼마나 좋은 일인가? 이 시대를 사는 사람들이 복이 있음을 다시 한 번 더 확인할 수 있었다.

하나님은 전(全) 방위적으로 자신의 존재를 확인해 주시고 계신다. 어떻게 피조물인 인간이 하나님을 설명할 수 있을까? 사람들은 스스로를 만물의 영장이라고 생각하면서 자기 생각을 기본으로 하여 또는 자기 이성을 기본으로 하여 하나님을 이해하는 데 집착한 나머지 하나님의 존재를 부정하는 데까지 이르렀었다. 그러나 하나님의 말씀은 살았고 운동력이 있어서 살아 계신 하나님의 말씀과 하나님의 존재를 다시 확인하고 있음을 입증한다. 그런데 하나님의 말씀이 그렇게 증명할 때에는 의심하거나 믿지 않다가, 이제 사람들이 발견한 과학이 증명한다고 했을 때 하나님의 존재를 인정하는 것도 참으로 우스운 일이다. 왜 믿지 못하는가? 왜 믿지 않는가? 하나님이 세상을 사랑하시고 그의 아들 예수님을 사람이 되게 하셔서 우리를 죽음으로부터 구원하신 사실을 이제야 확인하려고 하는가? 하나님의 말씀이 전하는 것을 왜 믿지 못하는가?

앞에서 언급한 티플러는 그의 책 『영혼불멸의 물리학 *The Physics of Immortality*』과 『기독교 물리학』을 통해 하나님께서 세상을 창조하신 것, 예수님을 통해서 구원하신 것, 종말이 온다는 것 등을 구체적으로 표현하고 있는데, 그것을 위해 불확정성의 원리도 동원한다. 특별히 특이점(singularity)을 이용하여 성경의 진실을 증명하고 있다.[4] 이제 과학의 힘이 아니더라도 하나님의 말씀인 성경을 확실히 믿지 않겠는가? 이렇게 불확정성의 원리가 확인된 세상에서 예수의 윤리를 고려하는 것은 세상에서 사는 날 동안 마땅히 고려해야 할 내용이 아니겠는가?

또 장로회신학대학교 현요한 교수가 쓴 "신경과학과 정신-신체의 관계 문제"라는 논문을 읽었는데 그 글에 의하면 최근 뇌 과학, 특히 인지신경과학이 매우 급속하게 발전하는 가운데 실험 심리학, 비교 신경 심리학, 뇌 촬영 기술, 다시 말하면 CT(computerized tomography, 컴퓨터 단층 촬영), MRI(magnetic resonance imaging, 자기 공명 영상법), PET(positron emission tomography, 양전자 단층 촬영), fMRI(functional magnetic resonance imaging procedure, 기능적 자기 공명 영상법), SPECT(single photon emission computed tomography, 단일 광양자 단층 컴퓨터 촬영) 등의 기술로 인하여 인간 뇌의 특정 부위와 인간 정신의 특정 활동을 연관시키는 뇌기능 위치확인 연구(localization)가 큰 성과를 거두고 있다. 현요한 교수는 그러한 연구로 인하여 정신 활동과 뇌 활동, 정신과 신체가 긴밀하게 연결되어 있다는 사실이 점점 더 분명해지고 있으며, 뇌의 세포, 분자 수준의 작용들에 대한 발견들이 뇌 생리학적 작용들과 행위, 사고, 감정 등의 관계를 분명히 밝혀 주고 있다고 말한다.[5] 현요한 교수는 여러 학문과 학설들의 주장들을 검토하면서 다음과 같은 결론을 내린다.

> 정신에 대한 통속적, 신학적 이해는 현대 신경과학의 연구와 부단히 대화할 필요가 있다. 왜냐하면 그러한 대화는 상대방으로부터 자신의 영역을 더욱 풍성하게 해 주는 통찰들을 발견할 수 있기 때문이다. 가령 신학은 과학의 연구 결과로부터 인간을 전인적으로 이해하는 성서 해석을 더욱 풍부하게 해 주는 통찰들을 배울 수 있을 것이다. …… 또한 우리는 서로간의 대화를 통하여 서로가 가지고 있는 이해들의 일부를 수정할 필요가 있음을 발견하게 될 수도 있다. 이를테면 과거에는 간질이나 정신이상을 악령에게 사로잡힌 것이라고만 이해했다가 현대에 와서는 그것이 뇌세포의 이상 현상임을 발견하게 되어 더 이상 직접적으로 악령 현상으로 보지 않게 된 경우와 같은 것들이다. 반대로 신경과학자들은 얼마 전까지만 해도 인간의 의식이나 정신에 대하여 말하는 것이 불필요한 것처럼 여겼으나, 이제는 인간의 의식이나 정신에 대하여 말하는 것이 가치 있는 것이라고 여기는 분위기가 형성되고 있다.[6]

우리는 여기서 귀중한 교훈을 얻는다. 즉 과학이 신학을 위한 큰 도움을 주고 있다는 것과 과학으로 인하여 그동안 신학에서 주장하던 내용들이 허무맹랑한 주장이 아니었다는 것이 점점 밝혀지고 있다는 것이다. 물론 과학의 관점에서 볼 때에 신학이 오류를 범한 것도 있지만 과학의 이론이 변하고 있는 한 그 또한 다시 밝혀질지도 모른다. 하여간 신학이 억지를 부려서도 안 되지만 신학이 다른 학문과 별개로 여겨질 수도 있고, 학제간의 도움을 얻어 더욱 풍성한 이론을 가질 수 있게 될 가능성도 있다. 특히 과학은 신학을 발전의 측면에서 하나의 전 단계로 보았던 실증주의 철학적 사고에 머무르지 않고 오히려 더 높은 차원에서 발전하여 신학과 대화할 가능성을 열고 양자(兩者)가 더 발전하게 하는 도움을 줄 수 있다. 이러한 점들이 예수님을 바로 이해하는 데 도움을 줄 수도 있을 것이다.

최근에 시볼드(Kevin S. Seybold)의 책 『신경과학과 심리학과 종교에서의 탐구들 Explorations in Neuroscience, Psychology and Religion』을 읽었는데, 이 책은 위에서 언급한 현요한 교수의 서술과 맥을 같이하고 있다. 이 책에 따르면, 신경 과학(neuroscience)은 20세기 후반부터 놀라우리만큼 빠른 속도로 발전하고 있다. 대학원 과정에서뿐 아니라 여러 과정을 통해 뇌 연구를 위한 연구지도(研究地圖)가 대단히 많아지고 있다. 이러한 연구에서 우리의 관심을 끄는 것은 정신(the mind)과 뇌(the brain)의 관계를 밝히려고 하는 부분이다.

인간의 신경 체계(the human nervous system)는 두 가지 기본 요소로 구성되어 있다. 하나는 중심 신경 체계(the central nervous system, CNS)라고 하는 것이고, 다른 하나는 주변 신경 체계(the peripheral nervous system, PNS)라고 하는 것이다. 전자는 뇌와 척수로 구성되어 있고, 후자는 뇌와 척수 외의 모든 신경 구조들로 구성되어 있다. 또 신경 체계는 개별 세포들로 구성되어 있다. 이 세포들은 뉴런(the neurons)이라고 하는데, 이 뉴런은 여러 가지 면에서 다른 세포들과 같다. 뉴런도 유전 정보를 포함하는 세포 핵, 세포를 위해 에너지를 생성하는 미토콘드리아(mitochondria), 세포를 유지하는 데 기본적으로 필요한 다른 많은 구조들을 가진다. 그러나 뉴런이 다른 세포들과 다른 점이 한 가지 있다. 즉 뉴런들은 전기 충격을 일으키고 전도한다. 그리고 이 충격은 신경 체계 과정에 대한 정보를 구성한다. 우리가 지각하고 느끼고 행동하고 생각하는 모든 것이 뇌와 척수의 세포들에 의하여 그리고 주변 신경 체계에 의하여 생성되고 또 그것들을 따라 전달되는 전기 메시지 프로세싱을 통해 가능하게 된다. 또 뉴런은 이러한 과정을 통해 서로 커뮤니케이션을 한다.

그런데 우리가 여기서 신경 과학을 이슈로 삼는 이유가 있다. 종교가 이러한 질문들을 하기 때문이다.

(1) 하나님의 형상을 가지기 위해 인간이 하나님의 형상으로 창조되었다고 하는 것은 무엇을 의미하는가?
(2) 우리가 다른 피조물과 관계를 가질 때에 하나님의 형상을 가진다는 것은 무엇을 의미하는가? 또 다른 사람들과의 관계에서 어떤 의미를 가지는가?
(3) 하나님의 형상을 가지고 창조되었다는 것이 인간의 본질에 관한 한 무엇을 의미하는가?

이러한 종교적인 질문들은 신경과학이나 심리학이 생각하는 인간의 본성을 묘사하는 것과 관계가 있다. 따라서 과학자들은 뇌가 정서(emotion) 안에서 작용하는 역할을 규명하려고 하고 있다. 그리고 과학자들은 정서와 사유(思惟) 사이의 관계에 대해 조명하려고 한다. 또 과학자들은 종교적 경험에서 사유(思惟)와 감정의 중요성을 연구하고 있다. 1990년대에는 종교적 경험을 새롭게 검토하는 새로운 방법이 출현하게 되었는데, 이것을 신경신학(neurotheology)이라고 부른다. 이 분야의 개척자로 알려진 다킬리(Eugene d'Aquili)와 뉴버그(Andrew Newberg)는 신경신학을 다음과 같이 정의하였다. 신경신학은 "어떤 사람이 하나님 또는 궁극적 현실과 갖는 관계에서 정신 또는 뇌가 어떻게 기능하는가?"를 검토하는 학문이다. 여기서 뇌의 역할은 중요한 주제가 된다. 그리고 그것은 과학자들뿐 아니라 신학자들의 중요한 관심거리가 된다. 신경심리학자들 가운데는 하나님 경험이 가능하다고 생각하는 사람들이 있다. 또 반대하는 사람들도 있다. 종교적 경험을 수용할 경우 뇌 안에서만이 아니고 온 몸 가운데서 가진다고 역설한다. 결국, 기독교 신자로서의 신경과학자들은 인간이 육체적으로, 심리적으로, 사회적으로, 영적으로 통합된 본질을 가지고 창조되었다는 것을 다시 확인하며 인간의 정체성을 자아(自我)에서 찾으려고 한다. 즉 성경에서 한 약속을 믿으려고 한다. 이러한 의미에서 신경과학과 기독교의 관계를 통해 예수님을 믿는 경험을 갖고, 예수님을 주님으로 고백하며, 예수님이 말씀하신 내용을 따라 살아야 한다는 명령을 듣는다. 이것이 예수의 윤리를 생각하게 하는 부분이다.

2002년 5월 13~14일, 이틀 동안 미국 캘리포니아 주 샌프란시스코(San Francisco)에서 신경윤리학(neuroethics)이라는 주제로 컨퍼런스가 개최되었다. 이 컨퍼런스에서는 신경윤리학을 다음과 같이 정의하였다.

인간의 뇌를 다루는 것, 온전하게 하는 것, 달갑지 않은 침해, 걱정하게 만드는 조작 등에 관하여 옳고 그른 것, 선하고 나쁜 것을 검토하는 것.

이 컨퍼런스는 결국 도덕(moral)과 윤리(ethics)를 위와 같이 구별하면서 의료 실천이 생물학적 연구에서 선하고 나쁜 것을 고려하는 생명윤리(bioethics)와 구별된다는 내용을 밝혔다. 그리고 뇌 과학(brain science)의 특정한 윤리는 우리의 의식, 즉 자아의 감각 그리고 그 자체로서 우리의 존재에 중심이 되는 것을 다루는 것이라고 한다. 특별히 우리의 성격과 행동을 구별하여 다루는 것이라고 한다. 여기서 필자가 발견한 것은 신경윤리학이 사람의 무엇을 다루든지 간에 규정에 관계된다는 점이다. 다시 말하면, 학문의 성격 때문인지 모르지만, 본질적인 문제를 다루기보다는 주변적인 것들만을 다루게 되며 결국 본질에 해당하는 것을 다룰 수 없다. 예를 들면 뇌는 어떻게 생겨났고 그것은 누가 만들었는가, 그리고 왜 만들었는가 등은 질문하지 못한다. 신경과학이 결국 심리학과 연합하여 종교를 다룰 때에도 영성이나 인간의 생물학적 행동에 근거한 결과를 얻어내는 수준이지 인간의 창조와 같은 근본적인 문제를 다룰 수 없다. 이러한 의미에서 예수의 윤리를 연구하는 것은 이러한 문제를 이해하고 해결하는 데 큰 도움을 줄 것이다.

또 사상적으로 가까이서 들리는 말은 복잡계(複雜系, complex system) 또는 복잡성(complexity)이다. 복잡계를 가리켜 21세기의 새로운 패러다임이라고까지 말하는 사람(요시나가 요시마사)도 있다. 이 복잡계는 정치, 경제, 과학, 예술, 생명 현상 등에까지 확대되어 논의되고 있다. 요시나가 요시마사는 복잡계가 세계적으로 가장 주목받고 있는 최첨단 과학의 키워드라고까지 말한다. 그러면 복잡계란 무엇인가? 요시나가 요시마사는 그것을 다음과 같이 정의한다.

무수한 구성요소로 이루어진 한 덩어리의 집단으로서, 각 요소가 다른 요소와 끊임없이 상호작용을 함으로써 전체적으로는 각 부분의 움직임의 총화(總和) 이상으로 무엇인가 독자적인 행동을 보이는 것.[7]

그리고 요시나가 요시마사는 복잡계의 시스템이 질서의 필요성과 변화해야 한다는 요구와의 절묘한 균형 위에 성립되고 있는 것 같다고 생각하면서 그것이 "카오스의 가장자리"라고 부르는 곳에 자리하고 싶어 한다는 것을 알고 맬컴의 말을 빌려 카오스의 가장자리를 다음과 같이 정리한다.

그것은 혁신성을 지니고 있으면서도 안정성을 유지하는 장소이고 투쟁과 변혁의 장(場)이며, 그곳에 지나치게 접근하면 산일(散逸)되고 분해될 위험이 있고, 반대로 지나치게 멀어지면 경직과 획일화에 묶여버릴 것만 같은 절묘한 균형점이라는 것이다. …… 오른 쪽으로 가면 카오스적인 무질서의 교란, 왼쪽으로 가면 주기적인 시시포스(Sisyphos)의 고역으로부터 불모(不毛)의 안정 상태를 거쳐 죽음의 질서로 향하게 된다.[8]

요시나가 요시마사는 복잡계의 연구 대상도 다음과 같이 밝히고 있다.

생명의 기원, 진핵 생물의 기원, 다세포 생물의 기원, 분자 진화에서 표현형 진화로의 진전, 캄브리아기의 대폭발, 거듭되는 대 절멸, 동물 집단이나 사회성 곤충의 군집생태, 갖가지 형태의 공존, HIV(Human Immuno-deficiency Virus)나 에볼라(Ebola) 바이러스와 같은 전에 없던 바이러스의 출현, 병원성 바이러스의 변이와 만연, 암 발생과 분화, 면역계, 뇌 등은 수수께끼와 매력이 넘치는 복잡계 과학의 대상이다.[9]

요시나가 요시마사는 복잡계에서 주요 키 워드 네 개를 소개하는데 그것들은 복잡적응계(complex adaptive system), 카오스의 가장자리, 자기 조직화 임계(臨界), 창발(創發)이다.[10] 필자는 특히 창발이라는 말에 관심을 갖는다. 요시나가 요시마사는 창발이 복잡계의 특유한 현상으로서 예기치 않은 조직화나 구조화나 형태의 출현을 의미한다고 한다.[11] 이것은 하위 차원에 있는 개개 구성요소 간의 국소적 상호작용으로 상위 차원에 있는 어떤 대역적(大域的)인 구조가 출현하는 것을 의미한다.[12] 창발은 전체가 부분의 총화가 아니다라는 점에서 비선형 현상의 특성을 나타낸다.[13]

이러한 점을 고려해 본다면 복잡계나 창발의 의미는 하나님의 창조를 설명할 수 있는 용어일 것이다. 결국 비선형(非線型)과 선형(線形)은 하나로 통합적으로 이해할 수 있으며 카오스(chaos)나 프랙탈(fractal) 현상 등도 함께 이해할 수 있을 것이다. 카오스는 무질서이고 질서에 대칭되거나 반대되는 현상이라고 이해되던 것이, 질서의 연장선상에서 혹은 질서와 함께 이해될 수 있게 되었다. 이것은 하나님의 창조와 섭리를 이해하는 데 큰 도움을 준다. 그렇다면 예수님의 탄생이나 그의 삶에 대해서도 이해할 수 있게 할 것이다. 그렇지만 무리하게 꿰맞추는 행위는 금물이다. 우리는 항상 이미 잘 표현된 하나님의 말씀인 성경을 가지고 있다. 다른 이론에 의지하여 하나님의 창조와 섭리를 설명하려고 하는 것은 무리가 따를 수 있으며, 결국 믿음이 없기 때문에 그러한 시도를 하는 것이다.

이제 우리 시대에 만연되어 있는 포스트모더니즘을 생각해 보자. 포스트모더니즘은 처음부터 문화의 측면에서 이해할 수 있으며 "해체(deconstruction)"라는 말로 요약할 수 있다. 따라서 이것은 지금까지 이뤄진 근대의 논리와 체계를 거부하고 비판하면서 해체를 통해 개별화하고 상대화하는 작업을 의미할 수 있다. 료따르(Jean-François Lyotard)를 선택하여 포스트모더니즘(postmodernism)을 좀더 살펴보도록 하자.

포스트모더니즘은 발달된 자본주의 문화에서 일어난 한 운동의 이름으로 알려져 있다. 이는 특별히 예술 분야에서 일어난 운동이다. 모더니즘(modernism)을 모더니티(modernity)의 문화라고 한다면 포스트모더니즘은 포스트모더니티의 문화라고 할 수 있다. 모더니티는 르네상스 시대부터 시작된 것으로 고대와 관련하여 정의된 용어라고 할 수 있다. 모더니티는 사회적 세계(the social world)의 진보하는 경제적, 행정적 합리화(rationalization)와 분화(分化, differentiation)라는 특징을 지닌다. 여기서 분화란 사실과 가치의 분리, 윤리 영역과 이론 영역의 분리 등을 의미한다. 간단히 말해서 모더니티란 요약된 용어로서 18세기 이후 서구 세계에서 사회적 경제적 정치적 체계에 대해 언급하는 말이다.[14] 포스트모더니티라는 이름은 모더니티 다음에 왔다는 것을 보여 준다. 그래서 포스트모더니티는 모더니티와 연결된 사회적 형태들을 해체하기 시작하거나, 실제로 그 작업을 하는 것에 대해 언급하는 말이다. 매우 애매하고 다양하게 말을 하고 있지만, 확실한 것은 개별적 정체성이나 사회적 정체성의 다양한 형태를 강조하고, 다원적이며 개방적인 민주주의를 강조하며, 보편적 소비주의와 쾌락의 원칙을 선호하는 것이라고 할 수 있다.[15]

　　포스트모더니즘은 1960년대에 미국 뉴욕에서 예술가들과 문화비평가들이 시작한 용어로서 유럽 이론가들이 1970년대에 채용하였는데, 그 가운데 한 사람이 료따르이다. 료따르는 그의 책 『포스트모던 조건 *The Postmodern Condition*』[16]에서 근대 시대에 적법하게 수용된 신화들, 즉 큰 이야기들(the grand narratives), 과학을 통한 휴머니티의 진보적 해방, 철학이 학문에 대한 일치성을 회복할 수 있다는 것, 휴머니티를 위해 보편적으로 타당한 지식을 발전시킬 수 있다는 것 등을 공격하였다. 포스트모던 이론은 보편적 지식과 파운데이셔널리즘(foundationalism)에 대한 비판과 동일시된다. 료따르는 우리가 이성의 총합에 대해 생각하는 것이 더 이상 언급할 필요가 없다고 믿었다. 왜냐하면 이성(reason)은 없고 여러 이성들(reasons)만 있기 때문이다.[17]

　　예술과 관련한 포스트모더니즘의 특징은 예술과 일상생활의 경계를 없애고, 엘리트와 대중문화(popular culture) 사이의 계층적 구분을 없애고, 스타일리스트의 절충주의와 코드의 혼합을 드러내며, 패러디(parody), 패티쉬(patiche : 이질적인 것들이 서로 잡다하게 혼합되어 있는 상태), 아이러니, 장난스러움 등을 함유한다는 점이다. 포스트모더니스트들은 깊이(depth)는 강조하지 않고 표면(surface)만 강조한다는 말을 듣는다. 또 구조주의와 마르크시즘을 비판하고 현시적인 것을 넘어 잠정적인 것으로 가는 이론을 반대한다. 예술은 반복될 수만 있을 뿐이다. 그리고 내용으로부터 형식이나 스타일로 강조점이 이동하며, 현실을 상징들로 변화시키며, 시간의 단편화에서 영속적인 현재로 만들며, 계속해서 절충주의, 유동성, 스스로 지시하기, 인용, 책략, 무계획성, 무정부, 단편화, 패티쉬, 알레고리 등에 준거를 둔다. 모든 것을 텍스트화하려고 한다.[18]

　　기존의 틀을 해체하는 작업은 비판적 시각에서 본다면 당연히 일어날 일들이 일어났다고 할 수 있다. 그러나 해체 이후의 형태가 결국 새로운 구조를 이루거나 다른 것과 연결을 갖지 않고는 생존할 수 없을 뿐만 아니라 지탱, 지속 가능한 것에 대해서는 상상도 할 수 없다. 개별주의나 모래알같이 많은 것 가운데 하나일지라도 결국 하나이며 모든 제도적인 색체를 표면만 고려함으로 인하여 종교와 같은 것도 하나의 문화 현상으로 남게 되어 그 의미를 찾기는 매우 어렵다. 이러한 상황에서 기독교에서 말하는 예수는 누구이며 예수가 우리와는 어떤 관계를 가질 수 있는지는 전혀 고려할 수 없는 주제로 남을 것이다.

그러나 포스트모더니즘이 기존의 기독교에 대해 신앙의 지진을 일으켰으며[19] 왜곡된 현실에서 탈출을 권유한다는 지적도 나왔다.[20] 이렇게 해서 전혀 새로운 길을 찾으려고 하는 노력도 나타난다.[21] 더욱 놀라운 것은 교회 자체가 변화하고 있는 점이다. 교회는 포스트모던 시대에 순례의 길을 걷는 가운데 소위 EPIC의 스타일을 만들어내고 있다. EPIC는 경험적(experiential, E), 참여적(participatory, P), 이미지 지향적(image-driven, I), 연결된(connected, C) 이라는 말의 영어 첫 자들을 따서 만든 낱말이다. 그래서 오늘의 교회를 가리켜 EPIC 교회라고까지 부른다.[22] 기성 교회가 상상도 못할 방향으로 가는 듯하다. 이제 한국 교회도 그렇게 가고 있는 추세를 보는데, 여기서 "예수는 누구인가?" 그리고 "예수를 따르는 삶은 무엇이어야 하는가?", "예수를 따르기는 해야 하는 것인가?"와 같은 모든 질문들이 우리에게 도전하고 있다. 예수에 관하여 말할 때 종교의 혼합성 혹은 상대성 그리고 영성 등을 어떻게 대할 것인지도 분명하게 밝혀져야 할 문제이다.[23]

여기에 연결하여 가장 심각하게 논의되어야 할 문제들 가운데 하나가 "종교들의 신학(Theology of Religions)"이다. 카륵카이넨(Veli-Matti

Kärkkäinen)은 종교들의 신학을 다음과 같이 정의한다.

> 종교들의 신학은 다른 종교들의 의미와 가치를 신학적으로 설명하려
> 고 하는 신학적 연구라는 학문이다. 종교들의 기독교 신학은 기독교
> 인들이 다른 신앙을 갖는 사람들과 함께 사는 것과, 기독교가 다른 종
> 교들과 관계를 갖고 사는 것이 무엇을 의미하는지에 관하여 신학적으
> 로 사고하려고 한다.[24]

카륵카이넨은 듀퓌(Jacques Dupuis)의 구분에 따라 신학이 이동하고 있음을 밝히고 있다.[25] 기독교는 결국 다원주의 신학을 하면서 배타적 접근(exclusive approach)의 태도인 교회 중심주의(eccleciocentrism)로부터 이동하고 있다는 것이다. 교회 중심주의는 구원이 오직 기독교 안에만 있고, 교회는 그리스도를 믿는 장소라고 믿는 태도를 의미한다. 그런데 이러한 태도가 그리스도 중심주의(Christocentrism)로 이동하고 있다는 것이다. 이것은 포괄적인 접근(the inclusive approach)의 태도로 그리스도가 구주이나 그의 구원 사역의 효과는 기독교 밖에서 그리고 기독교 종교 밖에서도 찾을 수 있다는 것이다. 그러나 누구든지 구원을 받는 사람은 그리스도의 사역을 통해서만 구원을 받는다. 이러한 그리스도 중심주의가 신중심주의(theocentrism)로 이동하고 있다. 이것은 다원주의 패러다임을 따르는 접근 태도인데, 그리스도는 여러 다른 구주들 가운데 하나의 구주이며, 배타적인 구주는 아니라는 것이다. 이 태도는 하나님만이 홀로 중심에 서 있으며 기독교를 포함하여 다양한 종교들이 하나님께로 인도하는 다양한 방법이 있다는 것이다. 카륵카이넨은 이러한 접근 방법들에 하나를 더 추가해야 한다고 주장한다. 즉 그것은 현실

중심주의(realitycentrism)이다. 이것은 신중심주의에서 더 나아간다. 히크(John Hick)가 최근에 취하는 입장이다. 그 내용은 종교들의 중심이 신(a God)이나 신들(gods)이 아니라 궁극적 현실(an ultimate reality)이라는 것이다. 극단적인 다원주의자들은 이러한 접근방법의 태도로 이동하고 있다. 그렇지만 지금 현재로서는 확실하게 파악할 수 없다고 한다. 이러한 입장들을 보면서 기독교인들은 기독교인이 믿는 하나님을 여기서 말하는 신(神) 또는 신들과 확실하게 구별하여야 한다는 점과 예수 그리스도만이 구주라고 믿는 신앙을 갖는다고 했을 때 그 차이점을 확실하게 밝히고, 다르다(διαφέρω)는 점을 보여 줄 필요가 있다. 이러한 의미에서 "예수는 누구인가?" 또 "예수가 원하는 것이 무엇인가?" 등을 성경대로 밝혀야 할 것이다.

최근에 다시 철학에서 규범윤리(normative ethics)가 갖는 관심과는 전혀 다른 질문들에 대해 관심을 갖는다. 그것이 메타윤리(metaethics)이다. 그 내용은 다음과 같다.

(a) 의미(meaning): 도덕적 강화(moral discourse)의 의미론적 기능(semantic function)은 무엇(what)인가? 도덕적 기능은 사실(facts)을 말하는 것인가? 아니면 어떤 다른 사실이 아닌 것을 말하는 역할을 하는 것인가?

(b) 형이상학: 도덕적 사실들(또는 특성들)은 존재하는가? 만일 그렇다면 그것들은 무엇과 같은가? 그것들은 어떤 다른 유형의 사실(또는 특성)과 동일시할 수 있는가? 또는 환원할 수 있는가? 아니면 환원할 수 없는가? 그리고 독자적으로만 있을 수 있는가?

(c) 인식론과 정당화: 도덕적 지식과 같은 것이 있는가? 우리는 우리

의 도덕적 판단이 참 되거나 거짓 된다는 것을 어떻게 알 수 있는가? 우리는 도덕적 지식에 대한 우리의 주장들을 어떻게 정당화할 수 있는가?

(d) 현상학: 도덕적 특성들은 도덕적 판단을 하는 행위자의 경험에서 어떻게 나타나는가? 도덕적 특성들은 세상 '저 밖에' 나타나는가?

(e) 도덕 심리학: 우리는 도덕 판단을 하는 사람이 가지는 동기의 상태에 관하여 무엇을 말할 수 있는가? 도덕 판단을 하는 것과 그 판단이 규정하는 대로 행동하는 동기를 부여받는 것과 어떤 관계가 있는가?

(f) 객관성: 도덕 판단이 실제로 바를 수 있는가? 아니면 바를 수 없는가? 우리는 도덕적 진실을 찾아가는 일을 할 수 있는가?[26]

이러한 질문들을 하는 메타윤리가 "무엇을 해야 한다"는 규범윤리와 구별하려고 하는 것은 실천적 안내보다는 명료하게 밝히는 것과 이해가 가능하게 하는 것에 관심을 갖기 때문이다. 그것은 윤리적 판단에서 의미와 정당화를 이해하게 하기 위해서이다. 그래서 윤리적 용어나 개념들의 의미나 정의가 무엇인지를 묻는 것이다.[27] 이제 우리도 의미와 정당화를 묻는 가운데 예수는 누구이며 예수를 따라 사는 삶이 무엇인지를 물어야 할 때라고 생각한다. 그동안 우리는 규범적 윤리가 주장하는 것처럼 행동을 하기 위하여 실천적 안내에 치중한 점이 없지 않다. 다시 말해, 왜(why) 그렇게 해야 하고 어떤 의미가 있는지를 분명히 밝히는 것이 필요하다. 그렇다면 기독교인은 누구이고, 왜 기독교인으로서 살아야 하는지도 밝혀야 할 것이다. 지금은 불확실한 시대이고, 혼돈의 시대이고, 격동의 시대(Alan Greenspan)라고 하기 때문에 분명한 것을 보여 주어야 할 때이다.

이제 한 가지 더 살펴보려고 한다. 덕 윤리(virtue ethics)이다. 좋은 나무가 좋은 열매를 맺는다는 말에서 처럼, 좋은 나무, 즉 인격(character) 혹은 덕(virtue)을 갖는 도덕적 행위자를 중심 관심사로 삼는 것이 덕 윤리이다. 이 윤리 역시 많은 갈래로 나뉘어 있어서 간단하게 설명하기 어렵지만 오클리(Justin Oakley)와 코킹(Dean Cocking)이 정리해 놓은 것을 여기에 옮김으로써 개괄적인 내용을 살펴보자.[28]

> (a) 어떤 행동은 덕스러운 인격을 가진 행위자가 여러 환경을 만나 행동한다면, 그리고 그렇게 행동할 때에만 옳다.[29]
>
> (b) 선함(goodness)이 옳음(rightness)을 앞선다.[30]
>
> (c) 덕은 환원할 수 없이 다원적이고 본질적인 것들이다.[31]
>
> (d) 덕은 객관적으로 선하다.[32]
>
> (e) 어떤 본질적인 것들은 행위자와 관계적이다.[33]
>
> (f) 바르게 행동한다는 것은 우리가 선한 것을 극대화하기를 요구하지 않는다.[34]

덕(德, virtue) 윤리도 "하나의 규정적 이상(a regulative ideal)"을 주장한다. 다시 말하면 덕 윤리가 바른 행위의 표준을 인식하는 가장 좋은 방법은 규정적 이상(理想)을 통해서 가능하다고 서술한다. 바로 이 규정적 이상을 가진 행위자는 바름(correctiveness)이나 탁월함(excellence)의 개념을 내화(內化)하며, 그러한 표준에 일치하는 동기와 행위를 조정할 수 있다. 이렇게 해서, 규정적(規定的) 이상(理想)을 가리켜 행위자가 행위를 할 수 있도록 지시하고 동기를 바꾸게 하는 내화된 규범적 특성이라고 말하기도 한다.[35] 그렇다면 규정적 이상이란 어디서 오는 것인가? "진정한" 규정적 이상이란 무엇인가? 규정적 이상은 변경될 수 있는 것인가? 특히 의미에 있어서 변할 수 있는 것인가? 성경에 따르면 이러한 질문들에 대한 대답을 예수님에게서 찾을 수 있다. 그래서 기독교인들은 예수님이 누구이며, 예수님을 따라 사는 것이 무엇이며, 또 무엇을 의미하며, 어떤 형태인가를 묻는다.

최근에 이르러 복음주의자(福音主義者)들은 근본주의적(根本主義的)인 입장으로 흐르고 있다는 비판을 받으면서도 반성을 깊이 하는 모습을 보이고 있다. 물론 대체적인 경향성이나 흐름은 "부족한 기독교"의 모습으로 나타난다. 그러나 소수이지만 회개하고 성경에 입각하여 시대를 보며 예수님을 바로 믿고 행동하려고 하는 사람들로 이뤄진 교회들과 기독교인들이 있다. 하나님께서 알고 계시고 따로 두신 사람들이 있다. 이것은 의심할 수 없는 사실이다. 이제 우리는 복음주의자들의 반성의 소리를 겸허하게 들어야 한다.[36] 또 우리가 현실적으로 포스트모던 시대에 살고 있기 때문에 이 상황에서 교회를 어떻게 새롭게 시작해야 하는가라는 질문을 하면서 그 방법을 찾아야 한다.[37] 그리고 기독교인은 누구인가를 묻고, 그 회답을 찾아야 한다. 이러한 의미에서 기독교인이라고 하는 우리 자신을 재검토해야 한다. 또 여러 비평들을 들어야 한다. 예를 들면 『부족한 기독교』에서 밝히는 내용들과 같은 것이다.[38] 이것은 성경으로부터 떠나 있는 우리에 대해 바른 길을 재확인하게 하는 경종이다. 사실, 부족한 것은 제도적 기독교이지 예수님의 말씀이나 하나님의 교회는 아니다. 그러기 때문에 성경은 "믿음의 주요 또 온전하게 하시는 이인 예수를 바라보자"(히 12:2)라고 전한다. 그리고 예수님이 교회의 머리라고 전한다(엡 1:22).

이제 우리는 다시 처음의 질문으로 돌아간다. 왜 지금 예수의 윤리인가? 이것은 예수님이 우리의 주, 곧 생명을 구원하여 주신 주이시며 우리가 어떤 삶을 살아야 하고 어떻게 살아야 할 것인지를 확실하게 제시해 주시기 때문이다. 이것을 위해 우리가 가지고 읽고 있는 성경을 기초로 하되 특별히 네 복음서들을 기초로 하여 정리하려고 한다. 특히 성경 본문에 의지하고, 어떤 학설이나 이론을 따르기보다는 원칙적으로 한글 성경의 본문을 필자가 묵상하고 이해한 범위 안에서 정리하려고 한다. 또 이에 도움을 줄 다른 자료들 특히 다른 성경 본문들을 인용하고 사용할 것이다. 여기서 예수님께서 원하시는 내용으로서 "사람이 마땅히 할 일"(윤리의 정의)을 필요로 하여 찾으려고 한다. 이것은 결코 법전(法典)의 의미도 아니고, 의무론적 의미도 아니고, 심리학적 동기를 밝히려는 것도 아니다. 오직 필자의 믿음과 기독교윤리학의 한 측면에 대한 이해에 기초하여 느낀 필요성에 근거하여 예수님을 이해하고 예수님이 하시는 말씀을 마땅히 할 일들(윤리의 정의)로 정리하려고 한다. 물론 이 방법은 성경의 석의적(釋義的) 방법을 무시하는 것은 아니지만, 석의적 방법을 주로 사용하지는 않음을 의미한다. 또 인용한 성경 구절들을 문맥이 안 통하는 데도 불구하고 인증구(dicta probantia) 정도로 사용했다거나, 고전적 인용구 또는 전형적 참고구(locus classicus) 정도로 사용했다는 말을 들을 수 있다고 하더라도, 한국 교회들이 현재 공인(公認)하고 필자가 믿는다고 고백하고 서약한 하나님의 말씀인 성경, 즉 한글 개역판과 개역개정판 성경을 이해하는 대로 인용하거나 사용하고 있음을 밝혀둔다.

"사람이 마땅히 할 일"은 한마디로 요약하면 사람의 생명을 살리는 일이다. 다른 일들은 모두 사람을 살리는 일에 종속되는 것이라고 믿는다. 그렇다면 왜 예수의 윤리를 통해 사람의 생명을 살리는 일을 확인하여 믿고, 알고, 따라 행하려고 하는가? 이것이 우리들이 기본 과제로 삼고 연구하고자 하는 주 관심사이다. 만일 그 대답을 예수의 윤리에서 찾을 수 없다면 다른 방법이나 다른 곳에서 찾아야 할 것이고, 만일 그 대답을 예수의 윤리에서 찾을 수 있다면 우리는 그것을 담대히 증언하고 실천하도록 추진해야 할 것이다.

필자는 어려서 시골에서 참새를 잡는 것을 보았다. 아주 원시적인 방법이라고 할 수 있는 것이었다. 즉 마당에 삼태기를 막대기로 세워두고 긴 끈으로 매달아 방 안까지 연결하여 놓고서는 모이를 그 삼태기 밑에 깔아놓고 창구멍으로 내다보며 기다리다가, 참새가 와서 먹이를 먹을 때 그 끈을 세차게 잡아당겨 삼태기로 새를 덮어서 잡는 방식이었다. 필자가 여기서 관심을 갖는 부분은 창구멍으로 새가 오는지를 보는 것이다. 밖에 있는 삼태기와 창의 거리를 멀리하면 할수록 새들이 그 창구멍을 볼 수 없는 것은 물론이고 구멍이 있다는 것을 깨달을 수도 없다. 그러나 새를 잡기 위해서 있는 구멍은 작더라도 새를 향해서 방 안에서 볼 수 있어야 한다. 이렇게 보는 것이 좋은 방법이라는 것을 깨닫게 되었다. 사람이 마땅히 할 일을 이해하는 데 있어서 예수님 한 분으로 한정하는 모니즘(monism) 또는 단일론(單一論)이라는 비판을 받을 수도 있지만 예수님을 통해서 보지 않고는 세상을 바로 볼 수 없다는 것을 필자는 깨달았다. 그리고 예수님은 바로 세상을 볼 수 있는 구멍 즉 유일한 길임을 알게 되었다.

필자는 대학을 다니면서 일반화학 실험 시간에 현미경을 통해 짚신벌레를 본 적이 있다. 필자가 대학을 다닐 때 영어와 영문학을 전공하기 위해 처음에는 영문학과를 다녔지만, 필수과목으로 이과에 속하는 과목들을 택해야만 했다. 그 가운데 하나가 일반화학의 이론과 실험이었다.

그때에 그러한 제도는 미국 교수님들이 학교의 정책으로 정한 것이었는데, 학생들, 특히 필자와 같은 사람들은 많은 불평을 하였다. 왜냐하면 영문과에 지원한 것은 영문학과 영어학에 대한 전공을 하러 온 것이지, 이렇게 불필요한 과목들을 택하러 온 것이 아니라고 생각했기 때문이었다. 그리고 특별히 화학에 대해서는 문외한인 필자가 도저히 따라갈 수 없다는 생각도 했었다. 그러나 좋은 선생님들의 가르침으로 인하여 공부를 잘 하고 잘 마칠 수 있었다. 그때 단세포 동물인 짚신벌레는 육안으로 볼 수 없었지만 놀랍게도 900:1 또는 1500:1의 현미경으로는 상당히 잘 볼 수 있었다. 이러한 경험은 "왜 예수의 윤리냐?"라는 질문을 할 때에 좋은 대답을 줄 수 있다는 것을 깨닫게 하였다. 필자는 여기서 분명히 밝히지만 예수님은 세상과 그 안에서 보려고 하는 대상을 현미경보다 더 밝고 분명하게 볼 수 있고, 또 보여 줄 수 있다. 이것이 필자가 예수의 윤리를 제창하는 이유이다.

필자는 전에도 그랬지만 지금도 가끔 망원경을 가지고 멀리 보는 습관이 있다. 언젠가 러시아에 가서 강의를 한 적이 있는데, 그것을 주선한 분이 필자의 강의에 대해 보답하는 의미에서인지 망원경은 러시아제가 좋다고 하면서 망원경 하나를 사 주었다. 그리고 중국에 방문한 일이 있었는데, 함께 동행했던 사람이 망원경을 하나 또 사 주었다. 그 두 개의 망원경을 통해 망원경에 따라 그 성능이 크게 차이가 있음을 깨달았다. 대상의 선명도나 식별하는 데 있어서 큰 차이가 났다. 좋은 망원경을 가지고 대상을 보아야 한다. 그리고 망원경의 렌즈를 보는 방향에서만 보아야지, 반대로 사용해서는 볼 수 없다. 우리도 세상을 바로 분명하게 보기 위해서는 세상으로부터 대상을 보려고 해서는 분명하게 볼 수 없다. 세상을 통해서 세상을 보는 것은 오직 세상일 뿐이다. 톨스토

이의 말이 생각난다. "더러운 걸레로 청소를 하면 더러워질 뿐이다." 때 묻은 세상의 걸레로 세상을 보면 더럽게 보일 뿐이다. 물론 세상이 더럽다는 것 때문에 세상을 저주하지는 않는다. 왜냐하면 하나님이 세상을 사랑하시기 때문이다(요 3:16). 그러므로 하나님을 믿는다면 우리도 세상을 사랑해야 한다. 물론 세상 안에서 일어나는 때와 같은 죄악은 사랑하거나 좋아해서는 안 될 것이다(요일 2:15). 그러나 바로 볼 수 있는 망원경이 있다면 세상을 바로 볼 수 있을 것을 확신한다. 눈은 우리의 등불이니 눈이 밝으면 온 몸이 밝다는 인정을 받는다(마 6:22)는 말씀과 함께 바른 망원경으로 비유할 수 있는 예수님을 통해 세상을 바로 볼 수 있다는 생각을 하였다. 이것이 예수의 윤리를 선택한 이유이다. 세상을 지금 잘 살기 위하여 바로 이 예수의 윤리가 필요하다.

제 2 장

예수의 탄생

예수의 윤리의 출발점

(1) 카이로스

카이로스(καιρός)는 하나님께서 하시는 일을 하나님께서 성취하시는 시간이다. 카이로스는 크로노스(χρόνος)의 시간 안에서 한 점으로나 기간으로 나타날 수 있다. 오늘 우리가 말하는 카이로스는 우리가 하나님의 섭리 가운데서 만들어가는 역사 안에서 나타나는 하나님의 특별한 시간을 의미한다. 시간에 대한 논의는 여러 가지로 논의할 수 있지만[39] 하나님의 특별한 시간 가운데 예수님의 출생을 하나님의 시간 즉 하나님의 카이로스로 이해하고 정리해 보려고 한다.

성경은 신약성경과 구약성경으로 구성되어 있다. 이러한 바탕 위에 먼저 구약성경을 카이로스를 기초로 하여 윤리적 접근 방법으로 생각한다면 하나님의 창조의 사역(事役), 인간의 타락, 하나님의 구원의 사역, 하나님의 예언자들의 문제 제기와 회복의 방법과 소망, 최종 목표인 메시아의 도래(到來)를 모두 하나님의 카이로스 안에서 이해할 수 있다고 믿는다. 이 믿음은 우리로 하여금 알게 하고, 아멘이라고 외치면서 하나님을 찬양하고(할렐루야) 순종(信行)하게 한다. 이 하나님의 카이로스로서의 시간에 메시아이신 예수가 탄생하셨다. 회복이라는 거대한 과제를 해결할 수 있는, 즉 문제에 대한 대답(the Answer)을 줄 수 있는 메시아로 예수님이 탄생하신 것이다.

하나님은 아담과 하와를 창조하시고 에덴동산 안에서 채소를 먹을거리로 주시고(창 1:29), 동물들에게도 모두 푸른 풀을 먹을거리로 주셨다(창 1:30). 인간과 동물들은 하나님의 말씀을 따라 살아야 했다. 또 하나님의 말씀을 따라, 이것이 가능하도록 땅에 충만하고 땅을 정복하고 모든 생물을 다스리고(창 1:28), 땅을 경작하고 지켜야 했다(창 2:15). 그런데 그들은 하나님의 말씀을 어기고, 하나님의 명령을 불복종함으로 에덴동산에서 쫓겨나게 되었고, 결국 생명나무의 열매를 먹는 것도 금지당하는 아픔을 경험하게 되었다. 한편으로 이러한 반역적 행위는 가인을 통하여 도시(都市)를 형성함으로써 인간중심의 세계를 만들어가고 있었고, 다른 한편으로 사람들은 아담의 새로운 후예들로서 대를 이어가면서도 여전히 죄를 범하여 하나님이 쓸어버리지 않으면 안 될 지경에 이르렀다. 그때에 하나님은 노아를 선택하시고 적어도 원죄를 제외한 모든 "외형적으로" 보이는 죄악을 제거하셨다. 그러나 여전히 죄악은 세상에 가득하게 되었다. 물론 에녹과 같이 하나님과 동행했던 사람도 있었지만 전체적으로 볼 때 죄악은 만연해 있었다.

그 가운데서 하나님은 아브라함을 택하셔서 새로운 인간의 역사를 만들어갈 기회를 주셨다. 이것이 하나님께서 선택하신 이스라엘 백성들의 역사(history)이다. 그러나 이들 역시 하나님을 반역하고 죄의 역사를 구성하였다. 그렇지만 하나님의 언약(covenant)은 신뢰할 만한 것이었다. 하나님은 그 언약에 따라 예언자들을 통해 이스라엘 백성들과 관계된 사람들에게 경고하면서 그들이 살기 위하여 하나님께 돌아와 하나님의 명령이나 계명, 법도와 율례를 지키도록 하였지만 극히 소수를 제외하고는 계속하여 하나님의 뜻에 반하는 행위를 하였다. 물론 그 가운데는 하나님의 마음에 합당하게 행동한 다윗과 같은 사람도 있어서, 하나님은 이스라엘 백성들을 향하여 다윗의 본(本)을 따라 행동하도록 예언자들을 통해 권하셨다. 그럼에도 불구하고 여전히 그들은 하나님의 뜻에 반하는 행동을 하여 멸망을 자초하였다. 예언자들은 이러한 것들을 분명하게 지적하고 살 수 있는 길을 반복하여 제시하였지만, 이스라엘 백성들은 예언자들의 말을 따르지 않았다. 그럼에도 불구하고 예언자들은 하나님의 뜻을 알고 있었기 때문에 하나님께서 반드시 이스라엘을 회복하시고 새로운 나라를 세우실 것을 믿고 있었다. 그래서 예언자들은 항상 소망의 종말을 예언하는 것을 잊지 않았다. 다시 말하면 예언자들은 현실의 안타까운 상황을 보면서도 새로운 나라(참고. 사 65:17 이하)를 선포하였다. 오랜 세월이 경과한 후, 바로 그 하나님의 카이로스가 왔다. 다시 말하면 하나님의 카이로스의 시점에 예수님이 탄생하신 것이다. 필자는 이것이 인간의 삶을 위한 윤리의 출발점을 알리는 것으로 믿는다.

(2) 새로운 시작/ 새 창조

구약성경 가운데 새벽을 "내가 깨우리로다"(시 57:8)라는 말이 있다. 이 말은 다윗이 사울을 피하여 굴에 있으면서 한 말이라고 한다.[40] 다윗은 하나님 앞에서 자기의 마음을 확정하고 노래하고 찬송하면서 자신이 새벽을 깨울 것을 말하고 있다. 여기서 깨운다는 말과 새벽이라는 말의 의미는 우리가 예수의 윤리를 생각하는 데 큰 도움을 준다. 깨운다는 말은 시작한다는 의미가 있고 새벽은 시작하는 시점이라고 할 수 있다. 다시 정리하면 새로운 시작을 의미하는 것이다.

예수님은 사람들이 죄악을 즐기면서 영혼을 흐리게 하고 혼돈(混沌)을 만들어 앞뒤를 분간할 수 없게 되었을 때에 그의 탄생을 통해 깨우고 새벽을 알리는 대역사(大役事)의 시작을 알리었다. 이것은 새로운 역사(歷史)의 시작이기도 하다. 예수님의 탄생은 죄악을 즐기면서 앞을 분간하지 못하는 사람들에게 하나님 안에서 즐거워하고 기뻐하는(참고. 시 33:21, 37:4) 새로운 시작을 알렸다. 이것은 캄캄하던 밤이 끝나고 새벽이 왔음을 알리는 것이며, 새로운 시작을 하여야만 살 수 있다는 것도 알린 것이다. 아직도 잠을 자고 있을 수는 없다는 것이다. 새벽이 되었으니 일어나라는 것이었다. 이것은 마치 예언자의 소리를 듣는 것과 같았다. "일어나라 빛을 발하라 이는 네 빛이 이르렀고 여호와의 영광이 네 위에 임하였음이니라"(사 60:1).

지금까지의 잠자는 세상을 오직 혼돈(chaos)으로만 이해하는 사람들도 있었을 것이다. 그러나 하나님의 크신 섭리의 차원에서 본다면 결코 혼돈은 혼돈만으로 이해할 수 없다. 물론 사람들이 죄를 범함으로 혼돈을 야기하는 것으로 이해할 수 있다. 그러나 그 혼돈은 새로운 질서의 하나의 과정이었다. 이 혼돈은 하나님께서 만드신 것이 아니고 사람이 만든 것이기는 하지만 혼돈이 큰 질서를 무너뜨리는 것이 아니라 오히려 새로운 질서를 오게 하는 하나의 과정이었음을 알 수 있다. 마치 큰 폭풍이 일어난 것은 요나 때문이었지만 하나님은 요나로 하여금 새로운 니느웨 성의 역사(歷史)를 창조하시는 과정을 만드셨으며 그것을 통해 하나님의 구원의 질서가 얼마나 크고 넓은가를 밝히 알려 주시는 것과 마찬가지이다.

이스라엘의 반역과 인간들이 죄를 범한 사건들은 단순히 혼돈이 아니라 새로운 질서를 만드는 과정에서 나타난 인간들의 잘못임을 알 수 있다. 이렇게 혼돈으로 보이는 역사(歷史) 속에서 예언자들은 구원, 회복, 신천신지(新天新地) 등을 확실하게 보았다. 그리고 그러한 새로운 질서는 메시아, 즉 그리스도를 통해서 새롭게 시작될 것을 보았다. 그 그리스도는 임마누엘 하나님이셨다. 그럼에도 불구하고 막상 메시아가 탄생했을 때에 사람들은 메시아를 알지 못했다. 이것은 그들의 죄악 때문이었다. 이러한 상태에 있는 사람들을 가리켜 바울은 분명히 다음과 같이 말함으로써 새로운 시작을 아는 데 도움을 준다.

[17] 그러므로 내가 이것을 말하며 주 안에서 증언하노니 이제부터는 이방인이 그 마음의 허망한 것으로 행함 같이 너희는 행하지 말라 [18] 저희 총명이 어두워지고 저희 가운데 있는 무지함과 저희 마음이 굳어짐으로 말미암아 하나님의 생명에서 떠나 있도다 [19] 저희가 감각 없는 자 되어 자신을 방탕에 방임하여 모든 더러운 것을 욕심으로 행하되 [20] 오직 너희는 그리스도를 이같이 배우지 아니 하였느니라 [21] 진리가 예수 안에 있는 것 같이 너희가 과연 그에게서 듣고 또한

그 안에서 가르침을 받았을진대 [22] 너희는 유혹의 욕심을 따라 썩어
져 가는 구습을 좇는 옛 사람을 벗어버리고 [23] 오직 심령으로 새롭
게 되어 [24] 하나님을 따라 의와 진리의 거룩함으로 지으심을 받은
새 사람을 입으라(엡 4:17-24).

여기서 우리가 주목하는 것은 "새 사람을 입으라"는 말이다. 즉 새로
운 시작을 하라고 하는 것이다. 이 새로운 사람이 할 일을 바울은 또 분
명하게 알려 준다.

[17] 그런즉 누구든지 그리스도 안에 있으면 새로운 피조물이라 이전
것은 지나갔으니 보라 새 것이 되었도다 [18] 모든 것이 하나님께로
났나니 저가 그리스도로 말미암아 우리를 자기와 화목하게 하시고 또
우리에게 화목하게 하는 직책을 주셨으니 [19] 이는 하나님께서 그리
스도 안에 계셔서 세상을 자기와 화목하게 하시며 저희의 죄를 저희
에게 돌리지 아니하시고 화목하게 하는 말씀을 우리에게 부탁하셨느
니라(고후 5:17-19).

우리는 이 새로운 시작과 마땅히 할 일을 찾아나서야 할 것이다. 시
작은 일의 절반이라는 말도 있지만 시작을 잘 해야 하고 정확히 해야
한다. 그렇지 않으면 분간이나 식별이 어려워지기 때문이다. 예수님의
탄생이 알리는 새로운 시작은 우리에게 분명히 기쁜 소식이다. 이 소식
은 마치 처음에 주님의 천사들을 통해 목자들에게 알려진 것과 같은 기
쁜 소식이 될 것이다. 불확실한 시대에 그리고 격동의 시대에 살아가는
우리는 비행(飛行)하는 과정에서 공기가 불안정한 가운데 과격하게 흔

들림을 경험하면서도 기장의 안내와 함께 목적지에 도달하도록 기도하면서 맡기고 가듯이 새로운 시작을 통해 기쁨을 얻을 수 있게 되어야 할 것이다.

(3) 비전

비전(vision)은 보통 꿈과 같다고 생각한다. 이것을 좀더 확대한다면 이상(ideal)이라고도 이해할 수 있다. 그러나 성경에서 말하는 비전(하존)은 그 성격이 전혀 다르다. 보통 사람들이 비전이라고 말할 때에는 자기들이 세운 이상이나 꿈을 말한다. 다시 말하면 자기들이 원하는 것을 목표로 세우거나 나아가야 할 방향을 삼고 그것을 향해 가고 그것을 이루려고 한다. 이러한'생각을 갖고서도 비전을 가져라 또는 비전을 성취하라고 할 수 있다. 그러나 성경의 비전은 전혀 다르다.

성경에서 비전은 반드시 하나님으로부터 오는 것이다. 그러기 때문에 비전은 하나님의 계시와 같은 것이다. 그래서 성경은 비전이 없는 백성은 망한다고도 한다(참고. 잠 29:18). 한글 개역개정판은 잠언 29장 18절 말씀을 이렇게 번역한다. "묵시가 없으면 백성이 방자히 행하거니와……." 여기서 묵시는 계시와 같은 말이며 이 묵시는 비전이라고 할 수 있다. 방자히 행한다는 말은 하나님의 뜻을 거역하거나 하나님에 대해 반역하는 행위를 의미하며 자기 마음대로 하는 행위를 의미한다. 그리고 그러한 행위를 할 경우는 반드시 멸망하게 되어 있다는 것이다. 이것은 성경이 말하는 핵심 내용이다. 성경 가운데 한 곳만 여기에 인용하여도 그것을 알 수 있다.

[3] 여호와를 의뢰하여 선을 행하라 땅에 거하여 그의 성실로 식물을 삼을지어다 [4] 또 여호와를 기뻐하라 저가 네 마음의 소원을 이루어 주시리로다 [5] 너의 길을 여호와께 맡기라 저를 의지하면 저가 이루시고 [6] 네 의를 빛 같이 나타내시며 네 공의를 정오의 빛같이 하시리로다 [7] 여호와 앞에 잠잠하고 참아 기다리라 자기 길이 형통하며 악한 꾀를 이루는 자를 인하여 불평하여 말지어다 [8] 분을 그치고 노를 버리라 불평하여 말라 행악에 치우칠 뿐이라 [9] 대저 행악하는 자는 끊어질 것이나 여호와를 기대하는 자는 땅을 차지하리로다 [10] 잠시 후에 악인이 없어지리니 네가 그곳을 자세히 살필지라도 없으리로다 [11] 오직 온유한 자는 땅을 차지하며 풍부한 화평으로 즐기리로다 …… [27] 악에서 떠나 선을 행하라 그리하면 영영히 거하리니 [28] 여호와께서 공의를 사랑하시고 그 성도를 버리지 아니 하심이로다 저희는 영영히 보호를 받으나 악인의 자손은 끊어지리로다 [29] 의인이 땅을 차지함이여 거기 영영히 거하리로다 [30] 의인의 입은 지혜를 말하고 그 혀는 공의를 이르며 [31] 그 마음에는 하나님의 법이 있으니 그 걸음에 실족함이 없으리로다(시 37:3-31).

꿈이라는 말도 의미 있는 것은 비전과 같이 하나님으로부터 온다. 예를 들면 요셉의 꿈이나 다니엘의 꿈과 같은 것이다. 심지어 이방 사람들, 즉 바로의 꿈이나 느부갓네살 왕의 꿈도 하나님으로부터 왔음을 알 수 있다. 신약성경에서 마리아나 요셉이 꾼 꿈이나, 동방박사들의 꿈, 모두가 하나님으로부터 왔다. 꿈은 하나님의 역사(役事)의 한 부분을 실현하는 계획으로서의 계시(啓示)였다. 성경의 꿈은 인간이 생각하고 만들어낸 꿈과 비교할 때, 전혀 다른 것, 즉 탁월한 것이다. 이것은 인간의 역사가 하나님 중심으로 이뤄지고 있음을 확인해 주는 대목이다. 예언자들이 가진 그 비전과 꿈은 예수님의 탄생으로 인하여 새롭게 출발점에 서서 시작하게 된다. 예수님은 이것이 실현되었음을 분명하게 알려 주심으로써 우리는 예수님의 탄생이 예수 윤리의 시작임을 알 수 있다.

[1] 주 여호와의 신이 내게 임하셨으니 이는 여호와께서 내게 기름을 부으시고 가난한 자에게 아름다운 소식을 전하게 하려 하심이라 나를 보내셔서 마음이 상한 자를 고치며 포로 된 자에게 자유를, 갇힌 자에게 놓임을 전파하며 [2] 여호와의 은혜의 해와 우리 하나님의 신원의 날을 전파하여 모든 슬픈 자를 위로하되 [3] 무릇 시온에서 슬퍼하는 자에게 화관을 주어 그 재를 대신하며 희락의 기름으로 그 슬픔을 대신하며 찬송의 옷으로 그 근심을 대신하시고 그들로 의의 나무 곧 여호와의 심으신 바 그 영광을 나타낼 자라 일컬음을 얻게 하려 하심이니라(사 61:1-3).

[18] 주의 성령이 내게 임하셨으니 이는 가난한 자에게 복음을 전하게 하시려고 내게 기름을 부으시고 나를 보내시고 포로 된 자에게 자유를, 눈먼 자에게 다시 보게 함을 전파하며 눌린 자를 자유하게 하고 [19] 주의 은혜의 해를 전파하게 하려 하심이라 하였더라(눅 4:18-19).

이스라엘 백성들은 메시아가 로마 제국까지도 무너뜨리고 거대한 다윗의 왕국과 같은 새로운 왕국을 세우기를 바라고 있었지만, 예수의 탄생은 그러한 생각과는 전혀 다른 것이었다. 이스라엘 사람들 특히 지도

자급에 있는 사람들의 생각은 나사렛에서 메시아가 나올 수 있다고 생각하지 않았다. 그리고 메시아인 예수님을 나사렛 사람으로 오인하고 거부했다. 예수님은 분명히 성경대로 다윗의 동네인 베들레헴에서 탄생하셨다. 그렇지만 유대인들의 기대와는 전혀 다르게 보통 사람의 가정에서 그리고 말구유 안에서 탄생하셨다. 하나님의 카이로스는 가이사 아구스도가 영을 내려 천하로 호적하게 하였다. 따라서 보통 사람인 요셉과 그 아내 마리아로 하여금 베들레헴으로 가게 하신 하나님의 카이로스는 분명히 인류 역사(歷史)의 새로운 출발을 알리는 것이었다. 억압 당하고 고난을 받고 아픔을 경험하고 있는 사람들에게 복음을 전하기 위한 새로운 출발이었다. 이것은 새벽을 깨우는 북소리였다. 나는 산 밑에서 살면서 새벽을 깨우는 것과 그 신선한 바람을 맞는다는 것의 의미를 알게 되었다. 참으로, 이제 새벽을 깨우는 역사가 시작이 되었음을 분명하게 알리고 있었다.

(4) 약속의 이행

하나님은 인류의 조상들과 이스라엘 백성의 조상들과 함께 약속을 하셨다. 그것을 우리는 다른 말로 언약(言約)이라고도 한다. 물론 이 약속은 하나님이 먼저 나서서 하신 것이다. 그러나 일방적으로 하신 것은 아니다. 반드시 대상이 있었고 그들도 그것을 동의하고 받아들였다. 그럼에도 불구하고 그들은 그 약속을 어겼다. 그러나 하나님은 그 약속을 먼저 시작하셨을 뿐 아니라, 결단코 어기지 않으시고 지키셨다. 그러기 때문에 우리는 그 약속을 신실하다고 한다. 다시 말해서 믿을 만 하다고 한다. 그래서 우리는 하나님에 대한 믿음을 갖고 하나님을 의지한다. 그리고 일단 믿으면 하나님의 약속을 복음으로 받게 된다. 결국 좋고 기쁜 결과를 얻게 된다.

하나님의 약속은 하나님께서 최초로 만드신 아담과 맺는다. 그 내용은 분명하게 복음이었다.

> [27] 하나님이 자기 형상 곧 하나님의 형상대로 사람을 창조하시되 남자와 여자를 창조하시고 [28] 하나님이 그들에게 복을 주시며 그들에게 이르시되 생육하고 번성하여 땅에 충만하라, 땅을 정복하라, 바다의 고기와 공중의 새와 땅에 움직이는 모든 생물을 다스리라 하시니라 [29] 하나님이 가라사대 내가 온 지면의 씨 맺는 모든 채소와 씨 가진 열매 맺는 모든 나무를 너희에게 주노니 너희 식물이 되리라 [30] 또 땅의 모든 짐승과 공중의 모든 새와 생명이 있어 땅에 기는 모든 것에게는 내가 모든 푸른 풀을 식물로 주노라 하시니 그대로 되니라(창 1:27-30).

이러한 약속은 분명히 하나님에게도 기쁜 일이었음을 알 수 있다. 하나님은 심히 좋았다고 말씀하셨다(창 1:31). 하나님은 하나님이 만드신 인간 자체가 보시기에 좋았음을 알 수 있으며, 그래서 인간들에게도 하나님이 좋아하시는 일들을 맡기시고 복을 주셨을 것으로 생각한다. 그러나 아담은 그 약속을 어겼다. 다시 말하면, 하나님은 먼저 아담과 하와에게 살아가면서 지켜야 할 규칙을 만들어 주셨다.

[16] 여호와 하나님이 그 사람에게 명하여 가라사대 동산 각종 나무의

실과는 네가 임의로 먹되 [17] 선악을 알게 하는 나무의 실과는 먹지
말라 네가 먹는 날에는 정녕 죽으리라 하시니라(창 2:16-17).

그런데 하와는 뱀의 말을 듣고 하나님께서 주신 삶의 규칙을 먼저 어
겼고, 그 하와로 인하여 아담도 그 규칙을 어겼다. 두 사람 모두 하나님
과의 약속을 어긴 것이었다. 따라서 아담과 하와는 죽을 수밖에 없게 되
었다. 이것은 자신들만 아니라 온 인류에게 전수하는 영향을 미쳤다(롬
5:12). 이 죄가 바로 사망 즉 죽음을 불러온 것이다(롬 6:23). 계속해서 하
나님은 사람이 살 수 있도록 하나님의 약속을 이스라엘 백성들과 맺으
셨다. 그러나 그들은 반복하여 그리고 대를 이어 약속을 어겼다. 그 가
운데 하나만 예를 들어도 우리는 그 현실을 파악할 수 있다.

[2] 여호와께서 내게 대답하여 가라사대 너는 이 묵시를 기록하여 판
에 명백히 새기되 달려가면서도 읽을 수 있게 하라 [3] 이 묵시는 정한
때가 있나니 그 종말이 속히 이르겠고 결코 거짓되지 아니하리라 비
록 더딜지라도 기다리라 지체되지 않고 정녕 응하리라 [4] 보라 그의
마음은 교만하며 그의 속에서 정직하지 못하니라 그러나 의인은 믿음
으로 말미암아 살리라 [5] 그는 술을 즐기며 궤휼하며 교만하여 가만
히 있지 아니하고 그 욕심을 음부처럼 넓히며 또 그는 사망 같아서 족
한 줄을 모르고 자기에게로 만국을 모으며 만민을 모으나니 [6] 그 무
리가 다 속담으로 그를 평론하며 조롱하는 시로 그를 풍자하지 않겠
느냐 곧 이르기를 화 있을진저 자기 소유 아닌 것을 모으는 자여 언제
까지 이르겠느냐 볼모잡은 것으로 무겁게 짐진 자여 [7] 너를 물 자들
이 홀연히 일어나지 않겠느냐 네가 그들에게 노략을 당하지 않겠느냐

[8] 네가 여러 나라를 노략하였으므로 그 모든 민족의 남은 자가 너를 노략하리니 이는 네가 사람의 피를 흘렸음이요 또 땅에, 성읍에, 그 안의 모든 거민에게 강포를 행하였음이니라 하리라 [9] 재앙을 피하기 위하여 높은데 깃들이려 하며 자기 집을 위하여 불의의 이를 취하는 자에게 화 있을진저 [10] 네가 여러 민족을 멸한 것이 네 집에 욕을 부르며 너로 네 영혼에게 죄를 범하게 하는 것이 되었도다 [11] 담에서 돌이 부르짖고 집에서 들보가 응답하리라 [12] 피로 읍을 건설하며 불의로 성을 건축하는 자에게 화 있을진저 [13] 민족들이 불탈 것으로 수고하는 것과 열국이 헛된 일로 곤비하게 되는 것이 만군의 여호와께로서 말미암음이 아니냐 [14] 대저 물이 바다를 덮음 같이 여호와의 영광을 인정하는 것이 세상에 가득하리라 [15] 이웃에게 술을 마시우되 자기의 분노를 더하여 그로 취케 하고 그 하체를 드러내려 하는 자에게 화 있을진저 [16] 네게 영광이 아니요 수치가 가득한즉 너도 마시고 너의 할례 아니한 것을 드러내라 여호와의 오른손의 잔이 네게로 돌아올 것이라 더러운 욕이 네 영광을 가리우리라 [17] 대저 네가 레바논에 강포를 행한 것과 짐승을 두렵게 하여 잔해한 것 곧 사람의 피를 흘리며 땅과 성읍과 그 모든 거민에게 강포를 행한 것이 네게로 돌아오리라 [18] 새긴 우상은 그 새겨 만든 자에게 무엇이 유익하겠느냐 부어 만든 우상은 거짓 스승이라 만든 자가 이 말하지 못하는 우상을 의지하니 무엇이 유익하겠느냐 [19] 나무더러 깨라 하며 말하지 못하는 돌더러 일어나라 하는 자에게 화 있을진저 그것이 교훈을 베풀겠느냐 보라 이는 금과 은으로 입힌 것인즉 그 속에는 생기가 도무지 없느니라(합 2:2-19).

그래서 하박국 선지자는 경고한다. 즉 살 수 있는 길은 믿음으로 사는 것이며, 하나님 앞에서 잠잠하라고 외친다. 그러나 하박국 선지자는 이스라엘 백성들의 반역의 상황에서 하나님의 구원의 소식을 듣고 기뻐 외치고 있었다.

[13] 주께서 주의 백성을 구원하시려고, 기름 받은 자를 구원하시려고 나오사 악인의 집머리를 치시며 그 기초를 끝까지 드러내셨나이다 (셀라) [14] 그들이 회리바람처럼 이르러 나를 흩으려 하며 가만히 가난한 자 삼키기를 즐거워하나 오직 주께서 그들의 전사의 머리를 그들의 창으로 찌르셨나이다 [15] 주께서 말을 타시고 바다 곧 큰 물의 파도를 밟으셨나이다 [16] 내가 들었으므로 내 창자가 흔들렸고 그 목소리로 인하여 내 입술이 떨렸도다 무리가 우리를 치러 올라오는 환난 날을 내가 기다리므로 내 뼈에 썩이는 것이 들어왔으며 내 몸은 내 처소에서 떨리는도다 [17] 비록 무화과나무가 무성치 못하며 포도나무에 열매가 없으며 감람나무에 소출이 없으며 밭에 식물이 없으며 우리에 양이 없으며 외양간에 소가 없을지라도 [18] 나는 여호와를 인하여 즐거워하며 나의 구원의 하나님을 인하여 기뻐하리로다 [19] 주 여호와는 나의 힘이시라 나의 발을 사슴과 같게 하사 나로 나의 높은 곳에 다니게 하시리로다(합 3:13-19).

하나님의 예언자들은 하박국 선지자와 같이 바로 이 구원의 소식을 전하려고 하였다. 예수님의 탄생은 바로 이것을 결정적으로 확실하게 알리는 출발점이었다. 이것을 깨닫고 믿는 사람들만이 하나님의 자녀가 되는 권세를 얻을 수 있다(요 1:12). 하나님은 미쁘셔서 믿을 만하며 확실히 자기의 약속을 지키실 것이다. 그 약속대로 우리를 구원하실 것이다. 예수님의 탄생을 통하여 전하는 새로운 삶의 출발점에 함께 서지 않겠는가? 복음서 기자는 바로 이러한 질문을 하면서 우리에게 권하고 있다.

(5) 권력의 남용

헤롯은 왕으로서 통치 영역을 확보하고 있었고 권세를 가지고 있었는데, 이 권세를 하나님의 뜻에 반하는 일로 만들었다. 예수님께서 탄생하셨을 때 동방으로부터 박사들이 예수님을 경배하기 위하여 왔다.[41] 이 박사들은 별을 연구하는 점성가들로 알려져 있다. 그들은 별이 있는 유대 땅 예루살렘 즉 헤롯왕이 있는 곳까지 왔다. 그러나 확실한 탄생 장소를 몰라 묻게 되었다. 즉 유대인의 왕으로 나신 이가 어디 계시느냐고 물었다. 그들은 자기들이 온 이유를 분명하게 밝혔다. 자기들이 동방에서 유대인의 왕의 별을 보고 경배하기 위하여 왔다고 알리었다. 그때에 헤롯왕과 온 예루살렘이 듣고 소동을 했다고 전하고 있다.

그리고 헤롯왕은 모든 대제사장과 백성의 서기관들을 모아 그리스도, 즉 동방의 박사들이 말한 유대인의 왕이 어디서 나겠는가를 물었다. 그러자 부름을 받고 온 사람들은 유대 베들레헴이라고 대답하였다. 이것은 선지자들에 의하여 기록되어 전해 내려오는 내용이었다. 그들은 선지자들의 말을 인용하였다. 이 말을 들은 헤롯왕은 유대 땅을 찾아온 동방의 박사들을 가만히 불러 별이 나타난 때를 자세히 묻고 그들을 베들레헴으로 보내면서 탄생한 아기에 대해 자세히 알아보고 자기에게 알려달라고 말하였다. 그 이유는 자기도 그 아기에 경배하겠다는 것이었다. 그러나 그것은 거짓이었다.

동방 박사들은 왕의 말을 듣고 길을 떠나기 시작하였는데 동방에서 보던 그 별이 문득 앞서 인도하여 가다가 아기 있는 곳 위에 머물러 서 있어서 그들은 그 별을 보고 매우 기뻐하였다고 한다. 그리고 그들은 아기가 탄생한 집에 들어가 아기와 그의 어머니 마리아가 함께 있는 것을 보고 엎드려 아기께 경배하고 보배합을 열어 황금과 유향과 몰약을 예물로 드렸다. 그들은 아기를 경배하고 동방으로 돌아가려고 하는데 꿈에 헤롯왕에게 돌아가지 말라는 하나님의 지시를 받고 다른 길로 돌아갔다.

동방의 박사들이 떠난 후 하나님의 사자가 요셉에게 꿈으로 나타나 헤롯이 아기를 찾아 죽이려고 하니 일어나 아기와 그의 어머니를 데리고 애굽으로 피하여 가라고 하였다. 이때에 헤롯은 동방의 박사들에게 속은 줄을 알고 심히 노하여 사람을 보내어 베들레헴과 그 모든 지경 안에 있는 사내아이를 동방박사들에게 자세히 알아본 그때를 기준으로 하여 두 살부터 그 아래의 아이들을 다 죽이도록 명령하였다. 이것은 분명히 권력 남용이었다.

이러한 헤롯의 권력 남용을 통한 반역행위도 결코 하나님께서 알리시는 새로운 출발점으로서의 카이로스를 막을 수는 없었다. 이미 하나님은 요셉을 통하여 메시아이신 예수님을 애굽으로 안전하게 피신시키셨기 때문이다. 이것은 사람이 하나님의 카이로스를 마음대로 막을 수 없다는 것으로 확실하게 밝혀 주는 내용이다. 헤롯은 자기가 가진 권력을 통해 메시아를 죽이고 왕권을 보전하려고 하였지만 하나님은 하나님의 카이로스를 실현하시는 섭리를 이루시고 계심을 보여 주셨다. 이것은 하나님께서 새로운 출발점을 정하신 카이로스이다.

(6) 동서(東西)의 협력

예수님이 메시아로 탄생한 지리가 지닌 의미는 세상의 중심(中心)이다. 지리적으로 아시아의 맨 끝이며 유럽이 시작될 수 있는 중앙 지점이다. 이러한 의미에서 복음이 어느 방향으로도 갈 수 있는 가능성을 열어 놓은 것이다. 즉 서양으로도 갈 수 있고 동양으로도 갈 수 있는 문을 열어놓은 것이었다. 필자는 이것을 보면서 한국 사람들이 이스라엘 사람들을 닮았다는 말을 쉽게 넘겨버리지 못하고 있다.

예수님이 탄생하실 때 동방에서 별을 연구하는 점성가들로 알려진 박사들이 예수님을 경배하기 위하여 방문하였다. 그리고 그들은 예수님을 경배하고 유대인의 왕으로 믿었을 것이다. 그들은 예물을 드리고 나서 돌아갔다. 이것은 동서양(東西洋)의 협력이 시작되는 출발점이라고 생각한다. 동방의 박사들은 이전에는 유대인의 왕이 탄생할 것이라고 하는 약속이나 기록을 믿지 않았을 것이다. 그러나 하나님은 그들에게 지혜를 주셔서 별을 연구하게 하시고 그 별을 발견하게 하시고 친히 인도하셔서, 결국 예수님의 탄생을 알게 하셨다. 그럼에도 불구하고 그들은 예수님이 메시아이심을 몰랐을 것이다. 그렇지만 이 예수님이 유대인의 왕으로서는 알려지게 되었다는 것을 알 수 있다. 하나님의 섭리는 놀랍다. 전혀 무관하게 생각되는 사람들을 하나님께서는 들어 쓰시고, 하나님의 섭리의 역사(役事)를 실현하신다. 하나님은 동방박사들을 통해 헤롯왕뿐만 아니라 온 이스라엘 사람들에게 그들이 그토록 기다리던 메시아가 탄생했음을 알리고 새로운 출발점에 서 있음을 알려 주셨다. 그러나 이스라엘 사람들은 깨닫지 못했다. 참으로 안타까운 현실이다.

동방박사들의 방문은 새로운 출발점을 알리는 것이기도 하지만, 장차 복음이 전 세계적으로 확산될 것을 알리는 출발점이기도 하다. 동방 박사들이 알려서 복음이 동방으로 먼저 가야 했을 텐데, 그렇지 못하고 서양으로 먼저 가게 된 것을 미리 짐작하게 하는 대목이라고 할 수 있다. 동방은 메시아를 아직 수용하기에 때가 이른 것이었는지도 모른다. 복음은 서양(西洋)을 통해 아시아로 왔다. 그러한 방향은 인간에게 의미가 없다. 하여간 하나님의 복음이 전파되는 것은 결국 전 세계적(global) 또는 우주적(universal)으로 이해되어야 한다.

복음은 결국 한국에까지 들어왔다. 복음이 한국에 들어온 지는 200년이 넘었고 개신교 역사로 보면 120년이 넘었다. 이러한 복음 전파의 과정은 이미 아프리카로 그리고 전 세계로 회전목마처럼 돌아 전파되고 있는데 하나님은 한국을 통해서도 놀라운 역사(役事)를 실행하심을 알 수 있다. 한국인은 누구인가? 한국인은 외국의 침략을 받으며 많은 고난을 겪었고, 특히 일본 제국주의 침략을 받아서 나라뿐만 아니라 사람들의 성(姓)까지도 바꿔야 하는 수모를 겪었다. 이것은 한국인으로서의 정체성과 자존감을 완전히 망가뜨리는 행위였다. 그런데 이러한 한국인을 통해 복음이 세계로 전파되게 하신 하나님의 섭리는 참으로 놀라운 현실이다.

이렇게 알기 어려운 한국인은 누구인가? 실빙(Helen Silving)은 한국인을 가리켜 이스라엘의 잃어버린 지파들(the lost tribes) 가운데 하나라고 지적하면서 매우 신비한 민족으로서 이스라엘과 유사한 점이 많다고 했다.[42] 그녀는 29가지로 그 유사점을 밝히고 있다.[43]

1) 한국에서 압바(Abba)라고 부르는 점이 유사하다.
2) 한국의 곡식을 담는 자루가 유사하다.

3) 한국의 놋그릇이 유사하다.

4) 한국의 베 옷이 유사하다.

5) 한국의 떡이 유사하다.

6) 한국의 도장이 유사하다.

7) 한국의 백의민족으로서 입는 흰 옷이 유사하다.

8) 한국의 추석이 유사하다.

9) 한국에서 사람이 죽으면 돌아가셨다고 하는 말이 유사하다.

10) 한국에서 하나님에 대하여 지닌 유일신의 사상이 유사하다.

11) 한국에서 기도할 때 앞뒤로 흔드는 것이 유사하다.

12) 한국에서 연세가 높은 사람들에 대해 존경하는 것이 유사하다.

13) 한국의 돈을 받고 결혼 중매를 하는 사람(결혼 중매인)이 유사하다.

14) 한국에서 신랑을 가마에 태워 신부의 집으로 가는 것이 유사하다.

15) 한국에서 납폐금(출 22:16, 혼인 때 신랑 집에서 신부 집으로 예
    물을 보내는 돈이나 물품 즉 함)을 지불하는 것이 유사하다.

16) 한국에서 인사할 때 쓰는 '평화', 즉 안녕하십니까라는 말이 유사
    하다.

17) 한국에서 면사포를 쓰는 것이 유사하다.

18) 한국에서 선생이라는 말을 존경한다는 의미로 사용하는 것이 유
    사하다.

19) 한국에서 아버지와 아들의 이름이 결코 같지 않은 것이 유사하다.

20) 한국에서 맥락에 따라 주어 없이 문장을 만들어 사용하는 것이 유
    사하다.

21) 한국에서 부인들이 머리장식(wigs)을 하는 것이 유사하다.

22) 한국에서 "우"(oo)라는 모음을 사용하는 것이 유사하다.

23) 한국에서 호세아가 말하는 옷 입는 것과 매우 유사하다.

24) 한국에서 사람이 죽은 후 7일간 곡하는 기간이 매우 유사하다.

25) 한국에서 집 안에서 신을 벗는 문화가 매우 유사하다.

26) 한국에서 김장을 해서 묻는 큰 항아리가 예수님께서 물로 포도주를 만드셨던 항아리와 매우 유사하다.

27) 한국에서 피와 땀을 흘린다는 말은 열심히 일하여 성공하는 것을 의미하는데 예수님께서 기도하실 때 피와 땀을 흘리셨다는 말과 매우 유사하다.

28) 한국에서 교육열이 높은 것이 매우 유사하다.

29) 하나님께서 야곱에게 동서남북으로 퍼져나갈 것이라고 예언하셨는데(창 28:14) 한국에까지 퍼져 온 것이다.

그러나 두 나라가 유사한 점이 많다고 하더라도 한 가지 확실하게 특이한 점이 있다. 그것은 선교의 중심이 이스라엘에서 한국으로 옮겨왔다는 사실이다. 세계 선교의 중심은 아닐지 몰라도 이스라엘과 한국을 비교할 경우 분명한 차이는 선교의 중심이 이스라엘이 아니고 한국이라는 점이다.

유사하다는 말을 듣지 않아도 한국 민족은 참으로 신비스러운 민족이다. 이렇게 작은 나라, 그리고 그것도 두 조각으로 나뉘어 있으며, 이념적으로 달라 서로 적대시하여 전쟁까지 하였는데, 아직도 통일이 되지 않고 평화를 외치는 가운데 외세의 변화를 살펴야 하는 환경을 맞아 견디면서 복음을 세계에 전파하고 있다. 자기 자신의 어려움도 많은데 왜 다른 나라에까지, 그것도 죽음을 위협받으면서 복음을 전해야 하는 가라는 질문을 받으면서도 복음을 전하는 신비스러운 민족이다. 국가의 크기나 국력에 비해서 대단히 신비스러운 힘을 가지고 있다고 하겠다. 그런데 지리적으로도 매우 신비스러운 위치에 놓여 있다. 강대국들에 의해 둘러 쌓여 있으며, 그들의 정치적 변화에 따라 우리도 처신을 해야 하는 특이한 여건에 놓여 있다. 중국과 일본 사이에서는 생각이나 문화의 구별이 불확실하다고 생각하게 하는 대목이 많다. 이제 한국인은 확실하게 자기의 정체성을 갖고 밝히며, 하는 일이 차이 또는 탁월함이 있음을 보여야 한다. 이것은 세계에서 동떨어져 나가자는 의미가 아니고 한국인으로서 고유하게 또는 탁월하게 할 일이 있으며, 그 할 일을 실천함으로써 보여야 한다는 것이다.

예를 들면 다른 나라가 상업적 목적이나 정치적 목적으로 작은 나라들과 관계를 갖는 것을 한국은 지양하고 그러한 약하고 작은 나라들을 진심으로 사랑하고 도와서 과거에 우리가 당하고 살던 삶을 살지 않게 하는 특별한 일을 하는 것이 바람직하다. 실례를 들자면, 캄보디아와 같은 나라에서 한국의 기독교인들은 선교라는 이름으로 가서 선교를 할 수 있다. 목적은 그들도 새로운 출발점에 서서 잘 살게 하기 위해서라고 할 수 있다. 우리는 그동안 교만한 자세로 우리보다 부족하다고 생각하는 사람들을 대하는 경우가 많다고 비난을 받은 바 있다. 그러나 캄보디아와 같은 나라에서 필요한 것은, 우선 자연농업을 통해 먹을거리 해결을 하여 삶의 기본적 조건을 해결하고, 그들이 살아가면서 당하는 질병을 고치는 의료행위를 지원하고, 무엇보다 왜 살아야 하고 삶의 의미가 무엇인지를 확인해 주고 좋은 삶의 가치를 발견하여 현실에 적용할 수 있도록 돕는 가치 교육을 하는 것이다. 이러한 가치 교육을 통해 소명감을 갖고 자기도 살고 다른 사람도 사는 길을 갈 수 있게 하는 삶을 살게 하는 것은 매우 바람직하다고 할 수 있다. 이 가치가 예수의 윤리를 통해서 실현될 수 있다면 예수님을 소개하는 것은 새로운 삶의 출발점이라고 할 수 있다. 이것은 동서(東西) 협력의 길이라고 할 수 있다.

(7) 감성(感性)과 아우라

예수님의 탄생은 인간과 같이 단순히 남녀의 성(性) 접촉을 통해 임신하고 출산하는 과정이 전혀 아니었다. 마태는 예수님의 탄생 과정을 이렇게 설명하고 있다.

> [18] 예수 그리스도의 나심은 이러하니라 그 모친 마리아가 요셉과 정혼하고 동거하기 전에 성령으로 잉태된 것이 나타났더니 [19] 그 남편 요셉은 의로운 사람이라 저를 드러내지 아니하고 가만히 끊고자 하여 [20] 이 일을 생각할 때에 주의 사자가 현몽하여 가로되 다윗의 자손 요셉아 네 아내 마리아 데려오기를 무서워 말라 저에게 잉태된 자는 성령으로 된 것이라 [21] 아들을 낳으리니 이름을 예수라 하라 이는 그가 자기 백성을 저희 죄에서 구원할 자이심이라 하니라 [22] 이 모든 일의 된 것은 주께서 선지자로 하신 말씀을 이루려 하심이니 가라사대 [23] 보라 처녀가 잉태하여 아들을 낳을 것이요 그 이름은 임마누엘이라 하리라 하셨으니 이를 번역한즉 하나님이 우리와 함께 계시다 함이라 [24] 요셉이 잠을 깨어 일어나서 주의 사자의 분부대로 행하여 그 아내를 데려왔으나 [25] 아들을 낳기까지 동침치 아니하더니 낳으매 이름을 예수라 하니라(마 1:18-25).

예수님의 탄생은 삼위일체 하나님께서 만드신 대역작(大力作)이다. 인간은 아무도 이러한 일을 할 수 없다. 그래서 하나님은 마태를 통해 이 사실을 알리고자 하셨을 것이다. 이것은 삼위일체 하나님의 역사의 신비스러움의 표출이다. 하나님은 약속을 따라 예수님을 나시게 하셨다. 그런데 하나님은 천사 가브리엘을 보내셔서 마리아에게 은혜를 베푸시고 아들을 낳게 하셨다. 이 아들이 예수이고 이스라엘이 기다리던 메시아 즉 임마누엘 하나님이었다. 이 메시아는 큰 자이며 지극히 높으신 이의 아들이었다. 또 하나님께서 이스라엘의 조상 다윗의 왕위를 그에게 주셨다. 그래서 이 메시아는 야곱의 집을 왕으로 다스리실 것이며 그 나라는 무궁하리라고 하였다. 하나님께서 보내신 천사는 마리아에게 이 메시아는 성령으로 잉태하는 것임을 밝히었다. 그리고 성령으로 잉태한 사람은 하나님의 아들이라고 밝히었다(눅 1:26-38). 성부 하나님과 성령 하나님과 함께 성자 하나님의 일체 되심을 보이는 내용이 나타났다. 이것은 역사적 사건(the historic event)이며 인간을 구원하는 출발점이었다.

우리는 여기서 두 가지 중요한 내용을 읽게 된다. 하나는 감성(感性)이며, 다른 하나는 아우라이다. 오늘날 우리는 기술의 발달로 인하여 사람을 대신하는 로봇이 출현할 정도가 되면서 감성이 없다는 느낌을 갖고 감성을 찾고 있다. 이성과 지성을 역설하면서도 무엇인가 결핍되었다는 느낌을 가지고 감성을 찾는다. 이 감성을 인간에게서 찾고 있으나 기술과 기계가 빼앗아간 지 이미 오래다. 아무것도 남아 있지 않는 인간에게서 감성은 찾을 수 없다. 만일 찾는다 하더라도 그것은 진정한 감성이 아니다. 이 감성을 뛰어넘거나 다른 곳에서 찾기 위하여 영성(spirituality)을 외치기도 하였다. 지금도 그렇게 하고 있다. 그러나 사람에게는 영

(spirit)이 있기는 하나 진정한 의미에서의 영성을 찾기가 힘들었다. 그래서 인간은 이 영성을 찾기 위해 정성을 다하기도 하고 노력을 했지만 얻지 못했고 지금도 못하고 있다. 또 이 영성을 종교에서 찾기도 하였다. 물론 종교에는 신비(mystery)라는 것이 있어서 영성을 대치하려고 했고 지금도 그렇게 하고 있다. 그러나 그것은 진정한 영성이 아니다. 유사한 것이거나 가짜였다. 유사하다거나 가짜라는 말을 보면, 진짜 또는 본래적인 것이 있기는 있다는 말이 된다.

그런데 마리아는 이 영성(靈性)을 발견하였다. 하나님께서 천사를 보내어 마리아가 그 영성을 경험하게 하셨다. 그녀는 예수님을 잉태하기 위해 성령을 만나게 된 것이다. 이것이 새로운 삶의 출발점임을 예고 받은 것이다. 마리아는 천사의 고지(告知)를 받고 성령으로 인하여 예수님을 잉태하게 될 때 분명히 좋은 소식이라고 들었지만 놀라울 뿐이었으며, 세상에 이런 일이 없었기 때문에 거부하려고 하기도 했다. 마리아는 이 좋은 소식을 듣고, "이 말이 무슨 말인가?"라고 생각하며 "놀라 이런 인사가 어찌함인가 생각하며 두려워했다"(눅 1:29-30). 결국 마리아는 자기가 남자를 알지 못하니 어찌 이런 일이 있을 수 있겠는가라고 반문한다(눅 1:34). 천사는 성령이 네게 임하시고 지극히 높으신 이의 능력이 너를 덮으시리라는 말을 했고(눅 1:35), 확인해 주기 위해 친족인 엘리사벳도 늙어서 아들을 잉태하였음을 알려 주었을 뿐 아니라, 더욱 확실하게 이런 말을 한다(눅 1:36). "하나님의 모든 말씀은 능하지 못하심이 없느니라"(눅 1:37).

여기서 마리아의 감성(感性)이 분명하게 표출한다.

[46] 마리아가 가로되 내 영혼이 주를 찬양하며 [47] 내 마음이 하나님

내 구주를 기뻐하였음은 [48] 그 계집종의 비천함을 돌아 보셨음이라 보라 이제 후로는 만세에 나를 복이 있다 일컬으리로다 [49] 능하신 이가 큰 일을 내게 행하셨으니 그 이름이 거룩하시며 [50] 긍휼하심이 두려워하는 자에게 대대로 이르는도다 [51] 그의 팔로 힘을 보이사 마음의 생각이 교만한 자들을 흩으셨고 [52] 권세 있는 자를 그 위에서 내리치셨으며 비천한 자를 높이셨고 [53] 주리는 자를 좋은 것으로 배 불리셨으며 부자를 공수로 보내셨도다 [54] 그 종 이스라엘을 도우사 긍휼히 여기시고 기억하시되 [55] 우리 조상에게 말씀하신 것과 같이 아브라함과 및 그 자손에게 영원히 하시리로다 하니라(눅 1:46-55).

우리의 감성(感性)도 예수님을 만날 경우 분명하게 나타난다. 우리가 감성을 찾을 것이 아니라 예수님을 만나 진정한 감성을 찾아야 한다. 이 감성은 성령을 통하여 은혜로 주어진다. 이것은 마리아에게 하나님께서 은혜를 베풀어 나타난 것과 같다(눅 1:30). 이것은 우리가 거부할 수 없는 것이다. 마리아가 처음에 자기의 생각으로 거부하려고 했으나 결국 수용하게 된 것처럼 우리도 그렇게 될 수밖에 없게 된다. 이것이 예수의 윤리의 출발점이 된 이유이다.

또 한 가지 우리가 찾을 수 있는 것은 영광(靈光)이라고 할 수 있는 아우라(aura)이다. 오늘날 기독교를 향해 아우라를 찾을 없다고 비판한다.[44] 이것은 오늘날의 기독교가 사람들에게 그렇게 비추어졌기 때문인지 모르지만, 본래 예수의 탄생에서 그를 만나는 일이나 예배는 결코 아우라가 없지 않다. 우리를 통해서 아우라를 상실하게 되었다면 회개해야 할 것이다. 이 아우라는 동방박사들의 경배에서도 볼 수 있지만 양치는 목자들에게 예수님의 탄생의 소식이 전해져 그들이 찾아가 한 행위에서도 볼 수 있다.

[8] 그 지경에 목자들이 밖에서 밤에 자기 양떼를 지키더니 [9] 주의 사자가 곁에 서고 주의 영광이 저희를 두루 비춰매 크게 무서워하는지라 [10] 천사가 이르되 무서워 말라 보라 내가 온 백성에게 미칠 큰 기쁨의 좋은 소식을 너희에게 전하노라 [11] 오늘날 다윗의 동네에 너희를 위하여 구주가 나셨으니 곧 그리스도 주시니라 [12] 너희가 가서 강보에 싸여 구유에 누인 아기를 보리니 이것이 너희에게 표적이니라 하더니 [13] 홀연히 허다한 천군이 그 천사와 함께 있어 하나님을 찬송하여 가로되 [14] 지극히 높은 곳에서는 하나님께 영광이요 땅에서는 기뻐하심을 입은 사람들 중에 평화로다 하니라 [15] 천사들이 떠나 하늘로 올라가니 목자가 서로 말하되 이제 베들레헴까지 가서 주께서 우리에게 알리신 바 이 이루어진 일을 보자 하고 [16] 빨리 가서 마리아와 요셉과 구유에 누인 아기를 찾아서 [17] 보고 천사가 자기들에게 이 아기에 대하여 말한 것을 고하니 [18] 듣는 자가 다 목자의 말하는 일을 기이히 여기되 [19] 마리아는 이 모든 말을 마음에 지키어 생각하니라 [20] 목자가 자기들에게 이르던 바와 같이 듣고 본 그 모든 것을 인하여 하나님께 영광을 돌리고 찬송하며 돌아가니라(눅 2:8-20).

이 아우라는 그 후 계속해서 이뤄지지만 특별히 시므온과 안나에게서 발견된다.

[25] 예루살렘에 시므온이라 하는 사람이 있으니 이 사람이 의롭고 경건하여 이스라엘의 위로를 기다리는 자라 성령이 그 위에 계시더라

[26] 저가 주의 그리스도를 보기 전에 죽지 아니하리라 하는 성령의 지시를 받았더니 [27] 성령의 감동으로 성전에 들어가매 마침 부모가 율법의 전례대로 행하고자 하여 그 아기 예수를 데리고 오는지라 [28] 시므온이 아기를 안고 하나님을 찬송하여 가로되 [29] 주재여 이제는 말씀하신 대로 종을 평안히 놓아 주시는도다 [30] 내 눈이 주의 구원을 보았사오니 [31] 이는 만민 앞에 예비하신 것이요 [32] 이방을 비추는 빛이요 주의 백성 이스라엘의 영광이니이다 하니 [33] 그 부모가 그 아기에 대한 말들을 기이히 여기더라 [34] 시므온이 저희에게 축복하고 그 모친 마리아에게 일러 가로되 보라 이 아이는 이스라엘 중 많은 사람의 패하고 흥함을 위하여 비방을 받는 표적되기 위하여 세움을 입었고 [35] 또 칼이 네 마음을 찌르듯 하리라 이는 여러 사람의 마음의 생각을 드러내려 함이니라 하더라 [36] 또 아셀 지파 바누엘의 딸 안나라 하는 선지자가 있어 나이 매우 늙었더라 그가 출가한 후 일곱 해 동안 남편과 함께 살다가 [37] 과부 된 지 팔십사 년이라 이 사람이 성전을 떠나지 아니하고 주야에 금식하며 기도함으로 섬기더니 [38] 마침 이 때에 나아와서 하나님께 감사하고 예루살렘의 구속됨을 바라는 모든 사람에게 이 아기에 대하여 말하니라(눅 2:25-38).

우리는 진정한 의미의 감성을 다시 찾고, 사람들이 진정으로 예배할 수 있는 아우라를 찾기 위하여 예수님을 만나야 할 것이다. 성탄절은 바로 그러한 일을 해야 하고 그 작업을 해야 하는 계절이라고 생각한다. 오늘날도 이 아우라를 되찾으려고 하는 여러 가지 노력이 있다. 그 가운데 하나가 최근에 출간된 책인데, 바로 최정화 교수의 『엔젤 아우라』이다.[45] 최정화 교수는 아우라를 철학자 발터 벤야민의 예술 이론에 나온

"흉내 낼 수 없는 고고한 분위기"로 이해하고, 그것을 근거로 하여 사람에게서 풍겨 나오는 기운(氣運) 내지는 에너지에 가까운 의미를 지니고 있다고 서술한다. 이어서 그녀는 그것을 좀더 의역하여 천사에게서 풍겨 나오는 기운(氣運) 내지는 천사에게서 흘러나오는 긍정적이며 그것이 선한 힘이라고 말한다.[46] 이 말을 근거로 하여 아우라를 이해한다면 그것이 천사로부터 인간으로 옮겨가는 것을 볼 수 있다고 한다. 그리고 아우라가 인간에게로 옮겨오면서 주변 사람들로 하여금 아우라를 가진 사람들을 진정한 리더로 인정하게끔 만들고, 아우라는 그러한 리더들의 몸에 밴 배려심, 포용력, 통찰력, 집중력, 지적 호기심 등으로 완성된다고 전한다.[47] 최정화 교수는 일반 사람인 우리도 세상을 감동시키는 소통의 긍정적인 힘인 아우라의 소유자가 될 수 있다고 하면서 잠자고 있는 그것을 일깨워야 한다는 의미로 이러한 말을 한다. 최정화 교수는 바로 그 아우라를 통력으로 해석하며, 삶의 경쟁력이라고 말한다.[48] 이것은 아우라를 이해하는 데 큰 도움을 주지만 예수님으로부터 받을 수 있는 아우라와는 기운(氣運)이라는 의미 외에 유사한 점이 없다.

예수의 윤리에서는 예수님을 아우라를 발하는 본체로 이해하면서 이 아우라는 누구에게나 있는 것이 아니며, 이 아우라를 발하는 예수님을 본받아 예수님의 말씀을 따라 살아가는 것을 사람이 마땅히 할 일로 이해한다. 그러므로 세상 사람들이 말하는 성공과는 정반대일 수 있으며, 사람이면 누구나 가지는 것으로 이해하지 않는다. 왜냐하면 사람들은 항상 변할 수 있고, 아우라의 경험을 가지고 행동으로 옮길 수도 있지만, 변화를 통해 망각하거나 거부하거나 아우라와 전혀 무관한 행동을 할 수 있기 때문이다. 성경을 따라 이해하자면, 아우라를 따라 사는 사람을 새 사람 또는 새로운 피조물이라고 할 수 있다. 또 성령의 감동으로 사는 사람이라고 할 수 있다.

아우라를 발하는 본체이신 예수 그리스도를 곁에서 확실하게 경험한 사람들은 예수님의 제자들 즉 사도들일 것이다. 물론 사도라고 할지라도 아우라의 경험을 거부한 사람도 있다. 그는 가룻 유다이다. 그렇지만 예수님께서 죽으시고 부활하신 후 제자들은 그 아우라의 경험을 잘 살려 그의 말씀을 전파하였다. 예수님의 제자들은 한 알의 밀이 땅에 떨어져 죽어 새로운 싹을 낸 것처럼 사역(事役)을 하여, 예수님의 말씀대로 예수님을 따르는 제자들이 되기 위해 자기를 부인하고 자기 십자가를 지고 나섰던 것을 볼 수 있다. 부활하신 예수님은 제자 베드로에게 "내 양을 먹이라"고 말씀하신 가운데 아우라를 전수하셨다. 베드로는 이 말씀을 충실히 이행하였다.

또 바울은 예수님의 아우라를 다메섹 노상에서 경험하고(행 9장) 새로운 사람이 되어 복음을 전한 것을 볼 수 있다. 바울은 다른 사도들과 마찬가지로 아우라의 경험을 윤리적 행동으로까지 이끌었다. 바울은 이 아우라의 경험을 복음의 능력으로 경험하였음을 밝히며(롬 1:16-17) 우리 자신을 하나님께서 기뻐하시는 거룩한 산 제물로 드려 영적 예배를 하라고 말한다. 이 세대를 본받지 말고 마음을 새롭게 하여 변화를 받고 하나님의 선하시고 기뻐하시는 온전하신 하나님의 뜻을 분별하라고 한다(롬 12:1-2). 바울은 이것을 윤리적 행위와 연결시킬 것을 제안한다.

[9] 사랑엔 거짓이 없나니 악을 미워하고 선에 속하라 [10] 형제를 사랑하여 서로 우애하고 존경하기를 서로 먼저 하며 [11] 부지런하여 게으르지 말고 열심을 품고 주를 섬기라 [12] 소망 중에 즐거워하며 환난 중에 참으며 기도에 항상 힘쓰며 [13] 성도들의 쓸 것을 공급하며

손 대접하기를 힘쓰라 [14] 너희를 핍박하는 자를 축복하라 축복하고 저주하지 말라 [15] 즐거워하는 자들로 함께 즐거워하고 우는 자들로 함께 울라 [16] 서로 마음을 같이 하며 높은 데 마음을 두지 말고 도리어 낮은 데 처하며 스스로 지혜 있는 체 말라 [17] 아무에게도 악으로 악을 갚지 말고 모든 사람 앞에서 선한 일을 도모하라 [18] 할 수 있거든 너희로서는 모든 사람으로 더불어 평화하라 [19] 내 사랑하는 자들아 너희가 친히 원수를 갚지 말고 진노하심에 맡기라 기록되었으되 원수 갚는 것이 내게 있으니 내가 갚으리라고 주께서 말씀하시니라 [20] 네 원수가 주리거든 먹이고 목마르거든 마시우라 그리함으로 네가 숯불을 그 머리에 쌓아 놓으리라 [21] 악에게 지지 말고 선으로 악을 이기라(롬 12:9-21).

이것은 극히 일부이지만 바울은 아우라의 경험에 따른 윤리적 행위를 분명하게 보여 준다. 이렇게 해서 아우라에는 엄청난 에너지가 있음을 볼 수 있게 하고, 우리의 감성을 일깨우는 힘 즉 기운(氣運)이 있음을 알 수 있게 한다. 바울은 이 아우라의 경험을 통해 새로운 감성을 지니게 되었고, 결국 자기 자신의 변화만이 아니라 만나는 다른 사람들의 변화를 일으키는 엄청난 결과를 가져왔다. 이것은 그의 서신(書信)을 통해 확실하게 나타난다. 특히 디모데전후서는 그 대표적인 사례라고 할 수 있다. 바울은 믿음의 아들 디모데에게 편지하면서 아우라의 경험을 "우리 구주 하나님과 우리의 소망이신 그리스도 예수의 명령을 따라 그리스도 예수의 사도 된 바울은"이라고 말하면서 "하나님 아버지와 그리스도 예수 우리 주께로부터 은혜와 긍휼과 평강이 디모데에게 있을지어다"라고 말한다(딤전 1:1-2).

바울은 이어서 자기가 디모데에게 편지를 쓴 목적을 밝힌다. 즉 청결한 마음에서 나오는 사랑, 선한 양심에서 나오는 사랑, 거짓이 없는, 다시 말하면 위선이 없는 믿음에서 나오는 사랑을 하는 것이 목적이라고 하였다(딤전 1:5). 여기서부터 진행되는 윤리적 행위는 예수님의 아우라를 따라 행하는 것임으로 나타난다. 이렇게 해서 바울은 자기가 예수님을 본받는 것 같이 자기를 본받으라고 당당하게 말한다(고전 11:1). 왜 우리는 감성과 아우라를 말하고 있는가? 바로 예수님의 탄생이 우리가 윤리적 행위를 하도록 아우라를 발하며, 행동을 할 수 있는 힘 찬 에너지를 제공하기 때문이다. 이렇게 해서 예수님의 탄생은 예수의 윤리의 출발점이 된다.

제 3 장

예수의 이름 임마누엘

– 예수의 윤리의 특징 및 이름표

(1) 이름의 의미

이름이란 무엇인가? 필자는 소설가 구효서가 "소설가의 이름 짓기" 라는 글을 「동아일보」의 문화칼럼(2007. 12. 8. 토요일 A 31면)에 게재한 내용을 읽었다. 그는 자신이 소설가이기 때문에 수없이 많은 사람의 이름과 장소의 이름을 지었노라고 하면서 작가가 선호하는 이름은, 뜻을 가지고 있어서 그 이름이 담은 뜻을 이루기 위해 노력하거나 바라는 이름임을 인정하면서도 부르기 쉽고 듣기 좋고 기억하기 쉽되 다른 이름과 차별되는 소리글자를 택하는 것이 좋다는 것으로 자기의 속내를 드러내는 것을 보았다.

그런데 성경 속의 이름들은 그냥 부르기 좋은 이름이라기보다는 오히려 깊은 뜻을 담고 있는 경우가 허다하다. 또 그러한 이유 때문에 이름을 바꾸는 경우도 있다.

이제 먼저 이름의 중요성을 말해 주는 이름들을 먼저 살펴보기로 하자. 구약성경에 나타난 이름이라는 말(shem)이 파생된 기원에 대해서는 확실하게 모르지만 "높다"(to be high)는 말과 "기념비(monument or memorial)"라는 일차적인 의미를 가지고 있는데, 그것의 함의(含意)는 "장엄(majesty)", "탁월(excellence)" 등이 있다. 또 다른 기원을 인정한다면 "브랜드 만들기(to brand)" 또는 "표시 만들기(to mark)" 등의 의미를 갖는데 그 말들의 본래적 의미는 "표시(sign)" 또는 "표(token)" 등이며, "명성(renown)", "유명(fame)", "잘 알려진(well-known)" 등으로 번역되고 있다. 신약성경에서도 구약성경의 의미를 따르는 것으로 해석되고 있다.49)

구약성경에서 하나님에 관하여 이름이라는 말이 사용될 때에는 하나님의 계시의 내용(a revelatory content)을 가진다. 즉 일차적으로 하나님의 계시된 본성과 성품(nature and character), 즉 구주이신 하나님께서 자신을 현시(顯示)하심으로써 그것을 사람들이 알기를 바라신다는 내용을 가진다. 구약성경은 하나님을 초월적이시면서 동시에 내재적인 분으로 이해하게 한다. 즉 하나님은 숨겨지신 하나님(the hidden God)이시면서 동시에 구원에 관한 한 사람들과 관계를 가지시는 하나님이시다. 그리고 하나님의 이름을 하나님의 존재 자체와 동일시하는 경우도 있고, 하나님의 이름에 맞게 자신을 계시하시며, 인간들의 상응하는 응답, 다시 말하면 예배와 같은 행위를 원하시기도 한다. 또 하나님은 하나님의 임재(臨在)의 현시(顯示)의 영구성을 보이면서 예루살렘에 현존(現存)하셔서 거하심을 나타내시기도 한다. 숨겨지신 하나님은 계시의 하나님 (deus revelatus)의 상징으로 이해되기도 한다. 바로 예루살렘은 하나님 께서 자기의 이름을 두시기 위하여 선택하신 도시로 이해하게도 한다.[50]

우리는 지금 바로 이 부분에 대해 관심을 갖고 메시아이신 예수님의 이름으로 기록되어 있는 "임마누엘"의 의미를 살펴보려고 한다. 이 이름은 단순히 부르기 좋게 만들어진 이름이 아니라 하나님의 말씀인 성경의 예언과 전통에 따라 이해해야 할 중요한 의미를 갖고 있다. 우선 임마누엘이라는 말의 의미를 보면, "하나님이 우리와 함께하신다"이다. 이것은 하나님께서 하나님의 예언자들을 통해 예언하신 것을 이루신 것이며, 하나님께서 약속하신 것을 이루신 것이다. 이것은 구약성경에서 보여 준 내용들이다. 그 가운데서 논란이 있기는 하지만 가장 확실하게 보여 주는 부분은 이사야 7장 14절이다.

> 그러므로 주께서 친히 징조로 너희에게 주실 것이라 보라 처녀가 잉태하여 아들을 낳을 것이요 그 이름을 임마누엘이라 하리라(사 7:14).

마태복음 기자는 이 말씀을 그대로 인용하고 있으며 그 뜻까지 번역하여 우리에게 보여 준다. 즉 그 뜻은 "하나님이 우리와 함께 계시다"이다. 그리고 그 처녀가 잉태하여 낳은 아들에게 "예수"라는 이름을 주어지는 것을 기록한다(참고. 마 1:18-23). 임마누엘은 하나님이 함께하신다는 의미로 예수님이 하나님 자신이신 것과 하나님의 백성을 그들의 죄에서 구원하실 분임을 알게 한다. 이것은 선지자, 즉 하나님의 예언자를 통해 하나님께서 하신 말씀이다.

하나님은 약속하신 것을 반드시 지키시며 결코 임의로 변개(變改)하시지 않는다. 그리고 그것을 예언으로 하셨을 때에는 반드시 성취하신다. 그렇기 때문에 우리는 하나님이 신실(信實)하시다고 말하며, 의뢰할 만 한 분이시라고 믿는다. 그리고 하나님은 항상 우리와 함께하시며, 동시에 우리의 죄를 용서하시고 구원하시는 분이심을 알게 된다. 이것은 하나님의 사랑에 기초한 복음이다.

또 한 구절을 보자.

> [5] 나 여호와가 말하노라 보라 때가 이르리니 내가 다윗에게 한 의로운 가지를 일으킬 것이라 그가 왕이 되어 지혜롭게 행사하며 세상에서 공평과 정의를 행할 것이며 [6] 그의 날에 유다는 구원을 얻겠고 이스라엘은 평안히 거할 것이며 **그 이름은** 여호와 우리의 의라 일컬음을 받으리라 [7] 그러므로 나 여호와가 말하노라 보라 날이 이르리니 그들이 다시는 이스라엘 자손을 애굽 땅에서 인도하여 내신 여호와의 사심으로 맹세하지 아니하고 [8] 이스라엘 집 자손을 북방 땅 그 모든 쫓겨났던 나라에서 인도하여 내신 여호와의 사심으로 맹세할 것이며 그들이 자기 땅에 거하리라 하시니라(렘 23:5-8).[51]

이 본문은 하나님께서 하나님의 예언자를 통해 육신으로 다윗의 혈통에서 한 왕이 나실 것을 예언하신 부분이다. 이사야서에서 밝힌 임마누엘이 왕이신 것을 알려 주고 있다. 그 왕은 지혜롭게 다스릴 것이며 정의와 공의를 행할 것이라고 예언한다. 그 결과는 구원이고 평안히 사는 것이다. 여기서 "평안히"는 안전한 것을 의미한다. 안전은 평화를 의미한다. 즉 정의와 공의가 지켜지는 곳에 평화가 있다는 것을 보여 주는 대목이다. 오늘과 같이 불안한 세상에서 평화를 위한 안전은 꼭 필요한 삶의 요소(要素)이다. 이 평안(平安), 즉 안전은 임마누엘의 왕이 통치를 할 경우에 가능한 것이다.

임마누엘이신 왕의 이름은 "여호와는 우리의 공의(公義)"시다라는 의미를 갖는다. 이렇게 임마누엘로서의 왕의 이름은 중요하고 그 의미가 깊다. 다시 말하면 이름 자체가 가진 의미가 곧 통치이념이며 통치규칙이며 통치원칙이며 통치방향이며 통치의 질이며 내용이다. 정의(正義)가 없는 곳에는 진정한 의미의 평화가 있을 수 없다. 반대로 말하면, 평화가 없는 곳에 정의가 없다. 따라서 안전이 없는 곳에는 평화가 있을 수 없다. 하나님께서 임마누엘 왕을 통해 안전을 주시려고 한 것은 하나님의 정의를 실천하려고 하는 것이며, 우리는 평화를 얻게 하기 위함이었다. 그래서 임마누엘이신 예수님이 탄생하셨을 때 수많은 천군과 천사들의 이러한 찬송소리를 들을 수 있었다.

> 지극히 높은 곳에서는 하나님께 영광이요 땅에서는 기뻐하심을 입은 사람들 중에 평화로다(눅 2:14).

이것은 하나님께서 우리를 죄로부터 구원하시기 위해 하나님께서 먼저 시작하실 수밖에 없다는 것을 보여 주신 대목이다. 다른 한편 인간은 시작할 생각도 못하고, 그렇게 생각할 수 있는 능력도 없고, 그러한 위치에 있지도 않다는 것도 함축되어 있다. 이것은 우리의 입장에서 볼 때 하나님 중심으로 이뤄지는 사역인 것을 알 수 있다. 따라서 인류의 구원은 하나님 중심의 역사 가운데서 이뤄지는 것임이 확실하다. 이는 인간이 자기를 구원하려고 하는 노력은 허사이며 불가능하다는 것을 확인한다.

임마누엘로서 예수는 자신의 입장을 다음과 같이 분명히 밝히신 바 있다.

> 인자의 온 것은 섬김을 받으려 함이 아니라 도리어 섬기려 하고 자기 목숨을 많은 사람의 대속물로 주려 함이니라(막 10:45).

예수님은 자기를 인자(人子)로 표현하시면서 오신 목적을 분명히 밝히신다. 즉 예수님이 오신 것은 섬김을 받으려고 하는 것이 아니고 다른 사람들을 섬기려고 오셨다는 것이다. 그리고 그 사람들을 구원하시기 위해 자기 목숨을 대속물(代贖物), 즉 대신 값을 치루는 것으로 내주셨음을 나타내셨다. 예수님은 자기 몸을 대속물로 드리고, 우리의 죄를 사해 주셨다. 그리고 이것으로 섬기는 것의 의미를 밝히셨다. 이것이 섬기는 자의 본(本)이다. 이렇게 해서 예수님은 자기를 따르려는 사람들에게 이렇게 말씀하셨다.

> [43] ……너희 중에 누구든지 크고자 하는 자는 너희를 섬기는 자가 되고 [44] 너희 중에 누구든지 으뜸이 되고자 하는 자는 모든 사람의 종이 되어야 하리라(막 10:43-44).

바울은 임마누엘로서의 예수님을 합당하게 다음과 같이 해석한다.

> [6] 그는 근본 하나님의 본체시나 하나님과 동등 됨을 취할 것으로 여기지 아니하시고 [7] 오히려 자기를 비어 종의 형체를 가져 사람들과

같이 되었고 [8] 사람의 모양으로 나타나셨으매 자기를 낮추시고 죽기까지 복종하셨으니 곧 십자가에 죽으심이라(빌 2:6-8).

이 말씀 속에는 앞에서 언급하였던 삼위일체 하나님의 사역(事役)이 분명하게 드러나고 있으며, 예수님의 종이 된 사실을 밝히며, 종 됨의 극치와 죄를 속하는 값으로 지불하는 죽음, 즉 십자가에 죽으심의 관계를 정리하고 있다. 이것을 바울은 윤리와 연결시켜서 제시한다.

[1] 그러므로 그리스도 안에 무슨 권면이나 사랑에 무슨 위로나 성령의 무슨 교제나 긍휼이나 자비가 있거든 [2] 마음을 같이 하여 같은 사랑을 가지고 뜻을 합하며 한 마음을 품어 [3] 아무 일에든지 다툼이나 허영으로 하지 말고 오직 겸손한 마음으로 각각 자기보다 남을 낮게 여기고 [4] 각각 자기 일을 돌아볼 뿐더러 또한 각각 다른 사람들의 일을 돌아보아 나의 기쁨을 충만케 하라 [5] 너희 안에 이 마음을 품으라 곧 그리스도 예수의 마음이니(빌 2:1-5).

우리는 지금까지의 논의를 통해 하나님, 예수, 성령의 관계를 어느 정도 알게 되었다. 그렇지만 윤리성에 관한 한 하나님이 어떤 분이신지를 더욱 알고 싶어지는 것도 사실이다. 실제로는 성경 전체가 하나님이 어떤 분이신가를 나타내고 있지만, 필자는 편의상 시편 23편을 골라 정리해 보고자 한다.

(1) 하나님은 우리를 인도하시는 목자이시다.
(2) 하나님은 우리로 하여금 부족함이 없게 하시는 분이시다.

(3) 하나님은 우리를 푸른 초장(草場)에 쉬게 하시는 분이시다.

(4) 하나님은 우리를 쉴만한 물 가로 인도하시는 분이시다.

(5) 하나님은 우리의 영혼을 소생(蘇生)시키시는 분이시다.

(6) 하나님은 **자기의 이름을 위하여** 우리를 의의 길로 인도하시는 분
이시다.

(7) 하나님은 우리가 사망의 골짜기로 다닐지라도 해(害)를 두려워하
지 않게 하시는 분이시다.

(8) 하나님은 **우리와 함께하시는 분**이시다.

(9) 하나님은 우리를 하나님의 지팡이와 막대기로 안위하시는 분이
시다.

(10) 하나님은 원수의 목전에서 우리 앞에 상을 베풀어 주시는 분이
시다.

(11) 하나님은 우리의 머리에 기름으로 발라 주시는 분이시다.

(12) 하나님은 우리의 잔이 넘치게 하시는 분이시다.

(13) 하나님은 우리의 평생에 선하심과 인자하심이 반드시 따르게 하
시는 분이시다.

(14) 하나님은 우리가 하나님의 집에 영원히 거하게 하시는 분이시다.

하나님의 이름은 의(義) 또는 공의(公義)이다. 시편 23편에서는 조금
더 나아가서 하나님은 자기 이름을 위하여 의(義)의 길로 우리를 인도하
신다. 이것은 이름의 윤리성을 드러내는 부분이다. 이것은 하나님께서
함께하심과 관계가 있음을 보여 준다. 하나님은 함께하심으로써 해(害)
를 막아 주시며 의(義)를 행하게 하신다. 결국 하나님의 집에 거할 수 있
게 하는 은혜를 주신다. 그래서 우리는 우리를 거룩하게 하여 구별함으

로써, 하나님의 이름을 욕되게 하지 말아야 할 것이다(레 21:6).

여기서부터 우리는 오늘의 세상에서 잘 사는 비결을 얻을 수 있다. 사람들은 오늘날 잘 되는 것을 성공이라고 하지만 우리는 그 깊은 뜻을 찾아야 할 것이다. 왜냐하면 잘 되는 것은 샬롬, 즉 온전함(whole), 형통(prosperity), 복지와 안녕(well-being)을 의미하기 때문이다. 잘 되는 것은 시대적 요청이기도 하지만 세상이 필요한 것(need)을[52] 채우는 것을 의미한다. 최근에 이르러 김용준 교수가 "과학을 뛰어넘는 철학적 성찰"이라고까지 언급한 하이젠베르크(Werner Karl Heisenberg)의 책 『부분과 전체 *Der Teil und Das Ganze*』는 임마누엘의 완전한 하나님이면서 완전한 사람임을 이해하는 데 큰 출발점이 되고 있다. 이 책의 제목과 함께 불확정성의 원리는 오늘날 바르트(Karl Barth)의 신학, 특히 하나님 인식론을 새롭게 이해하게 하고 있음을 알게 한다.[53] 또 오늘날은 "좋은 것에서 위대(偉大)한 것으로(good to great)" 그리고 "효과 있음에서 위대함으로(effectiveness to greatness)"를 요청하기 때문에 과학이라고 하더라도 정신 또는 철학 또는 종교를 요구하게 된다. 그래서 과학은 최근, 종교에서 중요하게 여기는 영성(spirituality)을 밝히는 데 주력하는 사람들도 있음을 알려 준다. 이것을 채워 주는 것이 우리가 중요하게 여기는 임마누엘이라는 이름이다. 임마누엘 안에서는 부분이 전체이고 전체가 부분인 통합의 논리를 확인해 준다. 통합(統合)은 단순히 수의 합(合)이 아니고 부분으로도 이해되지만 전체로 이해되는 인간의 이성과 논리를 넘어서는 내용을 담고 있다.

다른 한편, 사람들은 세상이 너무나 불의(不義)로 가득 차 있기 때문에 정의(正義)를 요구한다. 그런데 임마누엘 하나님은 그 이름이 정의이면서 실천을 본(本)으로 보여 줌으로써 예언의 성취와 약속의 성취를 동시에 이루고, 세상에서 정의를 이루는 형성(形成, formation)의 틀을 만들었다. 이것은 벽이 있는 구획의 구조가 아니고 하나님 중심(中心)의 창조 행위로서 새로운 피조물로서 인간으로 하여금 살아가게 하는 것이다. 그래서 우리는 이 형성을 따라 살아가야 한다. 바로 이것이 필요(need)하다. 그러므로 이 필요는 사회정의의 실현을 요구하는 것이다. 하나님은 이러한 필요를 아시고 임마누엘이라는 이름으로 정의를 실현하신다. 하나님은 그래서 자기를 희생하고 정의 실현을 위해 값을 지불하셨다. 이러한 필요를 극복하는 삶의 모습을 형성하기 위하여 임마누엘의 이름을 따라 구체적으로 다음과 같이 정리하기로 하였다.

(1) 임마누엘의 하나님께 지혜를 구하라. 그리고 지혜롭게 행동하라(렘 23:5). 그러나 어리석은 사람은 하나님이 없다고 믿는다(시 14:1). 어리석은 자는 하나님께 구하지 않기 때문에 거만한 자라고 불리며, 미련한 자라고도 불린다(잠 9:13). 교만한 자는 지혜가 없게 된다(잠 11:2). 하나님께 지혜를 구하는 자는 생명을 얻게 되지만 하나님께 지혜를 구하지 않는 어리석은 자는 자기 재물을 의지하며 죽음을 향해 가며 불필요한 생각까지 하게 된다.

[6] 자기의 재물을 의지하고 풍부함으로 자긍하는 자는 [7] 아무도 결코 그 형제를 구속하지 못하며 저를 위하여 하나님께 속전을 바치지도 못할 것은 [8] 저희 생명의 구속이 너무 귀하며 영영히 못할 것임이라 [9] 저로 영존하여 썩음을 보지 않게 못하리니 [10] 저가 보리로다 지혜 있는 자도 죽고 우준하고(어리석고) 무지한 자도 같이 망하고 저희 재물을 타인에게 끼치는도다 [11] 저희의 속생각에 그 집이 영영히 있고 그 거처가 대대에 미치리라 하여 그 전지를 자기 이름으로 칭하

도다 [12] 사람은 존귀하나 장구치 못함이여 멸망하는 짐승 같도다 [13] 저희의 이 행위는 저희의 우매함(어리석음)이나 후세 사람은 오히려 저희 말을 칭찬하리로다(셀라)…… [16] 사람이 치부하여 그 집 영광이 더할 때에 너는 두려워 말지어다 [17] 저가 죽으매 가져가는 것이 없고 그 영광이 저를 따라 내려가지 못함이로다 [18] 저가 비록 생시에 자기를 축하하며 스스로 좋게 함으로 사람들에게 칭찬을 받을지라도 [19] 그 역대의 열조에게로 돌아가리니 영영히 빛을 보지 못하리로다 [20] 존귀에 처하나 깨닫지 못하는 사람은 멸망하는 짐승 같도다(시 49:6-20).[54]

(2) 임마누엘의 하나님께 지식을 구하라. 여호와를 경외하라. 그러면 지식을 얻을 것이다(잠 1:7). 만일 지식이 없으면 망한다(호 4:6). 지식이 없는 자는 미련한 자이며, 결국 지식이 없으면 죽게 된다(잠 10:21).

(3) 임마누엘 하나님 앞에서 원칙을 지켜라. 원칙은 정의롭게 행동하는 것이다. 이러한 행위는 죽음에서 건지게 된다(잠 10:2). 정의를 지키는 의인은 수고하여 생명에 이른다(잠 10:16). 공의로운 길에 생명이 있다(잠 12:28). 이것은 항상 하나님 앞에서 이뤄져야 한다. 그러나 원칙을 지키지 않는 자, 특별히 위기 상황에서는 무원칙으로 행동하고 적당히 타협하는 자는 결국 어려움을 부르게 된다.

(4) 임마누엘 하나님 앞에서 성실하라. 여호와를 의뢰하는 사람은 성실을 먹을거리로 삼는다(시 37:3). 하나님께서 주신 일을 신실하게, 즉 성실하게 한다면 착하고 충성된 종이라는 칭찬을 들으며 보상도 받는다. 성실(誠實)에서 성(誠)은 말씀을 이루는 것과 참이라는 의미를 갖고 있어서 결국 열매를 맺는다(實)는 의미를 갖는다. 이 열매가 곧 문화(文

化)이며 삶의 양식(樣式)이 된다.

(5) 임마누엘 하나님 앞에서 선을 행하라. 왜냐하면 가난한 자를 보살피는 사람은 복이 있는 사람으로서 재앙의 날에 여호와 하나님께서 그를 건지실 것이기 때문이다. 그리고 여호와 하나님께서 그를 지키셔서 살게 하시며 이 세상에서 복을 받을 것이라고 한다(시 41:1-2). 바울도 하나님을 믿으며 선으로 악을 이기라고 말하였다(롬 12:21). 악으로 선을 갚으면 악순환이 계속되며 결국 자승자박 또는 자업자득의 경우가 된다(시 57:6, 7:15, 9:15-16, 10:2, 35:8, 26; 잠 26:27).

(6) 임마누엘 여호와 하나님을 의뢰하라(시 37:3). 왜냐하면 하나님은 힘이시고 방패이시고 산성이시고 장수이시기 때문이다. 무엇보다 여호와 하나님은 우리의 소망이시다(시 39:7). 이 하나님은 도움이시며 어려움에서 건지시는 분이시다(시 40:17). 그래서 시인은 소망을 하나님께 두라고 외친다(시 42:11). 그리고 하나님께서 원하시지 않는 것을 행하지 말아야 한다(레 20:23). 특별히 우상을 섬기지 말아야 한다(출 20:5). 바울은 우상에 탐심까지 포함시키고 있다(골 3:5).

(7) 임마누엘 하나님 앞에서 잠잠하고 기다리라(시 37:7). 하나님의 나라가 임할 때까지 기다려야 한다. 그것이 하나님의 때인 카이로스를 기다리는 태도이다. 결코 조급해서는 얻을 것도 없으며, 오히려 실수하기 쉽다. 특별히 악한 꾀를 이루는 자 때문에 불평을 하지 않아야 한다. 비록 악을 행하는 자들을 보더라도 불평하지 말고 불의를 행하는 자들을 시기하지 말아야 한다(시 37:1). 조급하면 이러한 우를 범할 수 있다.

임마누엘은 말씀이 육신이 되신 구원 사역을 표현하는 것을 의미하는 이름이다. 그래서 어떤 사람들은 하나님과 인간의 하나 됨이라고 하면서, 하나님의 인간화를 주장할 수도 있다. 그러나 이것은 완전한 이중성(二重性)이면서도, 이원론은 아니며, 그렇다고 하나님이 사람으로 되는 단일론(monism)도 아니다. 임마누엘은 하나님과 인간의 만남이기는 하지만 단순한 만남이 아니고, 하나님이 친히 사람이 되시는, 그러면서도 아직도 완전한 하나님이시고 완전한 사람이신 예수님의 존재와 하나님의 존재를 삼위일체의 하나님의 존재로 보이시는 것이다. 히브리서 기자는 이 사건을 이렇게 표현하고 있다.

> 우리에게 있는 대제사장은 우리 연약함을 체휼하지 아니하는 자가 아니요 모든 일에 우리와 한결 같이 시험을 받은 자로되 죄는 없으시니라(히 4:15).

여기서 우리는 하나님께서 임마누엘로서 사람이 되셨지만 분명히 죄는 없으신 분이심을 알 수 있다. 인간의 형상을 입었지만 죄는 없다는 뜻이다. 이것은 인간과 구별되는 하나님의 사역(事役)이다. 이것은 죄를 용서할 수 있는 능력이 있음을 밝히는 대목이다. 죄가 있다면 죄 값을 치를 수 없다. 그럼에도 불구하고 하나님께서 사람이 되었다는 내용을 가지고 어떤 사람들은 성(聖)과 속(俗)의 경계가 무너졌다고 하기도 하고, 성(聖)과 속(俗)을 하나로 보기도 한다. 그러나 이것은 하나님이 사람이 되신 내용을 잘 이해하지 못하고 하는 말이다. 물론 형식을 우리의 이성의 판단으로 생각한다면, 성과 속의 구별이 없는 것으로 이해할 수 있다. 예를 들면 하나님이 사람이 되셨으면 하나님은 없어진 것으로 이해할 수 있기 때문이다. 그러나 그것은 인간의 이성으로 하는 판단의 결과일 뿐이다. 최근에는 인간의 이성으로 이해할 수 없는 것들을, 이성을 기초로 하여 발전한 과학이 오히려 분명하게 밝혀내기도 한다. 하나님은 인간들과 구별된다. 하나님은 온전하시고 거룩하시다. 우리는 하나님을 힘입어 거룩하여야 하고 온전하여야 한다. 왜냐하면 하나님만이 인간을 거룩하게 하실 수 있고 온전하게 만드실 수 있기 때문이다. 이 점에서 하나님은 확실하게 인간과 다르다. 이렇게 해서 하나님과 인간의 경계는 분명히 존재하며, 결코 무너질 수 없는 것이기도 하다.

임마누엘 하나님은 새로운 명령을 하시고 새로운 약속을 하셨다.

> [19] 그러므로 너희는 가서 모든 족속으로 제자를 삼아 아버지와 아들과 성령의 이름으로 세례(침례)를 주고 [20] 내가 너희에게 분부한 모든 것을 가르쳐 지키게 하라 볼지어다 **내가 세상 끝 날까지 너희와 항상 함께 있으리라** 하시니라(마 28:19-20).[55]

이것은 임마누엘 하나님의 연속성을 의미한다. 다시 말하면, 임마누엘 하나님은 하나님의 예언자들을 통하여 임마누엘, 즉 하나님께서 사람들과 함께하시겠다는 예언을 하게 하시고 약속을 지키셔서 예수의 이름인 임마누엘 하나님으로 존재하시게 되었다. 그런데 하나님은 인간의 죄 값을 치르기 위하여 십자가에서 죽으셔야만 했다. 그러나 임마누엘 하나님은 죽으셨지만 부활하셔서 승천하시게 되어 위에서 본 새로운 약속을 하셨다. 항상 함께하시겠다는 약속은 분명히 시간을 명시하시고 있다. 다시 말하면 시간을 넘어서는 약속이다. 왜냐하면 약속하시는 시간이 모든 시간이기 때문에 시간의 제약이 없다. 그냥 항상 우리와 함께하신다. 다만 우리는 마땅히 할 일만 하면 된다. 즉 임마누엘 하나님이 우리에게 분부하신 명령을 준행하면 된다.

예수님은 예수님의 새로운 약속을 지키심을 보여 주신 경우가 많다.

이것은 오늘날도 우리와 그 약속을 지키시고 계심을 보증하는 실례들이라고 할 수 있다. 여기서 몇 가지 실례를 찾아보도록 하겠다.

첫째 실례로 삭개오를 보자(눅 19:1-10). 예수님은 어느 날 여리고로 들어가 지나가시게 되었다. 거기에 삭개오라고 하는 세리장이 있었는데 대단한 부자였던 모양이다. 그렇지만 임마누엘 하나님의 새로운 약속을 듣지 않았던 것으로 판단된다. 그래서 그는 임마누엘 하나님이 지나가시는 것을 보기 위해 돌 무화과나무에 올라갔었다. 왜냐하면 그는 키가 작았기 때문이었다. 임마누엘 하나님은 돌 무화과나무 위에 있는 삭개오를 보시고 "속히 내려오라"고 말씀하셨고, 이어서 "오늘 네 집에 유하겠다"고 말씀하셨다. 이것은 부활 후에 하신 약속의 예표였다. 다시 말하면 임마누엘 하나님은 급히 내려와 즐거워하며 영접하는 삭개오의 집에 유하시기 위해 그의 집에 들어가셨다. 임마누엘 하나님은 새로운 약속을 하시고 지키시는 가운데 삭개오로부터 삭개오의 약속을 얻게 되신다. 즉 삭개오는 자기의 소유 절반을 가난한 자들에게 주고 만일 누구의 것을 속여 빼앗은 일이 있으면 네 갑절이나 갚겠다고 약속한다.

임마누엘 하나님의 새로운 약속을 지키심은 죄인으로부터 좋은 약속을 얻어내는 것을 보게 된다. 그의 약속에 대해 임마누엘 하나님은 또 다른 약속을 하신다. "오늘 구원이 이 집에 이르렀으니 이 사람도 아브라함의 자손임이로다." 삭개오는 임마누엘 하나님으로부터 최고의 약속을 받은 것이다. 임마누엘 하나님은 이름 자체가 예수로 구원을 나타내시며 자기 백성을 구원하시게 된 것이다. 이것은 하나님께 삭개오에게 내려 주신 은혜이다. 이렇게 해서 구원은 하나님의 은혜로 얻어지는 것임을 보여 준다. 구원은 인간의 갈망으로부터 얻어지는 것이 아니고, 오직 하나님의 은혜로 주어진다. 따라서 구원의 사역은 하나님 중심으로 일어나는 것이다. 이것은 구원을 하나님께서 주도하셔서 이루신다는 것을 의미한다. 따라서 인간은 어떠한 인간이라 할지라도 구원의 통로가 될 수 없다.

예수님의 포도나무 비유를 보자(요 15장). 임마누엘 하나님은 참 포도나무요 아버지 하나님은 농부라고 말씀하셨다. 그리고 우리는 가지라고 말씀하셨다. 여기서 중요한 것은 함께함의 의미를 찾는 것이다. 함께함은 가지가 포도나무에 붙어 있는 것을 의미한다. 가지는 포도나무에 붙어 있어야 열매를 맺는다. "붙어 있다"는 말은 "안에 거한다"는 말로도 표현된다. 그래서 임마누엘 하나님은, 포도나무로 비유되는 임마누엘 하나님 안에 있으면 열매를 많이 맺을 수 있다고 한다. 더 중요한 것은 포도나무 안에 있는 가지에게 임마누엘 하나님은 "무엇이든지 원하는 대로 구하라 그리하면 이루리라"고 말씀하신다는 점이다. 이것은 열매를 더 많이 맺게 하는 것일 것이다. 무엇이든지 원하는 대로 구할 수 있으나 하나님께서 원하시는 대로 구하여야 한다. 인간의 욕심이나 이기심으로 가득 찬 생각으로 구하는 것은 이뤄지지 않는다. 이렇게 해서 구하는 것도 하나님의 은혜이며, 하나님의 주도로 이뤄지는 것임을 알 수 있다. 이러한 약속과 함께 새로운 명령을 하신다.

[7] 너희가 내 안에 거하고 내 말이 너희 안에 거하면 무엇이든지 원하는 대로 구하라 그리하면 이루리라 [8] 너희가 과실을 많이 맺으면 내 아버지께서 영광을 받으실 것이요 너희가 내 제자가 되리라 [9] 아버지께서 나를 사랑하신 것 같이 나도 너희를 사랑하였으니 나의 사랑 안에 거하라 [10] 내가 아버지의 계명을 지켜 그의 사랑 안에 거하는 것 같이 너희도 내 계명을 지키면 내 사랑 안에 거하리라 [11] 내가 이

것을 너희에게 이름은 내 기쁨이 너희 안에 있어 너희 기쁨을 충만하게 하려 함이니라 [12] 내 계명은 곧 내가 너희를 사랑한 것 같이 너희도 서로 사랑하라 하는 이것이니라(요 15:7-12).

임마누엘 하나님은 예수님을 따르는 사람들을 자신이 택하신다는 것과 자신의 소속이 다름을 분명히 밝히신다. "너희가 나를 택한 것이 아니요 내가 너희를 택하여 세웠다"(요 15:16). 이렇게 택하신 하나님은 우리로 하여금 항상 하나님 안에 있어서 열매를 맺게 하신다. 그리고 그 하나님의 이름으로 구하면 무엇을 구하든지 다 받게 하시려 한다. 또 이것은 분명히 소속이 다르다는 것을 밝히는 대목이다. 즉 세상에 속하지 않고 하나님께 속했다는 것이다. 그렇기 때문에 세상이 자기에게 속하지 않은 사람들을 미워하고 박해를 할 것이라고 한다. 이것은 함께함의 의미를 밝혀 준다. 다시 말하면 임마누엘 하나님께서 함께하시면 열매도 맺고 서로 사랑하게 되지만 하나님의 함께하심 속에 속하지 못한 사람은 구원받을 수 없는 행위를 하게 되며, 열매를 맺지 못한다. 그래서 구하여도 얻을 수 없다.

엠마오로 가던 두 사람의 경우를 보자(눅 24:13 이하). 임마누엘 하나님께서 부활하신 때에 제자들 가운데 두 사람이 예루살렘을 떠나 엠마오라고 하는 마을로 가고 있었다. 그들은 가는 도중에 임마누엘 하나님께서 부활하신 사건을 이야기하였다. 그때 예수님께서 가까이 가셔서 그들과 동행하시면서 문의하셨다. "너희가 길 가면서 서로 주고받고 하는 이야기가 무엇이냐?" 두 사람은 슬픈 빛을 띠고 머물러 서서 대답하였다. "당신이 예루살렘에 체류하면서도 요즘 거기서 된 일을 혼자만 알지 못하느냐?" 그들은 대답을 하기보다는 오히려 질문으로 대답을 대신하였다. 이것은 이미 모든 사람들이 공공연하게 아는 사실을 왜 질문하느냐라는 말로 들린다. 다시 예수님은 "무슨 일이냐?"라고 물으셨다. 둘 가운데 하나가 대답을 다음과 같이 하였다.

> [19] …… 가로되 나사렛 예수의 일이니 그는 하나님과 모든 백성 앞에서 말과 일에 능하신 선지자여늘 [20] 우리 대제사장들과 관원들이 사형 판결에 넘겨주어 십자가에 못 박았느니라 [21] 우리는 이 사람이 이스라엘을 구속할 자라고 바랐노라 이뿐 아니라 이 일이 된 지가 사흘째요 [22] 또한 우리 중에 어떤 여자들이 우리로 놀라게 하였으니 이는 저희가 새벽에 무덤에 갔다가 [23] 그의 시체는 보지 못하고 와서 그가 살으셨다 하는 천사들의 나타남을 보았다 함이라 [24] 또 우리와 함께한 자 중에 두어 사람이 무덤에 가 과연 여자들의 말한 바와 같음을 보았으나 예수는 보지 못하였느니라 ……(눅 24:19-24).

사실, 두 제자는 임마누엘 하나님께서 함께하셨지만 깨닫지 못하였다. 그래서 아직 확고한 믿음을 갖고 있지 않은 것처럼 보인다. 물론 그들이 예수님을 하나님과 모든 백성 앞에서 말과 일에 능하신 선지자로 알고 있었고, 십자가에 못 박혀 죽으신 것까지 인정했고, 이스라엘을 구원할 분으로 바라기는 했지만, 부활하신다는 사건은 믿지 못한 것으로 보인다. 반신반의가 아니었을까. 그들은 임마누엘 하나님이 함께하신 것을 보면서도 깨닫지 못했다. 예수님은 그들이 더디게 믿는 것을 보시고 설명을 하신다.

[25] 가라사대 미련하고 선지자들의 말한 모든 것을 마음에 더디 믿는

자들이여 [26] 그리스도가 이런 고난을 받고 자기의 영광에 들어가야
할 것이 아니냐 하시고 [27] 이에 모세와 및 모든 선지자의 글로 시작
하여 모든 성경에 쓴 바 자기에 관한 것을 자세히 설명하시니라(눅
24:25-27).

예수님은 분명히 믿지 못하는 사람들을 미련한 사람이라고 말씀하시
고, 동시에 더디 믿는 자라고 말씀하셨다. 또 예수님은 임마누엘 하나님
의 사건을 설명하실 때에, 바른 근거가 되는 성경을 설명하심으로써 완
성하셨다. 이렇게 성경은 우리의 신앙을 갖게 하는 길잡이가 된다. 성경
이외의 다른 것으로부터 믿음을 찾는 것은 바른 길에서 이탈할 가능성
이 높다. 그래서 예수님은 항상 성경을 근거로 하여 말씀하신 것을 볼
수 있다. 예수님은 두 제자들이 강권하여 유하려 들어가셔서 음식을 잡
수실 때에 떡을 가지고 축사하시고 떼어 그들에게 주셨다. 그때에야 비
로소 두 사람의 눈이 밝아져 자기들과 함께하신 분이 예수님이며, 임마
누엘 하나님이심을 깨달았다. 예수님은 자신이 함께하는 것을 알게 된
제자들로부터 떠나셨는데, 일단 알고 난 후에는 더 이상 거기 계시지 않
고 떠나셨다. 예수님은 임마누엘 하나님으로서 떠나시면서 영(靈)으로
그들과 함께하시는 것을 보여 주셨다. 이 사건은 두 사람으로 하여금 확
신을 갖게 하였다. 두 사람은 예수님께서 길 가면서 말씀하신 것과 떡을
떼심을 통해 예수님께서 부활하신 것을 확증하고 증언도 하게 되었다.

다른 많은 실례들이 있지만 마지막으로 임마누엘 하나님이 베드로에
게 나타나셔서 함께하심을 보자(요 21:1-23). 임마누엘 하나님께서 부활
하신 후 디베랴 호수에서 자기의 제자들에게 나타내시고, 고기 잡으러
갔던 제자들을 만나신다. 그리고 이렇게 질문하신다. "얘들아 너희에게

고기가 있느냐?” 제자들은 없다고 대답하였다. 그러자 예수님은 “그물을 배 오른편에 던지라 그리하면 잡으리라”고 말씀하셨다. 제자들은 그대로 그물을 던져서 많은 물고기를 잡았다. 여기서 중요한 것은 임마누엘 하나님께서 함께하신 사실이다. 자기들에게 말씀하신 분이 임마누엘 하나님이시라는 것을 알고, 베드로는 벗고 있다가 겉옷을 두른 후에 바다로 뛰어 내려갔다. 육지에 가보니 거기에 숯불이 있었고 생선도 놓여 있었고, 떡도 있었다. 베드로는 예수님의 말씀을 따라 그물을 육지로 끌어올렸고, 예수님은 떡과 생선을 그들에게 주셨다. 이것은 예수님께서 임마누엘 하나님으로서 하신 기적이다. 베드로와 함께하실 때에 이러한 놀라운 기적이 일어날 수 있다는 것을 알게 하신다.

조반을 먹은 후에 예수님은 베드로에게 말씀하셨다. “요한의 아들 시몬아 네가 이 사람들보다 나를 더 사랑하느냐?” 베드로는 예수님의 말씀에 이렇게 대답하였다. “주님 그러하나이다. 내가 주님을 사랑하는 줄 주님께서 아시나이다.” 예수님은 “내 어린 양을 먹이라”고 말씀하셨다. 두 번째도 예수님은 같은 질문을 하셨고 베드로 역시 같은 대답을 하였다. 그러자 예수님은 “내 양을 치라”고 말씀하셨다. 세 번째도 예수님은 같은 내용의 질문을 하셨다. 베드로는 세 번째 질문을 듣자 근심하면서 “주님 모든 것을 아시오매 내가 주님을 사랑하는 줄을 주님께서 아시나이다”라고 대답하였다. 예수님은 “내 양을 먹이라”고 말씀하셨다. 이어서 예수님은 베드로의 앞날에 대해 말씀하셨다.

[18] 내가 진실로 진실로 네게 이르노니 젊어서는 네가 스스로 띠 띠고 원하는 곳으로 다녔거니와 늙어서는 네 팔을 벌리리니 남이 네게 띠 띠우고 원치 아니하는 곳으로 데려가리라 [19] 이 말씀을 하심은

베드로가 어떠한 죽음으로 하나님께 영광을 돌릴 것을 가리키심이러라 이 말씀을 하시고 베드로에게 이르시되 나를 따르라 하시니(요 21:18-19).

임마누엘 하나님이신 예수님은 이 말씀을 하실 때에 베드로 혼자 버려두시겠다는 말씀이 아니고, 오히려 예수님의 양을 베드로가 먹이고 칠 때에 함께하시겠다는 약속을 하신 것이다. 이것은 예수님께서 승천하실 때 하신 약속과 같은 것이다. 이렇게 약속을 받은 베드로는 예수님의 양들을 먹이면서 달라진 모습을 보여 주었다.

오순절 날 사람들이 당황하고 있을 때에 베드로는 열한 사도와 함께 서서 소리를 높여 말하였다. 즉 성령의 역사(役事)를 나타냈으며, 이미 요엘 선지자가 예언한 말씀이 이뤄진 것을 확인하였고, 생명을 주시는 임마누엘 하나님께서 십자가에 달려 죽으셨고, 그가 곧 하나님이시라고 증언하였다(행 2:14-36). 여기서 베드로는 예수님을 삼위일체 하나님으로 증언하고 있다. 이것은 임마누엘 하나님이 함께하신 결과이었다. 베드로는 다른 날 기도 시간에 성전에 들어가려고 할 때에 미문에 있던 나면서부터 걷지 못한 사람을 향해 이렇게 말한다. "은과 금은 내게 없거니와 내게 있는 이것을 네게 주노니 나사렛 예수 그리스도의 이름으로 일어나 걸으라." 그리고 베드로는 요한과 함께 솔로몬의 행각에서 설교하였다. 설교의 내용은 다음과 같다.

[12] 베드로가 이것을 보고 백성에게 말하되 이스라엘 사람들아 이 일을 왜 기이히 여기느냐 우리 개인의 권능과 경건으로 이 사람을 걷게 한 것처럼 왜 우리를 주목하느냐 [13] 아브라함과 이삭과 야곱의 하나

님 곧 우리 조상의 하나님이 그 종 예수를 영화롭게 하셨느니라 너희
가 저를 넘겨 주고 빌라도가 놓아 주기로 결안한 것을 너희가 그 앞에
서 부인하였으니 [14] 너희가 거룩하고 의로운 자를 부인하고 도리어
살인한 사람을 놓아주기를 구하여 [15] 생명의 주를 죽였도다 그러나
하나님이 죽은 자 가운데서 살리셨으니 우리가 이 일에 증인이로라
[16] 그 이름을 믿으므로 그 이름이 너희 보고 아는 이 사람을 성하게
하였나니 예수로 말미암아 난 믿음이 너희 모든 사람 앞에서 이같이
완전히 낫게 하였느니라 [17] 형제들아 너희가 알지 못하여서 그리하
였으며 너희 관원들도 그리한 줄 아노라 [18] 그러나 하나님이 모든
선지자의 입을 의탁하사 자기의 그리스도의 해 받으실 일을 미리 알
게 하신 것을 이와 같이 이루셨느니라 [19] 그러므로 너희가 회개하고
돌이켜 너희 죄 없이 함을 받으라 이같이 하면 유쾌하게 되는 날이 주
앞으로부터 이를 것이요 [20] 또 주께서 너희를 위하여 예정하신 그리
스도 곧 예수를 보내시리니 [21] 하나님이 영원 전부터 거룩한 선지자
의 입을 의탁하여 말씀하신 바 만유를 회복하실 때까지는 하늘이 마
땅히 그를 받아 두리라 [22] 모세가 말하되 주 하나님이 너희를 위하
여 너희 형제 가운데서 나 같은 선지자 하나를 세울 것이니 너희가 무
엇이든지 그 모든 말씀을 들을 것이라 [23] 누구든지 그 선지자의 말
을 듣지 아니하는 자는 백성 중에서 멸망 받으리라 하였고 [24] 또한
사무엘 때부터 옴으로 말한 모든 선지자도 이 때를 가리켜 말하였느
니라 [25] 너희는 선지자들의 자손이요 또 하나님이 너희 조상으로 더
불어 세우신 언약의 자손이라 아브라함에게 이르시기를 땅 위의 모든
족속이 너의 씨를 인하여 복을 받으리라 하셨으니 [26] 하나님이 그
종을 세워 복 주시려고 너희에게 먼저 보내사 너희로 하여금 돌이켜

　각각 그 악함을 버리게 하셨느니라(행 3:12-26).

　또 베드로는 공회 앞에 서서 임마누엘 하나님이신 예수님에 대해 증언하였다.

> [7] 사도들을 가운데 세우고 묻되 너희가 무슨 권세와 뉘 이름으로 이 일을 행하였느냐 [8] 이에 베드로가 성령이 충만하여 가로되 백성의 관원과 장로들아 [9] 만일 병인에게 행한 착한 일에 대하여 이 사람이 어떻게 구원을 얻었느냐고 오늘 우리에게 질문하면 [10] 너희와 모든 이스라엘 백성들은 알라 너희가 십자가에 못 박고 하나님이 죽은 자 가운데서 살리신 나사렛 예수 그리스도의 이름으로 이 사람이 건강하게 되어 너희 앞에 섰느니라 [11] 이 예수는 너희 건축자들의 버린 돌로서 집 모퉁이의 머릿돌이 되었느니라 [12] 다른 이로서는 구원을 얻을 수 없나니 천하 인간에 구원을 얻을 만한 다른 이름을 우리에게 주신 일이 없음이니라 하였더라(행 4:7-12).

　더 이상 증거를 찾지 않더라도 베드로는 임마누엘 하나님께서 함께 하심으로 놀라운 일들을 해냈음을 알 수 있다. 이러한 사건들은 윤리성(倫理性)으로 표현되고 있다. 임마누엘 하나님께서 함께하신 곳에서는 놀라운 일들이 일어나며, 동시에 그의 계명을 지켜야 한다는 것도 알게 된다. 그 계명을 중심으로 모인 것이 교회로(참고. 행 2장과 4장), 새로운 비전을 가진 공동체가 되었으며, 실천을 강조하는 미래 공동체가 되었다(참고. 마 5:19). 이렇게 해서 예수의 윤리는 임마누엘이라는 하나님의 이름을 통해 윤리의 특징을 나타내었다. 이것은 하나님이 누구이시고 그 하나님이 함께하실 때 어떠한 일들이 일어나는지를 확실하게 보여 주고 있다. 그 임마누엘 하나님이 함께하시는 동안 많은 열매를 맺고, 열매를 많이 맺는 행동을 하고, 공동체를 구성할 것을 나타내는 윤리성(倫理性)을 보여 주고 있다.

제 4 장

예수의 인간
— 예수의 윤리의 행위자

인간이란 무엇인가? 이 질문은 참으로 오래된 질문이고 여러 분야에서 이 질문에 대한 대답을 주려고 노력한 흔적들을 보아왔다. 특별히 기독교 신학자들 가운데 많은 사람들이 이 문제를 다루고 있다. 왜냐하면 신학 이론이 윤리(倫理)라는 행동에 관한 마지막 부분에 도달하면 결국은 자연스럽게 인간의 문제를 다루지 않을 수 없기 때문이다. 또 하나님을 생각할 때 곧 이어서 인간을 생각하지 않을 수 없다는 점도 인간이 무엇인가라는 질문에 대한 대답을 요청한다.

그렇지만 최근에 들어서는 인간이 무엇인가라는 근본적인 물음에 대답하려고 하기보다는 인간이 어떻게 사느냐에 초점이 모아지고 있는 것을 본다. 여기서 어떻게 사느냐는 인간의 본성에 대한 대답으로서 사는 것을 의미하는 것이 아니다. 이는 그렇게 힘든 질문을 하지도 않고 들으려고도 하지 않으며 오직 현재 목숨이 있는 그러한 상황에서 살아가는 수준만을 고려하는 질문이다. 현재 정치나 경제나 사회나 교육 등이 모두 이것에 초점을 모으고 있음을 본다. 2007년 12월 11일 아침 「조선일보」 인터넷 판을 읽는 가운데 2007년의 한국인 뉴 트렌드를 5개 문장으로 요약한 것을 읽었다.[56) 그것들은 다음과 같다.

> (1) 월급은 88만원, 그래도 기죽지 않는다.
> (2) 부동산 멈칫, 주식 · 펀드 날개를 펴다.
> (3) 역사가 드디어 국민 오락이 됐다.
> (4) 한국은 다인종 국가로 가고 있다.
> (5) 올해 국제 사회에서 한국은 피해자 아닌 가해자이다.

또 같은 신문에서 우리나라가 자녀 키우기 가장 끔직한 나라 속에는 들어가지는 않았다는 것을 알게 되었다. 하지만 자녀 키우기 힘든 나라들의 문제들을 보면, 그렇게 안심할 수만은 없다. 이라크는 어린이 영양 실조, 짐바브웨는 유아 사망률, 에이즈, 빈곤, 콩고 공화국은 어린이가 전쟁으로 몰리는 것, 인도는 미성년자 노동이 문제이다. 영국은 선진국이라고 하지만 유엔 보고서에 따르면 청소년의 흡연, 음주, 임신 그리고 단순노동만을 생각하며, 능력 개발에는 관심이 없고 실제로 380만 명의 어린이 빈곤의 고통이 있다는 것[57)을 읽을 때 선진국을 향해 가려고 대단히 애쓰고 있는 우리나라의 문제점도 함께 생각하게 되었다. 사교육 (私敎育) 때문에 대통령의 정책에도 큰 관심을 가져야 하고, 대통령이 국민의 환심을 사기 위해 입시정책을 힘써 고려해야 하는 현실, 부모들이 학생들보다 더 관심을 갖고 애써야 하는 현실, 산업화를 이룩하고 IT산업에서 세계 일류를 향해 가려고 하는 현실, 인재들은 미국을 비롯한 선진국의 스카우트 대상으로 주목을 받는 현실, 사람들이 3D라는 영역의 일을 하지 않으려고 해서 코리언 드림을 향해 밀입국까지 그리고 불법 체류까지 감행하는 외국인들의 입국 현실, 농촌 결혼으로 인한 다민족 혼합 현실 등은 모두 우리 인간의 문제를 알게 하는 부분이다.

정말로 인간은 무엇인가? 먹고 살고 수명을 연장하는 것만이 인간이 무엇인가를 대답해 줄 수 있는 것인가? 철학자가 아니더라도 이제 한 번쯤 진지하게 인간이 무엇인가라는 질문을 깊이 있게 그리고 진지하게 생각해 보아야 할 때가 된 것 같다. 사실, 인간이 무엇인가라는 질문은 인간이 생겨나면서부터 생각한 질문이기도 했겠지만, 필자가 의식을 갖고 공부를 하는 그때부터 가장 진지하고 중요한 질문으로서 필자에게도 도전해 온 질문이기도 했다.

필자는 대학에서 2학년까지 영어영문학과에 속하여 다녔지만 사실은 영어 배우는 데 더 관심을 많이 가졌었다. 그래서 영어로 된 책들을 닥치는 대로 읽었다. 그러다 차츰 체계적인 공부를 해야 한다는 생각이 들어 세계 명작들을 영어로 읽기로 했다. 그 과정에서 『카라마조프의 형제들』을 읽었다. 펭귄 출판사의 문고판이었는데 표지를 열자 성경 구절이 있었다. 그때 필자는 성경에 대해 잘 몰랐을 때였는데, 거기에 있는 구절을 읽고 감격하였다.

> 내가 진실로 진실로 너희에게 이르노니 한 알의 밀이 땅에 떨어져 죽지 아니하면 한 알 그대로 있고 죽으면 많은 열매를 맺느니라 (요 12:24).

지금은 이 구절과 함께 그 다음 구절을 꼭 이어서 읽는다.

> 자기 생명을 사랑하는 자는 잃어버릴 것이요 이 세상에서 자기 생명을 미워하는 자는 영생하도록 보존하리라 …… 사람이 나를 섬기려면 나를 따르라 나 있는 곳에 나를 섬기는 자도 거기 있으리니 사람이 나를 섬기면 내 아버지께서 저를 귀히 여기시리라(요 12:25-26).

사실, 『카라마조프의 형제들』이라는 소설에 있는 그 성경 구절을 읽었을 때에, 이것이 인생의 앞날을 보게 하는 것이라고 생각하였다. 대학 3학년 때 쯤으로 생각이 되는데, 함석헌 선생께서 필자가 다니는 학교에 와서 채플에서 강연을 하셨을 때, 이분에게 무엇인가 있구나라는 생각을 하고 귀담아 들었다. 그랬는데도 지금은 다 잊어버리고 그분이 강연 중에 자주 말씀하신 가운데 한 마디만 기억한다. "I am quite serious." 이 말을 어떤 말씀 끝에 하셨을까라는 생각을 자주 해 보곤 하지만 영 생각이 나지 않는다. 그 후 필자는 한국 기독교윤리 사상을 쓰면서 그 가운데 중요한 한 분으로 함석헌 선생님을 선택하여 그분의 전집을 읽었다. 여러 가지를 배웠지만 가장 중요한 것은 생명(生命) 사상이다.

필자는 기독교윤리학을 전공했기 때문에 가장 기본적인 문제인 생명의 문제를 해결하여야만 했다. (이 생명의 의미는 다음에 방법론에서 다루게 되니 여기서는 생략한다.) 인간이 무엇인가라는 질문에 대답을 하려고 하면, 반드시 생명의 의미를 다룰 수밖에 없다. 왜냐하면 인간은 생명체이고 생명을 가지고 살아가야 하기 때문이다. 그런데 생명(生命)은 그냥 살아 있다는 것만이 아니고 명(命)을 가지고 살아야 하는 존재임을 알게 되었다. 즉 인간은 살아 있을 뿐 아니라, 명(命)을 받아 살아가는 존재이다.

예수님이 내가 생명의 빵이다(요 6:22)라고 하신 것을 발견하게 되었다. 요한복음 앞부분에서는 예수님이 말씀이고 이 말씀이 생명이고 빛이라고 한다. 많은 사람들이 이런 것들을 메타포(metaphor)로 이해하고 사용하기도 하고, 단순히 한 표적(sign)이나 상징(symbol)으로 사용하기도 하고, 이야기의 주제로 사용하기도 하는 것을 보았다. 그렇다면 예수님이 하신 생명이라는 말은 정말 어떤 의미가 있고 나와는 어떤 관계가 있을까라는 질문을 하였다. 그래서 앞에서 읽은 요한복음 12장 25절을 깊이 있게 읽게 되었다.

그리고 필자는 출생한 후 70년이 되었다는 사실을 깨닫고 생명의 의미를 깊이 생각하면서 2007년 초에 『생명이란 무엇인가?』, 『생명 관리와 건강』, 『기독교 사회윤리학 세미나 자료집』 증보판을 썼다. 이것은 사람이 출생하여 죽을 때까지 어떤 삶을 살아왔고, 또 살아야 하고, 살게 될 것인가를 생각하면서 정리한 것들이다. 이제 다시 예수의 윤리를 생각하면서 그것에 비추어 인간이 무엇인가를 여기서 살펴보려고 하는 것이다. 어느 날 필자는 인생의 70년이 지났음을 실감하게 되고, 원로(元老)라는 말을 듣게 되고, 교인들의 기도 가운데 노(老) 종 또는 노(老) 목사라는 호칭을 들으면서, 명(命)을 가진 삶을 다시 생각하지 않을 수 없었다. 다시 바닥까지 내려가서 자기를 돌아보고 얻은 자기 인식으로 인하여 자신이 구원의 대상임을 확인하고 하나님의 사랑을 받아 살아왔음을 깨달으면서 일곱 가지 키워드를 발견하였다.

(1) 뻔뻔하라. 자기를 들여다보면 점점 움츠려들기만 한다. 다시 헤어날 수 없는 상태에 빠지고 만다. 그런데 여기서 하나님을 만나면 살 길을 찾게 되는데 뻔뻔하지 않고는 하나님을 영접할 수 없다.

(2) 대담하라. 성경에서는 담대하라고 한다. 대담하라는 말을 필자는

담대하라는 말과 동일한 의미로 사용하고 있다. 성경은 하나님을 믿는 사람에게 강하고 담대하라 또는 두려워하지 말라고 말한다. 예수님도 같은 내용의 말씀을 하셨다. 그리고 구하고 찾고 두드리라고 하셨다. 이것은 담대한 사람만이 할 수 있는 행동이다.

(3) 실행에 옮기라. 말씀을 듣는 자들에게 반드시 요구하는 내용이다. 실행에 옮기지 않으면 듣는 것이나 듣지 않은 것이 현실에서는 거의 다를 바 없다. 예수님은 세례 요한을 가리키면서, 믿음을 실행하지 않음으로 인하여 여자가 낳은 자들 가운데서는 큰 자이지만 하나님의 나라에서는 작은 자라고 하시기까지 하셨다.

(4) 전면에 나서라. 일을 하는 가운데 얻은 경험은, 가끔 침묵의 다수가 뒤에 있다는 말로 위로하는 말을 듣지만 현실에서는 별로 의미가 없는 점이다. 침묵의 다수는 침묵의 다수일 뿐이다. 일을 하기 위해서는 전면에 나서서 일을 해야 한다. 적극적으로 나서야 한다.

(5) 줏대가 있어라. 이것은 항상 중심을 잡고 좌로나 우로 흔들리지 않고, 열심히 일하고 앞으로 나갈 것을 표현하는 말이다. 어느 시대나 그 시대를 이끌어갈 지도자와 정신이 있어야 한다. 그래서 살맛나는 세상으로 인정되어야 한다. 즉 삶의 기준이 있어서 사람들이 따라갈 수 있어야 한다.

(6) 뭔가 만들어내라. 만들어낸 결과가 문화이다. 결국 문화를 이뤄낼 것인데 좋은 문화, 가치 있는 문화, 후세대까지 좋아하고 칭찬할 문화를 만들어내야 한다. 이 문화는 만들어 내는 것의 완성이요 결과물인데 귀한 것이 아니면 무시 받거나 버림받게 된다.

(7) 행복을 느껴라. 사실, 다른 사람들이 행복을 느끼게 해야 한다. 그러나 자기 스스로 행복을 느끼지 못할 경우 다른 사람에게 행복을 느

끼게 할 수 없다. 이 행복은 수량화된 재화(財貨)에만 있지 않다. 어떤 경우에는 재화(財貨)에도 행복을 느낄 수 있을 것이다. 그러나 진정한 행복, 형통, 성공, 성취, 만족, 자존감 같은 샬롬의 요소들은 마음에 있다. 그래서 예수님도 하나님 나라가 너희 안에 있다고 하셨을 것이라 생각한다. 예수님이 진정한 의미에서 행복을 주시기 때문이다.

예수님은 제자들을 부르시고 윤리의 행위자들로 인정하셨다. 예수님의 부르심은 간결하면서도 분명하였다. 그것은 "나를 따르라"이었다(마 4:18-22). 예수님으로부터 부르심을 받은 사람들은 예수님의 제자들로서 예수님에게 속한 자들이 되었다. 이것은 하나님께서 이스라엘을 부르신 것과 같다.

> 야곱아 너를 창조하신 여호와께서 이제 말씀하시느니라 이스라엘아 너를 조성하신 자가 이제 말씀하시느니라 너는 두려워 말라 내가 너를 구속하였고 **내가 너를 지명하여 불렀나니 너는 내 것이라**(사 43:1).[58]

이 부르심은 바로 소명(召命, calling)이 된다. 소명이라는 말은 부르시는 분이 불러서 할 일을 명(命)하는 것이다. 따라서 부름을 받을 때에는 부름 받은 자 임의로 무엇을 해서는 안 되고, 무엇을 하려고 해서도 안 된다. 오직 부르신 분의 뜻을 준행해야 한다. 부르신 분이 가장 중요하게 생각하는 명(命)은 이것이다.

> [29] 예수께서 대답하시되 첫째는 이것이니 이스라엘아 들으라 주 곧 우리 하나님은 유일한 주시라 [30] 네 마음을 다하고 목숨을 다하고

뜻을 다하고 힘을 다하여 주 너의 하나님을 사랑하라 하신 것이요 [31] 둘째는 이것이니 네 이웃을 네 몸과 같이 사랑하라 하신 것이라 이에서 더 큰 계명이 없느니라(막 12:29-31).

이 말씀은 구약성경에 있는 말씀이다. 그 말씀은 하나님으로부터 왔으며 연속성(連續性)을 보여 주는 내용이다.

너는 마음을 다하고 성품을 다하고 힘을 다하여 네 하나님 여호와를 사랑하라(신 6:5).

…… 이웃 사랑하기를 네 몸과 같이 하라 나는 여호와니라(레 19:18).

이 두 말씀을 예수님께서는 함께 말씀하셨다. 구약성경은 하나님을 사랑하는 것을 마음에 새기고 자녀에게 부지런히 가르치고 집에 앉아 있을 때에나 길을 갈 때에나 누워 있을 때에나 일어날 때에 강론하고 또 손목에 매고 미간에 붙여 표로 삼고 집 문설주와 바깥문에 기록하라고 명한다. 이웃 사랑에 대한 것은 하나님을 사랑하라는 말씀의 다른 표현인 하나님을 경외하라는 말씀 다음에 온다. 그래서 예수님은 둘째는 "이와 같으니"라고 말씀하셨을 것이다. 이웃 사랑은 하나님에 관한 것 외에 모든 것을 이룰 수 있는 윤리 행위라고 할 수 있다. 따라서 예수님은 두 명령을 하나로 묶어서 말씀하셨을 것이다. 바울, 야고보, 그리고 제자들은 이웃 사랑이 모든 율법을 이루는 것으로 이해했던 것으로 나타난다(눅 10:25-37; 갈 5:14; 약 2:8).

이 소명을 근거로 하여 인간의 구성을 살펴볼 수 있을 것이다. 인간의 구성을 어떻게 볼 것인가? 필자는 기본적인 것으로서 다섯 가지 요소를 생각했다.

(1) 육체: 예수님께서 인간으로 오실 때에 인간이 육체성을 가지고 있음을 확인해 주셨다. 예수님의 제자 가운데 하나는 그리스도께서 육체로 오심을 부인하는 자를 적그리스도라고까지 말한다(요이 7절). 사실, 인간이 육체를 가졌다는 것은 우리 자신이 부인할 수 없다. 왜냐하면 말 그대로, 우리 모두가 육체를 가졌기 때문이다. 그러나 육체는 성령을 거스르고 상징적으로 욕심으로 대변되고 있기도 하다.

> [16] 내가 이르노니 너희는 성령을 좇아 행하라 그리하면 육체의 욕심을 이루지 아니하리라 [17] 육체의 소욕은 성령을 거스르고 성령의 소욕은 육체를 거스르나니 이 둘이 서로 대적함으로 너희의 원하는 것을 하지 못하게 하려 함이니라 [18] 너희가 만일 성령의 인도하시는 바가 되면 율법 아래 있지 아니하리라 [19] 육체의 일은 현저하니 곧 음행과 더러운 것과 호색과 [20] 우상 숭배와 술수와 원수를 맺는 것과 분쟁과 시기와 분 냄과 당 짓는 것과 분리함과 이단과 [21] 투기와 술 취함과 방탕함과 또 그와 같은 것들이라 전에 너희에게 경계한 것 같이 경계하노니 이런 일을 하는 자들은 하나님의 나라를 유업으로 받지 못할 것이요(갈 5:16-21).

(2) 혼: 혼과 육체를 합하여 인간을 영육(靈肉) 합일체라고 표현하는데 혼(魂) 자체는 여러 가지로 표현된다. 즉 영혼, 목숨, 생명 등 다양하게 표현된다. 예수님께서 죽으실 때에 아버지 하나님께 "내 **영혼**을 부탁합니다"(눅 23:46)라고 기도하셨다. 또 예수님은 그의 제자들에게 "**목숨**

을 위하여 무엇을 먹을까 무엇을 마실까 **몸**을 위하여 무엇을 입을까 염려하지 말라. **목숨**이 음식보다 중하지 아니하며 **몸**이 의복보다 중하지 아니하냐"라고 말씀하셨다(마 6:25).[59] 혼은 매우 중요한 것이다. 왜냐하면 혼은 인간을 대표하는 말로 사용될 경우도 있기 때문이다. 혼이 나갔다는 일상생활에서의 말은 바로 그것을 증명해 준다. 또 혼은 생명이라는 말로 표현되기도 한다.

> 자기 생명을 사랑하는 자는 잃어버릴 것이요 이 세상에서 자기 생명을 미워하는 자는 영생하도록 보존하리라(요 12:25).

여기서 생명은 모두 혼(魂)이라는 낱말을 번역한 말이다. 이 말씀은 혼으로서의 생명을 사랑하면 영생을 잃어버리게 되고, 혼으로서의 생명을 그리스도를 위하여 미워하면, 영생을 얻게 되는 것을 밝혀 주는 대목이다. 그래서 예수님은 제자들에게 하나님을 사랑할 때에 목숨(혼)을 다하여 사랑하라고 말씀하셨다(막 12:30). 그리고 예수님은 친구를 위해서 목숨을 버리면, 이보다 더 큰 사랑이 없다고도 말씀하셨다(요 15:13). 예수님은 제자들을 택하시고 명하셨는데, 서로 사랑하라는 말씀이었다(요 15:17).

(3) 마음: 성경은 마음을 인간의 중요한 요소로 밝히고 있다. 신약성경 앞부분에 있는 공관복음서(共觀福音書)라고 부르는 세 복음서(福音書) 모두 하나님 사랑과 이웃 사랑을 예수님이 첫째와 둘째 계명으로 말씀하신 것으로 밝히고 있다. 그 표현에서 약간씩 다르지만 내용은 같은 의미일 것인데, 특별히 세 복음서 모두 마음이라는 말은 동일하게 사용하고 있다(마 22:37; 막 12:30; 눅 10:27). 마음은 인간의 중심이며, 혼(魂)이

있는 자리라고까지 말하기도 한다. 마음을 굳게 하는 것은 인간으로서의 모든 것을 굳게 하는 것이다.

(4) 정신: 정신은 마음과 같이 사용되는 경우도 있었지만 엄연히 다른 구성요소이다. 누가복음 24장 45절에서 마음이라는 낱말은 헬라어로 νοῦς로서 누가복음 24장 38절에 나오는 καρδία와는 다른 낱말이다. 한글 개역개정판에서는 두 낱말 모두 마음으로 번역한다. 이것은 두 낱말을 혼용할 수 있다는 의미도 되지만, 반드시 구별해야 할 경우도 있다. 정신은 정신적 지각(知覺)과 이해력의 기관이나 의식적 삶의 기관, 행동에 앞서서 작동하는 의식의 기관, 사실을 인식하고 판단하는 기관 등으로 이해되고 있다. 일반적으로는 사고(思考)와 지식, 예를 들면 이해(understanding)의 기관으로 알려져 있고, 특별히 도덕적 사고(moral thinking)의 기관, 예를 들면 명상(contemplation)으로 이해된다.

신약성경에서는 누가복음 24장 45절, 요한계시록 13장 18절, 17장 9절을 제외하면 모두 바울 서신들에서만 나타난다고 한다. 바울 서신들의 경우 반영적 의식(reflective consciousness)으로 사용되며, 영(spirit)의 충격(impulse)과 구별되는 것으로 사용되고 있다.[60] 사실, 정신으로서의 νοῦς는 외적 대상을 인식하는 것이고, 추론하는 능력을 나타내는 것이다. 그것의 물질적 주요 기관은 뇌(the brain)이지만 모든 감각들(senses)이 그것을 능동적으로 또는 수동적으로 돕는다. 그것은 인간 안에 있는 하나님의 영의 인간 쪽 자리이다. 인간의 정신의 근거는 하나님의 영인 것처럼, 인간 안에서 그것의 행동은 지적 목적을 가지고 있다. 그래서 그것의 행위의 결과를 하나님의 영(靈)의 산물이라고 이해한다.[61]

(5) 영: 인간의 또 하나의 구성 요소로서 영(靈, spirit)을 생각해 보자. 이 요소는 삼위일체 하나님의 영과 관계된다. 구약성경에 의하면 하나님

께서 아담에게 생기(生氣)를 불어넣으셨을 때에 사람이 생령(生靈)이 되었다고 기록되어 있는데(창 2:7, 7:22) 하나님께서 생명의 영을 불어넣으셨을 것이다. 이것은 창세기 7장 22절에서 확실하게 나타난다. 불어넣는다는 것은 생명의 표시와 조건(the sign and condition of life)을 나타내며, 그것은 오감(senses)으로서는 이해할 수 없는 것이지만, 생명 안에서 보이는 것처럼 영의 작용(operations)이나 현시(顯示, manifestations)로서만 인식된다. 구약성경에서 영(πυεῦμα)은 어디서나 히브리어 루아흐(ruach)에서 번역되고 있고, 하나님으로부터 오는 생명의 원칙(life principle)으로 이해된다.[62] 그래서 영은 인간에게 주어진 것이며, 인간을 살아 있는 인간(a living soul)으로 만들어 준다. 그리고 하나님께서 주셨다가 다시 취하여 가실 때에 인간은 죽은 인간(a dead soul) 또는 죽은 몸(a dead body)이 된다.[63] 이 영은 인간이 행동할 때에 불가시적 또는 가시적 특성으로 나타나며(딤후 1:7; 롬 8:15), 느낌이나 욕망과 같은 특성으로도 나타난다(마 26:41). 중요하게 생각할 수 있는 또 한 가지는 영이 전 인간을 나타낼 때도 있다는 점이다(눅 1:47). 그리고 인간의 몸은 부활할 경우 영으로 표현되고 있다(고전 15:45-46).[64]

현대 과학에서 영(靈)에 대한 논란이 많이 일어나고 있지만, 예수님에게 있어서는 구약성경의 전통을 확실하게 따르신 것을 알 수 있으며, 영은 인간의 전체를 하나님과 연결시키는 기관임을 알 수 있다. 영이 정신과 같이 하나의 기능으로서만 인식될 수 있는지는 필자의 지식의 한계로 인하여 논의할 수 없지만, 어떠한 경우에도 영의 작용에 대해서는 거부할 수 없다는 현실을 수용하며, 그 영은 하나님의 영과 관계된다는 것을 믿는다. 필자는 여기서부터 인간의 기본 구성요소를 위에서 언급한 다섯 가지로 보고 인간이라고 말할 경우는 그 다섯 가지 요소를 모두

고려하면서 이해한다. 물론 경우에 따라서는 따로따로 분리하여 생각할 수도 있다는 것도 거부하지 않는다.

예수의 윤리에서는 인간의 요소들을 다른 용어로 표현할 수도 있다. 즉 몸은 육체, 기초, 공동체, 훈련 등으로 표현하고, 마음은 정서, 감정, 정열, 목회 등으로 표현하고, 정신은 지식, 지성, 신학, 선택 등으로 표현하고, 영(靈)은 지혜, 비전, 에너지, 인침 등으로 표현한다. 이러한 표현은 필수적인 표현은 아니지만 맥락과 필요에 따라 이러한 표현을 사용할 수 있다. 또 각 표현은 네 가지씩인데, 그 순서대로 서로 연관이 된다. 예를 들면 몸을 육체라고 표현할 때에, 마음은 정서로, 정신은 지식으로, 영은 지혜로 표현할 수 있다는 말이다.

이제부터 기독교윤리학적으로 예수의 윤리에 나타난 인간을 윤리의 행위자(行爲者)로서 이해하려고 한다. 첫째로 예수의 윤리에서 인간은 **은혜와 긍휼을 입은 자**이다. 은혜라는 말 가운데서 인간은 임마누엘 하나님이신 예수님으로부터 부르심을 받았다는 의미가 있다. 이 부르심은 예수님께서 제자들을 부르실 때에 조건 없이 부르신 부르심과 같은 의미이다. 조건 없이 부르셨기 때문에 우리는 그것을 은혜라고 말한다. 마치 아버지가 아들을 사랑하여 인정하는 부르심과 같은 것이다. 예수님은 탕자의 비유에서 그것을 잘 표현하시고 있다. 아버지는 잃어버렸다고 생각되는 아들이 돌아왔을 때에 조건 없이 영접하였고 잔치를 베풀어 주었으며 되찾은 아들이라고 생각하였다(참고. 눅 15:11-32).

이것은 하나님께서 이스라엘 백성들을 부르신 것과 같다. 이스라엘 백성들은 하나님을 배반하기를 여러 번 하였지만, 하나님은 아버지처럼 그들을 사랑하셨고, 계속해서 하나님을 사랑하고 하나님의 계명을 지키도록 말씀하셨다. 그것이 이스라엘 백성들이 살 길이었기 때문이다. 예

수님께서도 하나님을 사랑하는 것이 첫째 되는 계명이라고 말씀하시었
는데 제자들을 부르실 때에 바로 그러한 의미로 부르셨다.

예수님은 제자들을 향하여 너희가 나를 택한 것이 아니고, 내가 너희
를 택하고 세웠다고 말씀 하셨는데, 이것은 친구가 되는 길을 제시하신
것이다. 참으로 은혜의 길이다. 예수님은 부르신 제자들을 향하여 서로
사랑하라고 말씀하셨다. 이어서 세상에서는 환난을 당하지만 담대하라
고 하셨다. 왜냐하면 예수님께서 세상을 이기셨기 때문이다(요 16:33).
제자들이 예수님을 떠나갈 때에도(요 6:66) 예수님은 택하신 제자들을
사랑하셨다. 예수님께서는 택하신 제자들을 끝까지 사랑하셨다. 하나의
실례로서 부활하신 후 제자들이 모인 가운데 나타나셔서 평화(샬롬)를
선언하셨음을 보았고, 또 베드로에게 부탁의 말씀을 하신 것을 보았다.
예수님은 인간들, 특히 제자들을 향해 세상과 자연과 **다르다**(διαφέρω)는
것을 강조하여 알려 주셨다. 이것은 단순히 다르다는 말만 아니고 더 가
치 있고 탁월하다는 것이다. 사실, 탁월하신 선생님이 제자들을 탁월하
다고 하신 것은 실제로 탁월한 것을 의미한다. 예수님은 임마누엘 하나
님이시다. 그러한 분의 제자들은 분명히 탁월한 것이 당연하다.

예수님은 제자들이 영생을 얻는 길을 가르쳐 주심으로써 은혜를 베
풀어 주셨다. 율법사가 예수님에게 와서 영생 얻는 길을 물었을 때에 제
자들이 함께 있었을 것이다. 예수님은 그 율법사의 마음을 아시고 말씀
하셨는데, 율법사는 예수님을 시험하려고도 했지만, 자기가 의롭다는
것을 나타내는 교만한 마음도 있었던 것으로 보인다. 제자들은 그 현장
에서 두 사람의 대화를 확실하게 들었을 것이다. 교만하였던 율법사는
한 가지 귀중한 사실을 잊고 있었다. 즉 마음과 뜻과 정성을 다하여 하
나님을 사랑하고, 이웃도 그렇게 사랑했어야 했는데, 이웃 사랑을 그렇

게 하지 못한 것을 깨닫지 못하고 있을 때에, 예수님은 그 율법사가 한 가지 부족한 사실을 지적하셨다. 즉 필요한 사람에게 자비를 베풀어 이웃이 되라는 것이었다(눅 10:25-37). 또 재물이 많은 청년이 와서 예수님에게 영생을 얻는 길을 물을 때에 계명을 지키라고 말씀하셨다. 그 청년은 모든 계명을 지키었다고 하였다. 그때에 예수님께서 아직도 부족한 것이 무엇이냐고 묻는 청년에게 온전하고자 하면 가서 소유를 팔아 가난한 자들에게 주라고 말씀하셨다. 그 청년은 예수님의 말씀을 듣고 재물이 많음으로 인하여 근심하며 갔다고 한다(마 19:16 이하).

예수님의 은혜는 긍휼로 표현된다. 긍휼은 사랑의 다른 표현이라고 할 수 있다. 은혜의 근거는 사랑이다. 하나님께서 이스라엘 백성에게 은혜를 베푸실 때에 긍휼을 보이셨다. 이스라엘 백성들은 수없이 하나님을 배반하고 거역하였지만, 하나님은 택하심을 인하여 은혜를 끝까지 베푸셨는데, 바로 그것이 하나님의 긍휼이다. 결국 하나님은 사랑하시는 아들을 세상에 보내시어 이스라엘의 죄악을 용서하시는 은혜를 베푸셨으나, 이스라엘 백성들 가운데 많은 사람들이 예수님을 구주로 영접하지 않았으며 지금도 영접하지 않고 있다. 그럼에도 불구하고 하나님은 임마누엘 하나님으로서 함께하신다. 그리고 예수님을 통하여 긍휼의 의미를 가르쳐 주시며, 긍휼의 마음을 가지고 베풀기를 바라시고 계신다(마 23:23).

둘째로 예수의 윤리에서 인간은 **감사와 예배를 할 자**이다. 예수님은 임마누엘 하나님으로서 죄인들을 부르러 오셨다(마 9:13). 이것은 긍휼에 기초한 것이다(마 9:13; 호 6:6). 이것은 은혜이다. 따라서 인간은 감사할 수밖에 없다. 예수님은 모든 것을 기도하심으로써 하셨는데 반드시 감사를 하셨다. 바울은 예수님의 정신을 따라 범사에 감사하라고 하면서 이것이 하나님의 뜻이라고 하였다(살전 5:18). 인간은 일용할 양식을 구하는 것도 감사함으로 해야 한다. 감사하는 인간은 반드시 예배를 한다. 이 예배는 하나님께만 한다. 하나님은 영(靈)이시기 때문에 영(靈)으로 예배해야 한다. 하나님은 진리이시기 때문에 인간은 진리로 예배해야 한다(요 4:23-24).

하나님께만 예배해야 한다는 것은 예수님께서 시험 받으실 때에도 확실하게 나타난다. 마귀가 예수님께 찾아와서 예수님을 지극히 높은 산으로 데리고 가서 천하만국과 그 영광을 보여 주며 말하기를 만일 예수님께서 마귀에게 엎드려 경배하면 그 모든 것을 주겠다고 했을 때에 예수님의 대답은 분명하였다. "사탄아 물러가라. 기록되었으되 주 너의 하나님께 경배하고 다만 그를 섬기라 하였느니라"(마 4:10). 이 말씀은 신명기 6장 13절을 인용한 것이다. 예수님께서 이렇게 말씀하신 것은 성경의 연속성과 하나님의 위치를 확실하게 밝히신 것이다.

인간이 은혜를 입고 긍휼을 받았으면 감사하는 마음을 갖고 예배하는 것은 마땅히 할 일이다. 인간이 하나님께 예배할 때에는 먼저 하나님의 은혜와 긍휼에 대해 감사하는 마음을 갖고 예배해야 한다. 예배할 때에는 크게 세 부분이 고려되어야 한다. 먼저 하나님의 말씀이 선포되거나 가르치는 일이 있어야 하고, 다음으로 기도하는 일이 있어야 하고, 그 다음으로 찬송하는 일이 있어야 한다. 그래서 예배할 때에 예배 찬송을 먼저 부른다. 이때에 하나님의 은혜와 긍휼을 감사하는 찬송을 먼저 하여야 한다.

시인(詩人)은 입으로 하나님께 크게 감사하며 많은 사람들 중에서 찬송하겠다고 말하였다(시 109:30). 또 이어서 시인은 자비로우신 하나님께 전심으로 감사하며, 하나님을 경외함으로 찬양을 영원히 계속하라고 한다.

[1] 할렐루야 내가 정직한 자의 회와 공회 중에서 전심으로 여호와께 감사하리로다 [2] 여호와의 행사가 크시니 이를 즐거워하는 자가 다 연구하는도다 [3] 그 행사가 존귀하고 엄위하며 그 의가 영원히 있도다 [4] 그 기이한 일을 사람으로 기억케 하셨으니 여호와는 은혜로우시고 자비하시도다 [5] 여호와께서 자기를 경외하는 자에게 양식을 주시며 그 언약을 영원히 기억하시리로다 [6] 저가 자기 백성에게 열방을 기업으로 주사 그 행사의 능을 저희에게 보이셨도다 [7] 그 손의 행사는 진실과 공의며 그 법도는 다 확실하니 [8] 영원 무궁히 정하신 바요 진실과 정의로 행하신 바로다 [9] 여호와께서 그 백성에게 구속을 베푸시며 그 언약을 영원히 세우셨으니 그 이름이 거룩하고 지존하시도다 [10] 여호와를 경외함이 곧 지혜의 근본이라 그 계명을 지키는 자는 다 좋은 지각이 있나니 여호와를 찬송함이 영원히 있으리로다 (시 111:1-10).

바로 하나님께 예배하는 자들이 복을 받을 것을 시인은 계속해서 찬양하고 있으며, 그 찬양이 다른 사람들에게 정의(正義)를 행하는 행위로 나타나며[65] 그들로 하여금 찬양하게 만들고 있다.

[1] 할렐루야, 여호와의 종들아 찬양하라 여호와의 이름을 찬양하라 [2] 이제부터 영원까지 여호와의 이름을 찬송할지로다 [3] 해 돋는 데서부터 해 지는 데까지 여호와의 이름이 찬양을 받으시리로다 [4] 여호와는 모든 나라 위에 높으시며 그 영광은 하늘 위에 높으시도다 [5] 여호와 우리 하나님과 같은 자 누구리요 높은 위에 앉으셨으나 [6] 스스로 낮추사 천지를 살피시고 [7] 가난한 자를 진토에서 일으키시며

궁핍한 자를 거름 무더기에서 드셔서 [8] 방백들 곧 그 백성의 방백들과 함께 세우시며 [9] 또 잉태하지 못하던 여자로 집에 거하게 하사 자녀의 즐거운 어미가 되게 하시는도다 할렐루야(시 113:1-9).

바울은 인간은 그리스도의 것이고 그리스도는 하나님의 것이라고 표현하는데(고전 3:23), 예수님은 실제로 하나님께 속하신 것을 보여 주는 성만찬을 베푸시고 찬송을 부르신 것을 볼 수 있다.

[17] 무교절의 첫 날에 제자들이 예수께 나아와서 가로되 유월절 잡수실 것을 우리가 어디서 예비하기를 원하시나이까 [18] 가라사대 성 안 아무에게 가서 이르되 선생님 말씀이 내 때가 가까웠으니 내 제자들과 함께 유월절을 네 집에서 지키겠다 하시더라 하라 하신대 [19] 제자들이 예수의 시키신 대로 하여 유월절을 예비하였더라 [20] 저물 때에 예수께서 열두 제자와 함께 앉으셨더니 [21] 저희가 먹을 때에 이르시되 내가 진실로 너희에게 이르노니 너희 중에 한 사람이 나를 팔리라 하시니 [22] 저희가 심히 근심하여 각각 여짜오되 주여 내니이까 [23] 대답하여 가라사대 나와 함께 그릇에 손을 넣는 그가 나를 팔리라 [24] 인자는 자기에게 대하여 기록된 대로 가거니와 인자를 파는 그 사람에게는 화가 있으리로다 그 사람은 차라리 나지 아니하였더면 제게 좋을 뻔하였느니라 [25] 예수를 파는 유다가 대답하여 가로되 랍비여 내니이까 대답하시되 네가 말하였도다 하시니라 [26] 저희가 먹을 때에 예수께서 떡을 가지사 축복하시고 떼어 제자들을 주시며 가라사대 받아 먹으라 이것이 내 몸이니라 하시고 [27] 또 잔을 가지사 사례하시고 저희에게 주시며 가라사대 너희가 다 이것을 마시라 [28]

이것은 죄 사함을 얻게 하려고 많은 사람을 위하여 흘리는 바 나의 피 곧 언약의 피니라 [29] 그러나 너희에게 이르노니 내가 포도나무에서 난 것을 이제부터 내 아버지의 나라에서 새 것으로 너희와 함께 마시는 날까지 마시지 아니하리라 하시니라 [30] 이에 저희가 찬미하고 감람산으로 나아가니라(마 26:17-30).

제자들은 예수님께서 부활하신 후 그들이 유하는 다락방으로 들어가 기도에 힘썼다고 한다(행 1:12-14). 사실, 사도들은 예수님께서 십자가에 못 박혀 죽으실 때에 다 도망하였고, 멀리서 따라갔던 베드로마저 예수님을 저주까지 하면서 부인했으나, 예수님께서 부활하신 후 직접 다시 만나서 확신을 얻은 후 기도에 힘썼다. 제자들이 모였을 때에 예수님은 성령이 임하실 것을 말하시고 성령이 임하시면 권능을 받고 예루살렘과 온 유대와 사마리아와 땅 끝까지 예수님의 증인이 되라고 명령하셨다. 그리고 승천하셨는데 천사들이 그들에게 예수님께서 다시 오신다는 것을 약속하였다. 이 약속을 받은 제자들은 예수님의 은혜와 긍휼에 대해 감사하며 기도하고 찬양하는 예배를 하였다. 즉 사도들이 성령이 충만하여 하나님의 말씀을 담대하게 외쳤으며, 기사와 표적도 동반하였다. 이것 또한 하나님의 은혜가 아닌가?

제자들은 다윗의 말을 인용하여 자기들이 증언하고 있는 것이 생명의 길임을 밝히고 있다.

[25] 다윗이 저를 가리켜 가로되 내가 항상 내 앞에 계신 주를 뵈었음이여 나로 요동치 않게 하기 위하여 그가 내 우편에 계시도다 [26] 이러므로 내 마음이 기뻐하였고 내 입술도 즐거워하였으며 육체는 희망

에 거하리니 [27] 이는 내 영혼을 음부에 버리지 아니하시며 주의 거
룩한 자로 썩음을 당치 않게 하실 것임이로다 [28] 주께서 **생명의 길**로
내게 보이셨으니 주의 앞에서 나로 기쁨이 충만하게 하시리로다 ……
(행 2:25-28).**66)**

제자들은 하나님께서 예수님을 살리심에 대하여 증언하고 나선다고
말하였고, 성령을 받아 현재 듣는 사람들이 본 대로라고 외친다. 그리고
이 예수가 주(主)와 그리스도라고 고백한다. 그러므로 사도들은 듣는 사
람들에게 회개하고 세례를 받으며 죄 사함을 받고 성령을 선물로 받고
구원을 받으라고 외친다(행 2:32 이하). 이렇게 해서 사도들을 중심으로
하나님의 은혜와 긍휼을 감사하며 예배하는 교회를 세우게 된다.

[43] 사람마다 두려워하는데 사도들로 인하여 기사와 표적이 많이 나
타나니 [44] 믿는 사람이 다 함께 있어 모든 물건을 서로 통용하고 [45]
또 재산과 소유를 팔아 각 사람의 필요를 따라 나눠 주고 [46] 날마다
마음을 같이하여 성전에 모이기를 힘쓰고 집에서 떡을 떼며 기쁨과
순전한 마음으로 음식을 먹고 [47] 하나님을 찬미하며 또 온 백성에게
칭송을 받으니 주께서 구원 받는 사람을 날마다 더하게 하시니라(행
2:43-47).

사도들을 중심으로 예배하는 공동체가 계속되는 것을 볼 수 있다.

[19] 베드로와 요한이 대답하여 가로되 하나님 앞에서 너희 말 듣는
것이 하나님 말씀 듣는 것보다 옳은가 판단하라 [20] 우리는 보고 들

은 것을 말하지 아니할 수 없다 하니 [21] 관원들이 백성을 인하여 저
희를 어떻게 벌할 도리를 찾지 못하고 다시 위협하여 놓아 주었으니
이는 모든 사람이 그 된 일을 보고 하나님께 영광을 돌림이러라 [22]
이 표적으로 병 나은 사람은 사십여 세나 되었더라 [23] 사도들이 놓
이매 그 동류에게 가서 제사장들과 장로들의 말을 다 고하니 [24] 저
희가 듣고 일심으로 하나님께 소리를 높여 가로되 대주재여 천지와
바다와 그 가운데 만유를 지은 이시요 [25] 또 주의 종 우리 조상 다윗
의 입을 의탁하사 성령으로 말씀하시기를 어찌하여 열방이 분노하며
족속들이 허사를 경영하였는고 [26] 세상의 군왕들이 나서며 관원들
이 함께 모여 주와 그 그리스도를 대적하도다 하신 이로소이다 [27]
과연 헤롯과 본디오 빌라도는 이방인과 이스라엘 백성과 합동하여 하
나님의 기름부으신 거룩한 종 예수를 거스려 [28] 하나님의 권능과 뜻
대로 이루려고 예정하신 그것을 행하려고 이 성에 모였나이다 [29] 주
여 이제도 저희의 위협함을 하감하옵시고 또 종들로 하여금 담대히
하나님의 말씀을 전하게 하여 주옵시며 [30] 손을 내밀어 병을 낫게
하옵시고 표적과 기사가 거룩한 종 예수의 이름으로 이루어지게 하옵
소서 하더라 [31] 빌기를 다하매 모인 곳이 진동하더니 무리가 다 성
령이 충만하여 담대히 하나님의 말씀을 전하니라 [32] 믿는 무리가 한
마음과 한 뜻이 되어 모든 물건을 서로 통용하고 제 재물을 조금이라
도 제 것이라 하는 이가 하나도 없더라 [33] 사도들이 큰 권능으로 주
예수의 부활을 증거하니 무리가 큰 은혜를 얻어 [34] 그 중에 핍절한
사람이 없으니 이는 밭과 집 있는 자는 팔아 그 판 것의 값을 가져다가
[35] 사도들의 발 앞에 두매 저희가 각 사람의 필요를 따라 나눠 줌이
러라(행 4:19-35).

이렇게 예배하는 모임은 오늘 우리들이 따라야 하는 본(本)이다. 이 것은 예수의 윤리를 확인하는 하나님과의 관계인데, 방법론 부분에서 더욱 자세하게 다룰 것이다. 예수의 윤리는 인간들이 스스로 모여서 행하는 것으로 형성된 것이 아니고, 처음부터 하나님이 시작하셔서 임마누엘 하나님으로서 이름을 가지시고 우리와 함께 계셔서 형성된 것이다. 하나님은 그 이름의 거룩하심을 지속적으로 가지고 계시고, 우리에게 그렇게 하기를 분명히 말씀하시면서도(레 22:2-3; 마 6:9), 세상을 사랑하셔서 구원을 하시고, 영생을 얻게 하시는 은혜와 긍휼을 보이셨다. 결국 우리는 인간으로서 하나님과의 관계를 은혜와 긍휼로 맺으며, 감사하고 예배하는 가운데 사람이 마땅히 할 일의 방법들을 찾게 된다. 하나님이 시작하시고 안내하신 임마누엘 하나님이신 예수님의 가르치신 길을 따라 사람이 마땅히 할 일의 방법들을 정리할 수 있게 된다. 이것은 인간이 임의로 만드는 것이 아니고 예수님의 본(本)을 따라 이행되어야할 사항이다. 그것을 가장 확실하게 잘 보여 주는 원천이 성경이다. 이렇게 해서 예수의 윤리는 성경을 통하여 사람이 마땅히 할 일을 보여 주고 있음을 알 수 있다.

인간은 이제 영생을 은혜와 긍휼로 얻은 자로서 감사하고 예배하는 자로서 책임 있는 자, 실천자, 소금과 빛, 섬기는 자, 계명을 지키는 자, 집 짓는 자, 교회 건설자 등 여러 가지 할 일을 확인하게 된다. 첫째로 책임 있는 자로서의 인간을 살펴보자. 책임 있는 자로서 예수님은 제자들에게 가르치셨다. 예수님은 달란트 비유로 제자들의 책임을 가르치셨다(마 25:14 이하). 즉 주인이 맡긴 달란트를 가지고 잘 활용하여 주인으로부터 착하고 충성된 종이라는 칭찬을 받을 수 있는 일을 마땅히 해야한다는 것이다. 예수님은 또 포도원 비유로 제자들의 책임을 가르치셨다(마 20:1-16). 여기서는 예수님께서 우리가 착하고 충성된 종으로서의 마땅히 할 일도 해야 하겠지만, 특별히 하나님의 은혜와 긍휼을 보면서 정의(正義)를 행할 것을 보여 주셨다.

하나님의 정의는 상식적으로 통하는 계약적 정의와 은혜로 베푸시는 공의(公義)를 행하심으로 인하여 인간이 마땅히 할 일의 폭을 넓히고 예수의 윤리의 특징을 나타내 보였다. 예수의 윤리는 좋은 나무로서 마땅히 할 일을 하라고 가르치고 있다. 좋은 나무는 좋은 열매를 맺는다. 다른 말로 하면 좋은 열매를 보면 그 나무가 좋은 나무임을 알 수 있다는 것이다. 이것은 입술로 주여 주여 하는 자가 영생을 얻는 것이 아니고, 하나님의 은혜와 긍휼을 영과 진리로 감사하며 예배하는 자들이 영생을 얻는다는 것을 의미한다. 그러므로 우리는 하나님의 은혜와 긍휼을 힘입어 좋은 나무가 되어 좋은 열매를 맺는 일을 하여야 한다. 최근 기독교윤리학계에서 덕 윤리(virtue ethics)를 주장하는 사람들이 있지만,[67] 곧 인격과 동일한 의미이거나 거의 동일한 의미로서의 덕을 통해 새로운 방향을 설정하려고 하지만, 성경에서 말하는 덕(德) 또는 덕목(德目)과 전혀 다른 내용을 제시하고 있다. 성경에서는 믿음과 사랑 사이에 있는 덕(德)을 의미하며, 다른 덕목(德目)들과 함께 하나님을 믿는 믿음에 뿌리를 두고 있다(참고. 벧후 1:5 이하).

예수님은 처음부터 제자들과 함께하심으로써 임마누엘 하나님이심을 보이셨다. 그리고 하나님의 은혜와 긍휼을 믿음으로 연결하면서 사랑할 것을 사람이 마땅히 할 일로 보이셨다. 이것을 예수님은 친히 십자가에서 죽으시고 부활하심으로 인하여 증명하셨다. 이렇게 해서 예수님은 믿는 자들의 소망이 되셨다. 그리고 우리에게 이 놀라운 사실의 증언자가 될 것을 명령하신다(마 28:18-20). 다른 한편 책임 있는 자는 관리자로서의 직책도 받았다. 여기서 관리자가 할 일은 보호(care)하는 일이 중점적인 일인데, 이 행위 역시 하나님의 은혜와 긍휼에 근거하며, 이웃을 사랑하는 것이다. 이렇게 책임은 점점 넓은 의미를 가지며, 방법에서는 사회적 책임으로까지 확대된 것을 보게 될 것이다.

둘째로 실천자로서의 인간을 보자. 예수님은 제자들에게 바리새인들의 의(義)보다 낫지 않으면 하나님 나라에 들어갈 수 없다고 밝히셨다(마 5:20). 실천자는 반드시 바리새인들보다 더 낳은 의를 **행해야** 하는데 그것은 마태복음 23장에 잘 나타나 있다.

[1] 이에 예수께서 무리와 제자들에게 말씀하여 가라사대 [2] 서기관들과 바리새인들이 모세의 자리에 앉았으니 [3] 그러므로 무엇이든지 저희의 말하는 바는 행하고 지키되 저희의 하는 행위는 본받지 말라 저희는 말만 하고 행치 아니하며 [4] 또 무거운 짐을 묶어 사람의 어깨에 지우되 자기는 이것을 한 손가락으로도 움직이려 하지 아니하며 [5] 저희 모든 행위를 사람에게 보이고자 하여 하나니 곧 그 차는 경문을 넓게 하며 옷술을 크게 하고 [6] 잔치의 상석과 회당의 상좌와 [7] 시장에서 문안 받는 것과 사람에게 랍비라 칭함을 받는 것을 좋아하느니라 [8] 그러나 너희는 랍비라 칭함을 받지 말라 너희 선생은 하나이요 너희는 다 형제니라 [9] 땅에 있는 자를 아비라 하지 말라 너희 아버지는 하나이시니 곧 하늘에 계신 자시니라 [10] 또한 지도자라 칭함을 받지 말라 너희 지도자는 하나이니 곧 그리스도니라 [11] 너희 중에 큰 자는 너희를 섬기는 자가 되어야 하리라 [12] 누구든지 자기를 높이는 자는 낮아지고 누구든지 자기를 낮추는 자는 높아지리라 [13] 화 있을진저 외식하는 서기관들과 바리새인들이여 너희는 천국 문을 사

람들 앞에서 닫고 너희도 들어가지 않고 들어가려 하는 자도 들어가지 못하게 하는도다 [14] (없음) [15] 화 있을진저 외식하는 서기관들과 바리새인들이여 너희는 교인 하나를 얻기 위하여 바다와 육지를 두루 다니다가 생기면 너희보다 배나 더 지옥 자식이 되게 하는도다 [16] 화 있을진저 소경된 인도자여 너희가 말하되 누구든지 성전으로 맹세하면 아무 일 없거니와 성전의 금으로 맹세하면 지킬지라 하는도다 [17] 우맹이요 소경들이여 어느 것이 크뇨 그 금이냐 금을 거룩하게 하는 성전이냐 [18] 너희가 또 이르되 누구든지 제단으로 맹세하면 아무 일 없거니와 그 위에 있는 예물로 맹세하면 지킬지라 하는도다 [19] 소경들이여 어느 것이 크뇨 그 예물이냐 예물을 거룩하게 하는 제단이냐 [20] 그러므로 제단으로 맹세하는 자는 제단과 그 위에 있는 모든 것으로 맹세함이요 [21] 또 성전으로 맹세하는 자는 성전과 그 안에 계신 이로 맹세함이요 [22] 또 하늘로 맹세하는 자는 하나님의 보좌와 그 위에 앉으신 이로 맹세함이니라 [23] 화 있을진저 외식하는 서기관들과 바리새인들이여 너희가 박하와 회향과 근채의 십일조를 드리되 율법의 더 중한 바 의와 인과 신은 버렸도다 그러나 이것도 행하고 저것도 버리지 말아야 할지니라 [24] 소경된 인도자여 하루살이는 걸러내고 약대는 삼키는도다 [25] 화 있을진저 외식하는 서기관들과 바리새인들이여 잔과 대접의 겉은 깨끗이 하되 그 안에는 탐욕과 방탕으로 가득하게 하는도다 [26] 소경된 바리새인아 너는 먼저 안을 깨끗이 하라 그리하면 겉도 깨끗하리라 [27] 화 있을진저 외식하는 서기관들과 바리새인들이여 회칠한 무덤 같으니 겉으로는 아름답게 보이나 그 안에는 죽은 사람의 뼈와 모든 더러운 것이 가득하도다 [28] 이와 같이 너희도 겉으로는 사람에게 옳게 보이되 안으로는 외식과 불법이 가득하도다 [29] 화 있을진저 외식하는 서기관들과 바리새인들이여 너희는 선지자들의 무덤을 쌓고 의인들의 비석을 꾸미며 가로되 [30] 만일 우리가 조상 때에 있었더면 우리는 저희가 선지자의 피를 흘리는데 참예하지 아니하였으리라 하니 [31] 그러면 너희가 선지자를 죽인 자의 자손됨을 스스로 증거함이로다 [32] 너희가 너희 조상의 양을 채우라 [33] 뱀들아 독사의 새끼들아 너희가 어떻게 지옥의 판결을 피하겠느냐 [34] 그러므로 내가 너희에게 선지자들과 지혜있는 자들과 서기관들을 보내매 너희가 그 중에서 더러는 죽이고 십자가에 못 박고 그 중에 더러는 너희 회당에서 채찍질하고 이 동네에서 저 동네로 구박하리라 [35] 그러므로 의인 아벨의 피로부터 성전과 제단 사이에서 너희가 죽인 바라갸의 아들 사가랴의 피까지 땅 위에서 흘린 의로운 피가 다 너희에게 돌아가리라 [36] 내가 진실로 너희에게 이르노니 이것이 다 이 세대에게 돌아가리라(마 23:1-36).

그리고 예수님은 예루살렘을 향해 탄식하시면서 하나님의 나라를 빼앗기고 돌 위에 돌 하나도 남지 않을 것이라고(마 21:43-46) 말씀하시고, 그들이 한 일과 마지막이 어떻게 될 것인지를 분명하게 말씀하셨다.

[37] 예루살렘아 예루살렘아 선지자들을 죽이고 네게 파송된 자들을 돌로 치는 자여 암탉이 그 새끼를 날개 아래 모음 같이 내가 네 자녀를 모으려 한 일이 몇 번이냐 그러나 너희가 원치 아니 하였도다 [38] 보라 너희 집이 황폐하여 버린 바 되리라 [39] 내가 너희에게 이르노니 이제부터 너희는 찬송하리로다 주의 이름으로 오시는 이여 할 때까지 나를 보지 못하리라 하시니라(마 23:37-39).

실천자는 반드시 바리새인들의 의(義)보다 나아야 하지만 동시에 하나님께서 싫어하시는 것도 삼가야 할 것이고, 하나님이 요구하시는 일은 분명히 해야 할 것을 알 수 있다. 하나님께서 싫어하시는 것은 잠언에서 분명히 보여 준다.

[16] 여호와의 미워하시는 것 곧 그 마음에 싫어하시는 것이 육 칠 가지니 [17] 곧 교만한 눈과 거짓된 혀와 무죄한 자의 피를 흘리는 손과 [18] 악한 계교를 꾀하는 마음과 빨리 악으로 달려가는 발과 [19] 거짓을 말하는 망령된 증인과 및 형제 사이를 이간하는 자니라(잠 6:16-19).

하나님께서 요구하시는 일은 미가 선지자를 통해 보여 주셨는데, 이는 예수의 윤리를 이해하는 데 많은 도움을 준다.

[6] 내가 무엇을 가지고 여호와 앞에 나아가며 높으신 하나님께 경배할까 내가 번제물 일 년 된 송아지를 가지고 그 앞에 나아갈까 [7] 여호와께서 천천의 수양이나 만만의 강수 같은 기름을 기뻐하실까 내 허물을 위하여 내 맏아들을, 내 영혼의 죄를 인하여 내 몸의 열매를 드릴까 [8] 사람아 주께서 선한 것이 무엇임을 네게 보이셨나니 여호와께서 네게 구하시는 것이 오직 공의를 행하며 인자를 사랑하며 겸손히 네 하나님과 함께 행하는 것이 아니냐(미 6:6-8).

바울은 하나님이 기뻐하시는 것을 성령의 열매로 나타내 보이고 예수의 윤리를 확인하고 있다.

[22] 오직 성령의 열매는 사랑과 희락과 화평과 오래 참음과 자비와 양선과 충성과 [23] 온유와 절제니 이같은 것을 금지할 법이 없느니라 (갈 5:22-23).

예수의 윤리는 하나님의 나라를 목표로 하기 때문에 거기서 가장 큰 자가 관리자임을 밝힌다. 그것은 실천하는 자로서 다른 사람을 사랑하는 행위를 해야 하며, 종과 섬기는 자가 되어야 함을 알려 줌으로써 서번트 리더십(servant leadership)을 가르쳐 준다.

셋째로 소금과 빛으로서의 인간을 보자. 예수의 윤리는 제자들을 향해 세상의 소금이라고 하고 세상의 빛이라고 한다. 예수의 윤리는 소금과 빛이 되라고 하지 않고, 소금과 빛이라고 선언적으로 말한다. 이것은 소금과 빛의 역할을 하라는 것이지, 소금과 빛이 되려고 노력하라는 말이 아니다. 다시 말하면 소금과 빛의 역할을 함으로써 소금과 빛임을 보여야 한다는 것이다. 소금과 빛에 대해서는 이미 필자의 책『예수님의 산상설교』[68]에서 자세하게 밝혔기 때문에 간단히 보기로 하겠다.

소금은 내적 작용을 하는 것으로서 세상, 즉 지구(땅) 안에서 하는 역할을 의미한다. 우리는 소금으로서 짠 맛을 내야 한다. 짠 맛은 본래 은혜와 긍휼로 주어진 것이다. 우리는 이것을 드러내야 하는 역할을 해야 한다. 사람들 속에 깊이 들어가 예수의 윤리를 보여 주어야 한다. 결국 하나님의 나라를 향해 가면서 그것에 필요한 일들을 해야 한다는 것이다. 이것은 범위가 작은 것으로 보이지만, 빛이라는 역할을 통해 세상 즉 우주를 향해 광범위한 역할을 할 것을 보인 예수의 윤리는 자기를 희생하면서 다른 사람의 길을 비추고 도움을 주어 함께 살아갈 수 있는 환경과 삶의 양식을 만들라는 큰 것이다. 빛이 역할을 못하는 경우는 빛을 내는 자원이 다 되었거나 끊어졌을 경우이다. 이러할 경우 빨리 계속해서 연결이 되어야 한다. 이 자원이 끊어지는 날은 더 이상 빛의 역할을 할 수 없기 때문에 실질적으로 빛이 아니다. 이때에 빛이 되려고 노력하여도 소용이 없다. 왜냐하면 원천이 없어서 빛이 될 수 없기 때문이다. 그러므로 소금과 빛으로서의 인간은 그 원천인 임마누엘 하나님에게 항상 연결되어 있어야 한다.

넷째로 섬기는 자로서의 인간을 보자. 예수님께서는 자신이 세상에 오신 것은 섬기려 오셨고 사람들을 구원하시는 대속물(代贖物)로 오셨다고 밝히셨다(막 10:45). 그리고 예수님은 섬기는 것이 무엇인지를 확실하게 본(本)으로 보이셨다.

[1] 유월절 전에 예수께서 자기가 세상을 떠나 아버지께로 돌아가실 때가 이른 줄 아시고 세상에 있는 자기 사람들을 사랑하시되 끝까지 사랑하시니라 [2] 마귀가 벌써 시몬의 아들 가룻 유다의 마음에 예수를 팔려는 생각을 넣었더니 [3] 저녁 먹는 중 예수는 아버지께서 모든 것을 자기 손에 맡기신 것과 또 자기가 하나님께로부터 오셨다가 하나님께로 돌아가실 것을 아시고 [4] 저녁 잡수시던 자리에서 일어나 겉옷을 벗고 수건을 가져다가 허리에 두르시고 [5] 이에 대야에 물을 담아 제자들의 발을 씻기시고 그 두르신 수건으로 씻기기를 시작하여 [6] 시몬 베드로에게 이르시니 가로되 주여 주께서 내 발을 씻기시나이까 [7] 예수께서 대답하여 가라사대 나의 하는 것을 네가 이제는 알지 못하나 이 후에는 알리라 [8] 베드로가 가로되 내 발을 절대로 씻기지 못하시리이다 예수께서 대답하시되 내가 너를 씻기지 아니하면 네가 나와 상관이 없느니라 [9] 시몬 베드로가 가로되 주여 내 발뿐 아니

라 손과 머리도 씻겨 주옵소서 [10] 예수께서 가라사대 이미 목욕한 자는 발밖에 씻을 필요가 없느니라 온 몸이 깨끗하니라 너희가 깨끗하나 다는 아니니라 하시니 [11] 이는 자기를 팔 자가 누구인지 아심이라 그러므로 다는 깨끗지 아니하다 하시니라 [12] 저희 발을 씻기신 후에 옷을 입으시고 다시 앉아 저희에게 이르시되 내가 너희에게 행한 것을 너희가 아느냐 [13] 너희가 나를 선생이라 또는 주라 하니 너희 말이 옳도다 내가 그러하다 [14] 내가 주와 또는 선생이 되어 너희 발을 씻겼으니 너희도 서로 발을 씻기는 것이 옳으니라 [15] 내가 너희에게 행한 것 같이 너희도 행하게 하려 하여 **본**을 보였노라 [16] 내가 진실로 진실로 너희에게 이르노니 종이 상전보다 크지 못하고 보냄을 받은 자가 보낸 자보다 크지 못하니 [17] 너희가 이것을 알고 행하면 복이 있으리라(요 13:1-17).[69]

본(本)은 전형(典型)이다. 따라서 행하면 되는 것이다. 이 말씀을 근거로 한다면 예수의 윤리는 종의 리더십이다. 이것은 앞에서 이미 보았지만 지금까지의 관습과 전통을 완전히 깨는 윤리이다. 선생이 제자의 발을 씻는 것은 당시에 상상할 수도 없는 것이었다. 그러므로 이것은 윤리의 혁명이라고 할 수 있다. 이러한 전형을 만든다는 것은 완전히 새로운 (beyond the box) 사고(思考)이었다. 하나님 나라에 들어가기 위해서는 당시의 전통을 고수하려고 하는 바리새인들의 행위 전형과는 달라야만 했는데, 예수님은 그것을 확실하게 밝혀 주신 것이다.

다섯째로 새 계명을 지킬 자로서의 인간을 생각하자. 예수님은 사고(思考)에서 새로운 전형(典型)을 만드셨지만, 동시에 실천의 행위에서도 새로운 전형을 만드셨다. 즉 새 계명을 만드시고 선포하셨다(요 15:12-

14). 새 계명은 서로 사랑하라는 것이다. 새 계명을 행할 경우 예수님 즉 임마누엘 하나님의 친구가 된다는 것이다. 이 전통을 계승한 요한은 이렇게 말한다.

[13] 형제들아 세상이 너희를 미워하거든 이상히 여기지 말라 [14] 우리가 형제를 사랑함으로 사망에서 옮겨 생명으로 들어간 줄을 알거니와 사랑치 아니하는 자는 사망에 거하느니라 [15] 그 형제를 미워하는 자마다 살인하는 자니 살인하는 자마다 영생이 그 속에 거하지 아니하는 것을 너희가 아는 바라 [16] 그가 우리를 위하여 목숨을 버리셨으니 우리가 이로써 사랑을 알고 우리도 형제들을 위하여 목숨을 버리는 것이 마땅하니라 [17] 누가 이 세상 재물을 가지고 형제의 궁핍함을 보고도 도와 줄 마음을 막으면 하나님의 사랑이 어찌 그 속에 거할까 보냐 [18] 자녀들아 우리가 말과 혀로만 사랑하지 말고 오직 행함과 진실함으로 하자 [19] 이로써 우리가 진리에 속한 줄을 알고 또 우리 마음을 주 앞에서 굳세게 하리로다 [20] 우리 마음이 혹 우리를 책망할 일이 있거든 하물며 우리 마음보다 크시고 모든 것을 아시는 하나님일까 보냐(요일 3:13-20).

요한은 서로 사랑하라는 말을 새 계명일 뿐만 아니라 하나님의 아들 예수를 믿고 행하는 계명으로서 삼위일체 하나님의 뜻을 행하는 것으로 전하고 있다.

[7] 사랑하는 자들아 우리가 서로 사랑하자 사랑은 하나님께 속한 것이니 사랑하는 자마다 하나님께로 나서 하나님을 알고 [8] 사랑하지

아니하는 자는 하나님을 알지 못하나니 이는 하나님은 사랑이심이라 [9] 하나님의 사랑이 우리에게 이렇게 나타난 바 되었으니 하나님이 자기의 독생자를 세상에 보내심은 저로 말미암아 우리를 살리려 하심이니라 [10] 사랑은 여기 있으니 우리가 하나님을 사랑한 것이 아니요 오직 하나님이 우리를 사랑하사 우리 죄를 위하여 화목제로 그 아들을 보내셨음이니라 [11] 사랑하는 자들아 하나님이 이같이 우리를 사랑하셨은즉 우리도 서로 사랑하는 것이 마땅하도다 [12] 어느 때나 하나님을 본 사람이 없으되 만일 우리가 서로 사랑하면 하나님이 우리 안에 거하시고 그의 사랑이 우리 안에 온전히 이루느니라 [13] 그의 성령을 우리에게 주시므로 우리가 그 안에 거하고 그가 우리 안에 거하시는 줄을 아느니라 [14] 아버지가 아들을 세상의 구주로 보내신 것을 우리가 보았고 또 증거하노니 [15] 누구든지 예수를 하나님의 아들이라 시인하면 하나님이 저 안에 거하시고 저도 하나님 안에 거하느니라 [16] 하나님이 우리를 사랑하시는 사랑을 우리가 알고 믿었노니 하나님은 사랑이시라 사랑 안에 거하는 자는 하나님 안에 거하고 하나님도 그 안에 거하시느니라 [17] 이로써 사랑이 우리에게 온전히 이룬 것은 우리로 심판 날에 담대함을 가지게 하려 함이니 주의 어떠하심과 같이 우리도 세상에서 그러하니라 [18] 사랑 안에 두려움이 없고 온전한 사랑이 두려움을 내어 쫓나니 두려움에는 형벌이 있음이라 두려워하는 자는 사랑 안에서 온전히 이루지 못하였느니라 [19] 우리가 사랑함은 그가 먼저 우리를 사랑하셨음이라 [20] 누구든지 하나님을 사랑하노라 하고 그 형제를 미워하면 이는 거짓말하는 자니 보는 바 그 형제를 사랑치 아니하는 자가 보지 못하는 바 하나님을 사랑할 수 없느니라 [21] 우리가 이 계명을 주께 받았나니 하나님을 사랑하는 자는 또한 그 형제를 사랑할지니라(요일 4:7-21).

요한이 이렇게 전한 것은 예수의 윤리를 확실하게 증언하는 것이며, 사람이 마땅히 해야 할 일을 전하는 것이라고 할 수 있다. 매우 구체적으로 어떻게 해야 하는지를 밝히기 때문에 우리는 계명을 지키는 자로서의 인간이 어떤 인간인가를 확실하게 알 수 있다.

여섯째로 집 짓는 자로서의 인간을 보자. 예수의 윤리는 행하는 자 즉 실천자를 강조한다. 그러므로 말로만 하는 사람을 원하지 않고 반드시 실행하는 자를 요구한다. 그래서 예수님은 말씀을 듣고 행하는 자를 원하신다. 예수님은 말씀을 듣고 행하는 자를 집을 짓는 자로 비유하시면서 반석 위에 든든하게 세우기를 바라고 계신다.

[24] 그러므로 누구든지 나의 이 말을 듣고 행하는 자는 그 집을 반석 위에 지은 지혜로운 사람 같으리니 [25] 비가 내리고 창수가 나고 바람이 불어 그 집에 부딪히되 무너지지 아니하나니 이는 주초를 반석 위에 놓은 연고요 [26] 나의 이 말을 듣고 행치 아니하는 자는 그 집을 모래 위에 지은 어리석은 사람 같으리니 [27] 비가 내리고 창수가 나고 바람이 불어 그 집에 부딪히매 무너져 그 무너짐이 심하니라(마 7:24-27).

여기서 말씀의 내용은 산상설교이다. 산상설교는 하나님의 나라 건설을 말하며 사람의 태도와 실천 내용을 구체적으로 밝히고 있다. 이것은 앞에서 언급한 필자의 책 『예수님의 산상설교』에 상세하게 밝히었고 그 태도 또한 구체적으로 해설하였기 때문에 여기서는 간결하게 정리하겠다. 산상설교의 서론은 우리가 흔히 팔복이라고 말하는 것으로서 개인적인 태도와 사회적인 태도를 동시에 밝히고 있다. 이어서 의(義)를 추구하고자 하면 박해를 받을 것과, 소금과 빛으로서 행하고 십계명을 본래의 의미대로 지켜 행하되 하나님의 은혜와 긍휼을 받고 하나님께 감사하며, 하나님께만 예배할 것을 가르친다. 이 말씀을 듣고 행하면 집을 든든하게 짓는 것이라고 한 내용이다. 이것은 예수의 윤리로서 사람이 마땅히 할 일의 내용과 방법이다.

일곱째로 교회 건설자로서의 인간을 보자. 예수님은 교회의 원형을 다음과 같이 주셨다.

[13] 예수께서 가이사랴 빌립보 지방에 이르러 제자들에게 물어 가라사대 사람들이 인자를 누구라 하느냐 [14] 가로되 더러는 침례 요한, 더러는 엘리야, 어떤 이는 예레미야나 선지자 중의 하나라 하나이다 [15] 가라사대 너희는 나를 누구라 하느냐 [16] 시몬 베드로가 대답하여 가로되 주는 그리스도시요 살아계신 하나님의 아들이시니이다 [17] 예수께서 대답하여 가라사대 바요나 시몬아 네가 복이 있도다 이를 네게 알게 한 이는 혈육이 아니요 하늘에 계신 내 아버지시니라 [18] 또 내가 네게 이르노니 너는 베드로라 내가 이 반석 위에 내 교회를 세우리니 음부의 권세가 이기지 못하리라 [19] 내가 천국 열쇠를 네게 주리니 네가 땅에서 무엇이든지 매면 하늘에서도 매일 것이요 네가 땅에서 무엇이든지 풀면 하늘에서도 풀리리라 하시고 [20] 이에 제자들을 경계하사 자기가 그리스도인 것을 아무에게도 이르지 말라 하시니라 [21] 이 때로부터 예수 그리스도께서 자기가 예루살렘에 올라가 장로들과 대제사장들과 서기관들에게 많은 고난을 받고 죽임을 당하

고 제 삼 일에 살아나야 할 것을 제자들에게 비로소 가르치시니 [22] 베드로가 예수를 붙들고 간하여 가로되 주여 그리 마옵소서 이 일이 결코 주에게 미치지 아니하리이다 [23] 예수께서 돌이키시며 베드로에게 이르시되 사단아 내 뒤로 물러가라 너는 나를 넘어지게 하는 자로다 네가 하나님의 일을 생각지 아니하고 도리어 사람의 일을 생각하는도다 하시고 [24] 이에 예수께서 제자들에게 이르시되 아무든지 나를 따라 오려거든 자기를 부인하고 자기 십자가를 지고 나를 좇을 것이니라 [25] 누구든지 제 목숨을 구원코자 하면 잃을 것이요 누구든지 나를 위하여 제 목숨을 잃으면 찾으리라 [26] 사람이 만일 온 천하를 얻고도 제 목숨을 잃으면 무엇이 유익하리요 사람이 무엇을 주고 제 목숨을 바꾸겠느냐 [27] 인자가 아버지의 영광으로 그 천사들과 함께 오리니 그 때에 각 사람의 행한 대로 갚으리라(마 16:13-27).

여기서 확실한 것은 교회의 머리는 임마누엘 하나님이신 예수님이시라는 점이다. 예수님은 베드로의 고백을 통해 살아 계신 하나님의 아들이시며 그리스도이심을 알리셨다. 그리고 이 그리스도는 반석이시며 교회의 터이시며 이 터 위에 교회를 세우실 것을 분명하게 밝히셨다. 여기서는 음부의 권세가 이기지 못하고, 하나님의 나라가 선포된다. 그렇지만 하나님의 나라를 이루기 전에 메시아로서 예수님은 박해를 받고 십자가에서 죽으시지만 반드시 삼 일 만에 살아나실 것을 약속하신다. 이것을 위해 제자들은 자기 목숨을 버릴 수 있어야 했다. 그것만이 목숨을 영생으로 지키는 것이기 때문이었다. 또 살아서도 예수님의 영광 받으심을 볼 수 있는 사람들이 있음을 선포하고 실제로 그렇게 하시었다. 이 전통을 사도들이 이어받아 교회를 이루었으며, 그 전통을 받은 오늘의 우리는 "거룩한 공회와 성도가 서로 교통하는 것"이 교회임을 고백하고 있다.

요약하면, 예수의 윤리에서 인간은 하나님의 은혜와 긍휼을 입은 자로서 감사함으로 예배를 하며, 인간으로서 마땅히 할 일을 하는 책임 있는 자이다. 인간은 실천자, 소금과 빛, 섬기는 자, 계명을 지키는 자, 집 짓는 자, 교회 건설자 등 다양한 역할을 하는 가운데 예수님의 제자로서 예수님을 따르는 모습을 행위로 보여야 한다. 인간으로서 우리는 반드시 마땅히 할 일을 소홀히 하지 않고, 적극적으로 이행할 것을 다짐해 본다.

제 5 장

예수의 통합과 실천
– 예수의 윤리의 방법

오늘의 시대는 두 가지 측면에서 고려해 볼 수 있다. 하나는 웹2.0 시대를 찬양하며 빠른 것을 추구하는 측면이고, 다른 하나는 천천히 가기를 희망하고 실천하려고 하는 측면이다. 전자는 최근에 들어서면서 극단적 미래를 예측하는 가운데 감지할 수 있는 것으로, 우리 사회의 모든 면에서 그 방향으로 유도하는 분위기를 볼 수 있다. 특히 광고 매체들은 대중매체라는 도구를 이용하여 많은 사람들의 공감을 얻으려고 유도하고 있다. 사람들은 그것에 매료되어 따라가거나 심지어 앞서려고 하고 즐기려고까지 하는 것을 볼 수 있다. 이들은 대체로 젊은 사람들이며 시대에 적응을 잘 하는 사람들이라고 할 수 있다. 이들은 속도와 특이한 점을 자랑하며 편리를 추구한다. 일정한 때를 정하여 생활하는 것이 아니다. 그러한 생활은 답답하고 불편

할 뿐이다. 아무 때나 나가서 원하는 것을 구할 수 있고 할 수 있는 것을 즐기며, 살아가는 데 장애를 받지 않으려고 한다. 상업주의적 정신을 가지고 관리하려고 하는 사람들은 바로 이러한 분위기에 편승하여 그 분위기를 더욱 조성하면서 이익을 챙기려고 하기도 한다. 그래서 편의점, 24시간 영업 등이 출현하였다. 이것은 사회가 그렇게 돌아가기 때문에 반드시 필요한 점도 있지만, 오히려 사회 전체를 그렇게 만들어가고 있는 분위기가 그러한 현상을 따라오게 하는 면이 더욱 강하다. 웹2.0 시대를 추구하게 하는 요소들은 개방과 공유와 참여라고 한다.

정보가 넘쳐나고 세계에 연결된 상황에서 개방은 불가피하다. 국경을 넘어서고 국적도 실제로 다국적인 가운데 기업이 운영되는 상황에서 국적을 따질 수도 없다. 예를 들어, 중국에 있는 공장에서 생산하고, 만들기는 "made in China"인데, 실제 주인은 다른 나라 사람일 수 있다. 개방이란 이런 상황에서 불가피하게 보인다. 그러면서도 사실은 엄연히 국경이 존재하고, 자기가 가지고 있는 국적 국가가 아닌 다른 나라에 갈 때는 비자를 받아야 하고, 때로는 입국을 거절당할 수도 있다. 국가 이익을 위해 군대를 사용하여 자국을 지키며, 그 나라의 통수권자는 동시에 군대의 최고 통수권자가 되고 있는 것이 일반적인 상식으로 되어 있다. 자국의 유익을 위해 자유무역이 아니라 어떤 모양으로든지 보호 차원의 무역을 하려고 한다. 국민을 대표하는 정치인들은 지역의 의견을 들어 자기들의 정치 생명을 유지하려고 한다. 이러한 점들을 볼 때 진정한 의미에서 개방이라고 할 수 없는 점들을 발견할 수 있지만, 온라인에서 거래를 성사하거나 불법으로 물건을 수입하는 경우에는 국경이 없는 것처럼 보이며, 개방이라고 할 수 있을 것이다. 하여간 개방이 어떤 모양으로든지 불가피하게 진행되고 있는 것은 오늘의 현실이다.

개방으로부터 공유(sharing)라는 말이 불가피하게 나오고 있지만, 실제로는 그렇지 못한 것을 이미 잘 알고 있다. 또 "2.0이 기존 질서에 '참여'와 '협력'이라는 두 개의 가치를 더한 혁명적인 변화를 의미한다고 한다."70) 정보를 이용할 수 있고 살 수도 있어서 공유하는 것으로 보이기도 한다. 그러나 원하는 정보를 항상 얻을 수는 없으며, 얻을 수 있다 하더라도 값을 많이 내야 할 경우가 있다. 그리고 비밀은 여전히 존재하고 공유하려고 하지 않는 경우를 얼마든지 볼 수 있다. 따라서 참여라는 말도 현실적으로 어렵게 들릴 때가 많다. 그럼에도 불구하고 누구나 글을 쓰고 고칠 수 있는 온라인 백과사전 위키피디아(Wikipedia)는 전 세계인들이 참여하고 만들어가는 형태의 지식 저장고(貯藏庫)임이 분명하다. 모든 사람들이 생산자와 소비자로서 참여하는 유튜브(YouTube)의 UCC(user created contents) 유행은 삶의 양식을 바꾸는 방향으로 가고 있는 것처럼 보인다.71) 이 모두는 일부분일 뿐 개방이 완전하게 되지 않는 한, 그것의 완성을 기대하기는 어렵다. 그럼에도 불구하고 가능한 범위 내에서라도 리더십이나 기업이나 국가의 경영에서 새로운 행위가 요구되고 있다. 사실, 이러한 요구를 받을 때마다 더 복잡해지는 것이 현실이다. 전에는 명함을 주고받을 때에 이름과 주소와 전화번호 정도만 기재하는 것을 일반상식으로 알고 있었으나, 지금은 훨씬 복잡해져서 전화번호를 여전히 기재하면서도 팩스 번호, e-mail 주소, 이동 전화번호 등 많은 것을 기재할 수밖에 없는 시대가 왔다. 그러나 청소하는 도구가 무수히 개발되어 있음에도 불구하고 여전히 원시적이라고 할 수 있는 비가 다양하게 요구되고 있다. 이러한 상황과는 또 다른 상황이 전개되고 있음을 알 수 있다.

속도를 따라잡지 못해서만은 아닌 것으로 보인다. 느리게 사는 방법을 찾는 사람들이 있다. 그동안 자신도 모르게 속도에 맞추어 살아오다가 여유가 생기거나, 자기를 돌아볼 기회를 갖고 살핀 후 이것은 아닌데라는 생각을 하고 느리게 사는 방법을 찾는 사람들이 생겨나고 있다. 사실, 속도는 기술(technology)의 발달로 인하여 발생한 것이고, 그것이 주는 편리 때문에 거기에 맞추어 살아왔으나, 다시 돌아보는 가운데 그것을 거부하거나 떠나려고 하는 사람들이 생겨나고 있는 것이다. 귀농(歸農)이라는 말을 굳이 하지 않아도 "느리게"라는 말로 대변되는 가운데 문명과 구별되는 오지(奧地) 또는 격리된 산과 물이 있는 곳으로 이사하는 경우가 있다. 왜냐하면 도시에서는 그렇게 할 수 없기 때문이다. 빠른 속도를 자랑하고 이동 수단마저 빠른 것을 자랑하면서 시간을 단축시키는 것과 이미 만들어진 음식이나 소위 간편하고 빠르게 또는 손쉽게 먹을 수 있는 패스트푸드라는 유행을 거부하고, 순수한 자연의 생산물 또는 자연 친화적인 음식을 먹으면서 깨끗한 환경을 찾아 살려고 하는 라이프스타일 또는 생활양식을 추구하는 삶을 사는 사람들이 있다. 여기에 그 한 실례를 인용해 보려고 한다.

"…… 제가 이런 곳을 생각한 것은 이미 20년 전이예요. 어느 의사나 그렇겠지만 저는 치료보다 예방이 중요하다고 생각합니다. 병원에 오는 사람을 보면 저 놈이 …… 생활 습관을 옳게 들였더라면 저 고생을 안 할 텐데, 저걸 좀 못 고치나, 그런 생각을 많이 했거든요. 한 2년 전부터 바짝 이 일에 매달렸어요." 선 마을 손님방에는 냉장고도 에어컨도 텔레비전도 없다. 마을 안에서는 휴대전화가 터지지 않게 해놨고 자동차도 입구 주차장에 둔 뒤 모두 걸어 다녀야 한다. 건축가 승효상 씨가 지은 건물은 방마다 천창을 냈다. 비가 오면 빗줄기 떨어지는 소리, 해가 나면 눈부신 햇살이 고스란히 방 안으로 들어온다. 식사 시간은 무조건 30분 이상이다. 평소 습관대로 후닥닥 먹을라치면 프로그램 교사들이 "천천히 드시라"고 속도를 늦춰준다. 함께 산길을 걷다 바위에 눕거나 바닥에 벌렁 누어 하늘을 보는 시간도 있다. …… "사치가 아닙니다. 생존을 위한 준비지요. 한국사람 평균 수명이 몇입니까? 90세, 100세가 코앞이에요. 제가 한국 사람들 특유의 턱없는 낙관주의와 격한 성정에 대해 싫은 소리를 많이 해왔어요. 닥치면 후회하면서도 준비를 통 안 한단 말예요. 그러다 진짜 무슨 일이 생기면 이번엔 또 파르르 격하고 급한 성미가 나와요. 스트레스가 없는 사람은 없어요. 문제는 스트레스가 안 될 일도 스트레스로 만들어 키우는 거예요. 사는 법을 모르면 스트레스가 커져요."[72]

젊어서는 생각을 못했거나, 젊을 때 희망하고 있던 삶을 이제 늙어서 실현하고자 하는 사람들이 느린 삶을 실현하려고 한다는 점에서 여러 가지를 생각하게 한다. 젊어서 자녀들의 교육을 위해서 또는 직장을 위해서 빠른 속도에 맞추어 살다가 이제 와서 그렇게 하는 것은 좋은 방법인가? 귀농이라는 것도 젊었을 때 하는 것이고, 은퇴 후에 시작하면 결국 몇 년 못하고 끝을 내야 한다. 느리게 살고 비우고 살자고 하는데, 빨리 갔던 사람들에게 느리게 살자고 해야 할 것이고 많이 들어 있거나 많이 가지고 있는 사람들에게 비우면서 살자고 해야 할 것이다. 처음부터 빨리 못 갔거나 들어 있는 것이 없다면 느리게 하거나 비울 것도 없다. 처음부터 느리게 살고 채우지 않고 산 사람들은 그러한 말을 들으면 안타깝게 생각할 수도 있다. 하여튼, 자연을 사랑하는 것이 바로 우리의 생명을 사랑하는 것이라고 한다면, 우리의 삶 전체를 자연 친화적으로 바꿀 수는 없을까라는 질문을 해 보아야 할 것이다. 이것을 알려 주는 리더십과 교육은 할 수 없을까? 필자는 이러한 문제 제기를 들으면서 대처할 수 있는 삶의 윤리가 필요한데, 바로 그것이 예수의 윤리라는 것을 알게 되었고, 이 장에서 그 방법들을 찾아보려고 한다. 어차피 웹2.0에서도 새로운 리더십과 대처능력을 갖추어야 하고, 느리게 살자고 하는 데에서도 새로운 리더십과 대처능력을 갖추어야 한다면, 어떤 모양으로든지 각각의 방법을 찾아야 한다. 그래서 그 답을 찾는 가운데 예수의 윤리를 알게 되었다. 이것은 이 책의 "여는 말"에서 "왜 지금 예수의 윤리인가?"라는 질문을 하여 대답하려고 한다고 한 것과 같은 맥락에서의 논의이다. 이 질문에 대해 여러 설명이나 여러 가지 논의가 필요하지만, 결국은 방법에 관한 논의가 꼭 필요하다. 그리고 절대 다수가 방법들을 요구하고 있지만, 그것에 대한 대답을 주고 있지 못하는 실정이다. 필자가 말하는 것도 그러한 방법들 가운데 하나라고 해도 좋다. 다만 마땅히 해야 할 일을 제공할 수만 있다면, 그것으로 기쁘게 생각하겠다. 그렇지만 필자는 이것이 대답(the answer)이라고 생각하기 때문에 정리하여 알리려고 한다.

첫째로 예수의 윤리에서 찾은 통합(統合)의 개념을 주목해야 한다. 이 개념은 보통 생각하는 것과 의미가 다름에도 불구하고 용어의 오해로 인하여 임의로 생각하고 판단하는 경우가 많다. 통합의 사전적 의미는 이렇다. "모두 합쳐 하나로 만듦."[73] 필자가 말하는 것은 이러한 의미가 아니다. 이것은 결코 언어를 파괴하려고 하는 것은 아니다. 다만 언어의 의미를 더 깊게 생각하고, 오늘의 삶의 현실을 고려하여 그 의미를 찾으려고 한다. 필자가 사용하는 통합(統合)이라는 낱말도 합(合)이라는 의미를 분명히 포함하고 있으나 단순히 수(數)의 합 또는 총계

(總計)로서의 합이 아니며, 그 의미를 넘어선 새로운 의미를 찾고 사용하게 되었다.

이 통합(統合)의 의미는 삼위일체 하나님에게서 찾았다. 앞에서 언급하였듯이 예수의 윤리는 그 출발점으로 예수님의 탄생을 생각하였고, 그 시작으로서 임마누엘 하나님의 이름을 생각하였다. 예수님의 탄생과 예수님의 이름은 분명히 통합의 의미를 알려 주는 내용을 갖고 있음을 깨달았다. 예수님의 탄생은 삼위일체 하나님의 역사이면서, 동시에 그분이 삼위일체 하나님 자신임을 알려 준다. 예수님의 이름 임마누엘도 예수님이 하나님 자신이라는 것을 깨닫게 한다. 이 깊은 의미는 완전한 하나님이시면서 완전한 사람이시라는 것의 의미를 분명하게 나타내며, 성령 하나님의 사역(事役)이 동시에 일어난 것을 알 수 있게 한다. 예수님 안에서 일어나는 창조의 사역과 구원의 사역과 인간의 죄를 용서하시며 영생을 주시는 사역이 곧 성령의 사역으로 이해된다. 이러한 말이 잘 이해가 가지 않아서 억지로 자연의 가시적 현상으로 설명하려고 해 왔으나 최근에는 우리의 영성(spirituality)뿐만 아니라 실제로 과학자의 입을 통해서 통합의 개념을 더 명확하게 알 수 있다.

한 과학자는 "부분으로부터 전체로"(from the parts to the whole) 라는 부분에서 "전체적 통합적 유기체적"(the whole holistic, organismic)이라는 말을 사용한다.[74] 이는 지금까지 부분(parts)을 강조하는 사람들과 대조를 이루면서 긴장을 이루고 있지만 20세기 과학에서 새롭게 얻어진 이해의 내용으로서, 통합적 관점(the holistic perspective)을 만들어내고 있다. 이것은 체계적(systemic)이라는 말로도 알려져 있다. 이것은 또 생태학적(ecological)이라는 낱말과 동일한 의미로 사용하기도 한다.[75] 여기서부터 체계적 사고(體系的 思考, systems thinking)를 하게 되었고, 생물학계를 중심으로 해서는 이러한 사고는 살아 있는 유기체를 통합된 전체(integrated wholes)로 보는 입장이 되었다.[76] 이러한 사고(思考)는 실체(substance)와 형태(form)를 통합하는 결과를 가져왔다. 사실, 실체는 질료(matter), 구조(structure), 양(quantity) 등으로 이해되었고, 형태는 양식(pattern), 질서(order), 질(quality) 등으로 이해되어 이분법(dichotomy)적 사고를 해 왔다. 그러나 20세기 과학은 이것이 통합적 의미를 갖는 것으로 이해하도록 돕는다.[77]

다른 한 과학자는 특이점(singularity)과 현대 물리학을 이용하여 통합의 의미를 위와 같은 맥락에서 이해한다. 현대 물리학은 세 가지 기본 이론, 즉 양자 역학(quantum mechanics), 일반 상대성 이론(general relativity theory), 분자(미립자) 물리학의 표준 모델(the Standard Model of particle physics)에 기초한다고 한다. 그렇지만 양자 역학이 가장 기본적인 이론이라고 인정하는 티플러(Frank J. Tipler)는 그의 책[78]에서 양자 역학을 통해 부분과 전체의 통합에 대한 이해를 돕고 있다. 그에 의하면 양자 역학은 우주 안에 있는 모든 대상(object)이 동시에 미립자(particle)와 파동(wave)이라고 이해한다고 한다. 그러나 우리의 일상적 경험은 그것을 서로 배타적인 것으로 이해하게 만든다는 것이다. 그렇지만 양자 역학에 의하면 모든 것은 실제로(actually) 미립자와 파동이다. 그리고 티플러는 공중을 나는 공이 모든 미립자의 좋은 모델이라고 제시한다. 또 파동을 위한 좋은 이미지는 바닷가를 향해 가는 파도라는 것이다. 실제로는 미립자와 파동의 특성을 함께 이해할 수 있다는 것이다. 이것은 불확정성의 원리(the uncertainty principle)에 의해 이해가 가능하다고 한다.[79] 이 이론은 놀랍게도 예수님의 동정녀 탄생, 베들레헴의 별, 예수님의 부활, 성육신의 기적 등을 설명해 주고 있다.[80]

과학과 신학의 관계를 여러 가지로 규명하려고 해 왔지만, 최근에는 갈등(conflict), 독립(independence) 또는 결별, 대화(dialogue), 통합(integration) 모델을 따라가는 사람들도 많이 있다.[81] 그런데 티플러와 같은 과학자들의 이론은, 기독교인으로서 성경의 진리를 밝히려고 하면서 새로운 가능성을 제시한다는 점에서 큰 의의가 있다. 전체는 부분의 합이 아니고 전체 안에 부분이 있으며 부분이 항상 존재하면서도 전체를 보게 하는 통합의 방식을 잘 이해하게 한다. 이것은 성경이 본래 말하려고 하는 내용과 일치한다. 예수님이 하나님 안에 있고 하나님이 예수님 안에 있다고 하는 표현은 삼위일체의 존재방식을 잘 나타내 준다. 예수님께서 하나님은 나와 동일하다고 말씀하신 것을 은유적으로 해석하려고 하거나 심리학적으로 설명하려고 하는 경우가 많이 있었는데, 현실을 그대로 이해할 수 있는 신학이 필요하다는 것을 드러낸 것이다. 바로 과학이 그것을 밝혀 줄 수 있다면 더욱 좋을 것이라고 생각한다.

예수의 윤리는 임마누엘 하나님의 탄생으로부터 시작되었다. 이는 하나님의 존재방식과 사역을 동시에 표현한다는 것을 앞에서 이미 보았다. 이는 삼위일체 하나님께서 우리와 함께 계신다는 의미를 갖고 있으며, 그 목적은 우리를 구원하시고 영원한 생명을 주시기 위한 것이었음을 알았다. 이 하나님은 스스로 존재하는 분으로서(출 3:14), 직설법의 존재를 나타내시며 동시에 전능하신 사역(mighty acts)을 하시는 명(命)을 이행하시는 것을 함의하고 있다. 즉 하나님은 스스로 존재하시면서 창조하시고 출애굽 사건을 인도하시고 용서와 회복을 하시는 분으로서 자신을 사랑으로 나타내셨다. 그러므로 우리는 이 스스로 계신 하나님의 능하신 사역과 회복하심을 통해 사랑을 보고 하나님을 사랑이라고 말한다. 임마누엘 하나님은 곧 사랑이시다. 그런데 이 하나님은 생명의 하나님이시다(시 42:2; 요 1:4). 그러므로 이 사랑 안에 존재(存在)와 명(命)이 있고, 생명(生命)이 있어서 직설법의 존재와 명(命)을 동시에 함축하는 것을 알 수 있다. 이것이 사랑으로 나타난 것이다. 이렇게, 예수의 윤리에서 통합은 기본 방법이며, 하나님의 사랑에 근거하고 있다. 이것은 곧 존재와 행위의 통합이다. 또 하나님은 삼위일체로서 존재 자체가 통합이며, 행위도 통합임을 사랑에서 보여 준다.

> [29] 예수께서 대답하시되 첫째는 이것이니 이스라엘아 들으라 주 곧 우리 하나님은 유일한 주시라 [30] 네 마음을 다하고 목숨을 다하고 뜻을 다하고 힘을 다하여 주 너의 하나님을 **사랑하라** 하신 것이요 [31] 둘째는 이것이니 네 이웃을 네 몸과 같이 **사랑하라** 하신 것이라 이에서 더 큰 계명이 없느니라(막 12:29-31).[82]

위와 같이 예수님이 말씀하신 사랑은 아가페로 표현된다. 예수님께서 우리를 사랑하신다는 낱말도 아가페의 동사형이며 우리가 서로 사랑해야 한다는 낱말도 같은 낱말이다. 여기서 공통으로 통하는 것은 아가페라는 사랑의 동사형이며, 이 아가페는 구약성경의 '아하브' 즉 사랑한다는 동사에 근거하고 있음을 알 수 있다. 왜냐하면 예수님께서 신명기 6장 5절 말씀과 레위기 19장 18절 말씀을 그대로 사용하시고 있기 때문이다. 그렇다면 아가페라는 낱말을 이해하기 전에 아하브라는 낱말의 의미를 먼저 살펴보는 것이 순서일 것이다.

아하브는 히브리어 세 자음으로 구성되어 있는데 첫 번째 글자 알레프(aleph)는 희생(sacrifice), 힘(strength), 서번트 리더십(servant leadership)을 나타내며, 두 번째 글자 헤(hey)는 열린 창문을 의미한다.

동시에 하나님의 이름을 쓰기 위한 대용 글자로도 사용된다. 세 번째 글
자 베트(vet)는 집(house), 또는 가족(family)을 의미하며, 계약적, 애정이
있는 관계를 함의한다고 한다. 이 세 글자를 합하여 이룬 낱말인 아하브
라는 말은 희생과 힘, 하나님과 열린 친밀감, 가족 관계 등을 의미한다
고 전해진다. 그러므로 이 아하브 즉 사랑한다는 낱말 속에 전능하신 분
이 자기 백성을 위해 희생한다는 의미가 있고, 또 하나님의 백성은 하나
님의 가족 구성원으로서 하나님과 자유롭고 개방적인 상태에서 관계를
가질 수 있다는 의미가 있다. 하나님은 인간의 사건에 개입하시고, 인간
의 상상을 훨씬 넘어서 존재하시고 사역하시는 분이심을 하나님의 사랑
을 통해 인간에게 보여 주신다.[83]

예수의 윤리는 임마누엘 하나님으로서 보이신 사랑(아가페)을 통해
우리로 하여금 이웃을 사랑하게 하셨다. 이것은 예수님을 따르는 사람
은 존재와 함께 사랑(행위)을 이행하여야 함을 함의한다. 그런데 이 사랑
은 그 안에 이미 믿음과 소망을 품고 있어서(고전 13:7) 행동으로 나타내
는 것을 요구한다(고전 13:13). 이렇게 행동을 하는 경우, 사랑은 최고의
가치로서 나타난다.[84] 또 사랑을 이행함에 있어서 온전함의 행위를 요
구한다. 임마누엘 예수님의 말씀을 인용해 보자.

[43] 또 네 이웃을 사랑하고 네 원수를 미워하라 하였다는 것을 너희
가 들었으나 [44] 나는 너희에게 이르노니 너희 원수를 사랑하며 너희
를 핍박하는 자를 위하여 기도하라 [45] 이같이 한즉 하늘에 계신 너
희 아버지의 아들이 되리니 이는 하나님이 그 해를 악인과 선인에게
비취게 하시며 비를 의로운 자와 불의한 자에게 내리우심이니라 [46]
너희가 너희를 사랑하는 자를 사랑하면 무슨 상이 있으리요 세리도

이같이 아니하느냐 [47] 또 너희가 너희 형제에게만 문안하면 남보다
더 하는 것이 무엇이냐 이방인들도 이같이 아니하느냐 [48] 그러므로
하늘에 계신 너희 아버지의 온전하심과 같이 너희도 온전하라(마
5:43-48).

하나님의 사랑은 이웃만이 아니고 원수도 포함하여 사랑하신다. 그
실례로서 악인과 선인에게 해를 비추시며, 의로운 자와 불의한 자에게
비를 내리신다. 그래서 원수를 사랑하며 핍박하는 자를 위해서도 기도
해야 하는 것이다. 이것은 이웃 사랑을 통해 계명을 문자적으로 지키는
것만이 아니고 마음으로 깊게 사랑할 것을 의미한다. 여기서 몇 가지 함
의를 찾을 수 있다.

> (1) 하나님의 사랑은 존재와 행위를 통합한다. 즉 존재와 사랑은 하나
> 로 이해되어야 한다는 것을 의미한다.
> (2) 하나님의 사랑은 이웃을 사랑하되 원수도 이웃처럼 사랑해야 하
> 고 핍박하는 자를 위해서도 기도해야 한다는 것을 의미한다.
> (3) 하나님의 사랑은 온전한 것이어서 의로운 자와 불의한 자, 악인과
> 선인에게 다 해당되어야 한다는 것을 의미한다.
> (4) 하나님의 사랑은 존재의 온전함을 통해 인간의 개인적 인격의 온
> 전함을 요구하면서 동시에 이웃 사랑을 하는 것을 요구함으로써
> 통합(統合)의 의미를 갖는다.

이렇게 해서 임마누엘 하나님이신 예수의 윤리는 통합의 방법(方法)
을 그 방법으로 보여 주고 우리로 하여금 통합의 방법을 이행할 것을 요

구한다. 이것은 율법을 넘어서는 것이고 율법을 완성하는 것이다. 바로 이 통합의 의미는 문자를 넘어서는 근본적인 행위를 의미한다. 그래서 예수님은 바리새인들의 말도 지켜야 하지만, 그들의 의(義)를 넘어서는 행위를 하라고 하셨다. 또 예수님은 바리새인들에게 십일조에 대해서 박하와 회향과 근채의 십일조를 지키고 정의와 긍휼과 믿음도 버리지 말고 행하라고 말씀하셨다(마 23:23). 이렇게 해서 예수님의 온전한 사랑은 율법을 완성하는 것이다.

예수님은 하나님의 나라를 선포하시면서 이 온전한 사랑을 실천하라고 하셨다(마 5:17). 예수님은 세례 요한을 가리키면서 믿지 못하고 실천하지 못한 것 때문에 여자가 낳은 자 가운데서는 위대하면서도 하나님 나라에서는 작은 자라고 밝히셨다(마 11:11). 그리고 예수님은 예수님의 말씀을 듣고 행하는 자는 집을 반석 위에 세운 사람 같다고 말씀하셨다(마 7:24 이하). 오늘날 우리가 살고 있는 현실에서 하나님의 사랑은 예수님이 행하셨던 것처럼 맨 먼저 동정(compassion)으로부터 시작을 할 수 있다. 이 사랑은 동정을 통해 헌신(commitment)을 보이며, 원수까지도 포함하여 사랑하는 행동(conduct)으로 옮겨가는 것을 통해 포괄적인 행동(comprehension)을 보이고, 결국 끝을 맺어 완성(completion)을 해야 한다. 이것은 개인의 인격(character)을 함양하고 완성하는 것으로서 요구되는 것이며, 동시에 사회적 성격을 요구한다. 이것이 사랑의 온전함의 특성이다.

다시 사회적 관계로 본다면 이 사랑은 우선 신뢰할(trust) 수 있는 사랑이어야 한다. 그래서 바울은 사랑하는 아들 디모데에게 목회를 할 때에, 사랑을 하되 청결한 마음에서 나오는 사랑을 하고, 선한 양심에서 나오는 사랑을 하고, 거짓이 없는 믿음에서 나오는 사랑을 하라고 권한다(딤전 1:5). 이러한 사랑만이 신뢰할(trust) 수 있다. 이렇게 신뢰할 수 있는 사랑은 투명하여야 하고(transparency), 즉 거짓이 없어야 하고, 위선이 없어야 하고, 청결하여 선한 양심과 일치해야 한다. 오늘날의 현실은 이러한 사랑을 할 수 없도록 혼란을 초래하고 있기 때문에 민주주의(democracy)의 방식을 따를 수밖에 없다.[85] 물론 좋은 통치자가 좋은 나무의 생각을 펼 수 있다면 좋지만, 현실은 그렇지 못하기 때문에 민주주의 즉 다수의 힘이 사랑하도록 하는 정의의 원칙을 따를 수밖에 없는 것이다. 여기서 정의는 사랑의 현실적 표현이다. 이러한 사랑을 실천하게 하고 그러한 분위기를 조성하며 인도할 리더십(leadership)이 필요하다. 리더십이 있으면 사랑을 하는 데 크게 도움이 될 수 있다. 그러나 리더십도 부패할 수 있음으로 민주주의를 통해 선출하고 갱신하고 견제하는 노력이 계속적으로 필요하다. 그러나 신뢰할 수 있고 투명한 분위기에서 민주주의를 할 수 있다면 리더십은 쉽게 부패할 수 없다. 이러한 의미에서 리더십은 만들어진다고 할 수 있다. 이러한 리더십은 어느 정도 태어날 수도 있고 임마누엘 하나님의 뜻을 이어받을 수 있는 훈련을 통해서 어느 정도 가능할 수도 있다. 이러한 정의를 뒷받침하는 사랑은 말씀 선포를 통해 분명히 나타나며, 동시에 질병을 고치는 사역을 통해 내적인 훈련을 할 수 있고, 귀신을 쫓아냄으로써 외적인 훈련을 할 수 있다. 그래서 예수님은 그의 제자들을 훈련하실 때 바로 그 방법을 사용하셨다. 이것이 통합적 방법이다.

둘째로 예수의 윤리에서 찾은 실천의 의미를 살펴보자. 필자는 시대정신을 매우 중요하게 생각한다. 시대정신이란 그 시대를 이끌어가는 주도적 정신을 의미한다. 물론 이것은 세상에서 논의하는 말이다. 필자는 1950년대에는 책임사회론이, 1960년대에는 새로운 신학(New

Theology)이, 1970년대에는 생존(survival)이, 1980년대에는 지탱, 지속
가능함(sustainability)이, 1990년대에는 창의성이 주도하였다고 생각했
다. 그리고 2000년대에는 형성(formation)이 지배할 것으로 보았다.[86]
그 이유는 해체와 파괴가 진행되고 있기 때문에 개별화와 연결은 생존
과 지속을 위해서 절대적으로 필요한 정신이 되었고, 그래서 실천이라
는 형성(形成)이 불가피하게 요구된다고 생각한 데 근거를 두고 있다.
스위트(Leonard Sweet)는 이러한 거대한 물결, 즉 영혼의 쓰나미
(soultshunami) 속에서 빠져 죽을 것인가 아니면 헤엄쳐 나올 것인가라
는 질문을 한다.[87]

그렇다면 예수의 윤리를 통해서 배운 우리의 과제는 형성(formation)
이라고 할 수 있다. 이 형성(形成)은 통합의 형성이어야 한다. 이것은 연
계성뿐만 아니라 일관성을 유지해야 하기 때문이다. 여기서는 혼돈과
질서를 모두 포괄해야 하고, 폭풍과 잔잔한 바다를 포함해야 하고, 의인
과 악인을 포함해야 하고, 친구와 원수를 포함해야 한다. 그리고 형성을
이행하되 변형(transformation)을 해야 할 경우는 해야 한다. 결국은 모두
형성의 방향으로 실천되어야 한다. 지금 세계에서 연계(connectedness)
와 네트워크(networking)로 진행되는 것은 개별화되어서는 삶이 지탱,
지속될 수 없기 때문에 불가피하게 일어나는 현상이다. 삶에서 경계가
무너졌다고 하는데, 학문에서도 경계가 무너지고 있다. 우선 음식을 살
펴보아도, 퓨전음식이라는 것이 대두되고 있고, 한 나라의 음식이 국제
화된다. 한 나라의 기술이 국제적으로 채용되는 현상과 함께 전문 영역
이 다른 전문 영역과 연계하지 않으면 그 전문 영역이 존재 가치를 발휘
하기 어렵게 되어, 결국 여러 분야로 확대하여 하나를 완성하는 것을 본
다. 형성은 바로 이러한 현실을 이해하고, 이행되어야 할 실천방법이다.

이렇게 해서 오늘날 실천은 형성으로 대변되는 것이다.

셋째로 예수의 윤리에서 찾은 목적의 의미를 살펴보자. 임마누엘 하나님은 예수의 윤리를 통해 목적을 분명히 밝히고 있다. 윤리의 행위를 위해서는 반드시 목적이 설정되는 것이 좋다. 그런데 우리는 목적만을 강조하고 결과만을 생각하게 하는 목적론의 폐해를 너무나 잘 알고 있다. 즉 목적을 달성하기 위하여 어떠한 수단도 정당화하려고 하는 폐해를 잘 알고 있다. 그리고 목적 자체도 선한 것이 아닐 수 있다는 것도 알게 되었다. 예를 들면 강도들이 강도짓을 하기 위한 목적을 세운다면 분명히 잘못된 것이다. 따라서 윤리의 목적은 선한 것임을 전제로 해야 한다. 그렇지만 그 목적이 선하다 하더라도 그 목적을 달성하기 위하여 어떠한 수단도 좋다고 생각하여 판단 없이 채용하여 정당화하는 우를 범할 수 있다.[88]

예수의 윤리는 임마누엘 하나님의 뜻에 합당한 목적을 세워야 할 것이다. 이러한 경우는 목적이 반드시 선한 것이어야 한다. 예수님은 하나님의 뜻이란 아들을 믿는 사람마다 영생을 얻는 것이라고 말씀하셨다 (요 6:40). 이것은 목적이 믿음에 근거하고 있고, 윤리의 행위가 믿음에 근거해야 함을 의미한다. 왜냐하면 그것이 하나님의 뜻이기 때문이다. 임마누엘 하나님은 윤리의 행위를 시작한 분(initiator)이시기 때문에 그것의 본(本)이 된다. 그렇다면 일관되게 하나님의 뜻은 사람들을 사랑하는 것(아하브)임을 알 수 있다. 이것은 하나님의 사랑을 본받아 하나님을 사랑하고 이웃을 사랑하는 것을 목적으로 삼아야 한다는 것을 말해 준다. 이것은 사람이 마땅히 해야 할 일이다. 이러한 의미에서 보면 이를 윤리에서 말하는 목적론으로만 여길 수 없다. 예수의 윤리는 목적을 중요하게 여기지만, 또한 온전함을 향하는 실천이기 때문에 윤리에서 말하는 목적론이라고만 할 수 없다는 것이다.

한 동안 우리나라에서는 잘 나가는 책인 『목적이 이끄는 삶』[89]이 교회 목회를 지배하였고, 지금도 그 여파가 계속 남아 진행되고 있다. 이 책의 구성은 서론 격인 처음 부분 "내가 여기에 도대체 왜 있는가?(What on Earth Am I Here for?)"라는 질문으로부터 시작하며, 다음은 다섯 가지 목적으로 구성되어 있다. 처음 부분의 내용은 7일을 위한 제목을 제시한다. 첫째 날은 모든 것이 하나님과 함께 시작한다(It All Starts with God)이고, 둘째 날은 당신이 있는 것은 우연이 아니다(You Are not an Accident)이고, 셋째 날은 무엇이 당신의 삶을 이끌어가고 있는가?(What Drives Your Life?)이고, 넷째 날은 영원히 계속되도록 만들어졌다(Made to Last Forever)이고, 다섯째 날은 삶을 하나님의 관점에서 보기(Seeing Life from God's View)이고, 여섯째 날은 모든 것을 위한 이유(Reason for Everything)이다. 이러한 전제들을 보면 매우 건전함을 알 수 있다. 즉 하나님으로부터 출발함으로써 기준을 잘 잡았고, 기본 설정도 매우 훌륭하게 되었다고 할 수 있다. 그러나 실천과정에서, 곧 많은 사람들이 이것을 따라 하는 과정에서 심리학에 물들거나 마케팅 기법을 사용하거나 엔터테인먼트 유의 행위를 통하여 교인의 수를 늘이는 외적 성장만을 목표로 하는 오류를 범하고 있음을 지적하는 사람도 있다.[90] 목적을 위해서는 하나님이 어떤 분이신지도 분명하게 이해하지 못하도록 만드는 경우가 있다. 예를 들면 좋으신 하나님이라고 하는 말이 있는데, 하나님이 좋으신 것은 사람들에게 친절하게 대하고 사랑하기 때문에 좋으신 하나님이 아니라, 공의로 사람을 대하시기 때문에 좋으신 하나님이시며, 사랑을 근거로 한 공의로운 심판을 하시기 때문에 좋으신 하나님이심을 곡해시키는 경우가 있다는 것이다. 임마누엘 하나님은 인간의 죄에 대한 심판이며, 따라서 인간이 새로운 피조물이 되어 예수의 윤리를 행하도록 하는 시작을 하신 분이시다. 여기서 우리는 당연히 임마누엘의 하나님을 좋으신 하나님이라고 불러야 한다. 어리석은 자들은 이러한 하나님을 숨기고, 자기의 마음에 맞는 하나님으로 바꾸려고 한다. 결국 참 하나님을 지워버리는 행위를 하는 것이다. 그러나 하나님은 지워지시지 않는다. 오히려 하나님은 살아 계셔서 우리를 사랑하시며 공의로 다스리신다.

예수의 윤리를 통해 우리는 분명히 선한 목적을 세우되, 통합적 실천을 이행해야 한다. 이것들은 다시 잘 정리하도록 도와준다. 그래서 우리는 넷째로 예수의 윤리에서 찾은 구체적인 진행 방법들의 의미와 만난다. 이것은 형성을 실천하는 세 수준이라고 할 수 있다. 이 수준에는 각 단계들이 있을 수 있다. 이 세 수준은 정신(正信), 정사(正思), 정행(正行)이다. 정신은 바른 믿음을 갖는 것이다. 즉 성경에 기초한 믿음을 의미한다. 인간이 스스로 생각하는 신조나 신앙이나 바람이 아니고, 성경이 제시하는 믿음이어야 한다. 성경은 바른 믿음을 분명히 가르쳐 준다. "믿음은 바라는 것들의 실상이요 보이지 않는 것들의 증거니"(히 11:1)라고 하였다. 이것은 믿음의 선진들이 가졌던 것임을 히브리서는 실례를 들어 설명한다. 이 믿음은 하나님을 믿는 것이다. 즉 임마누엘 하나님을 믿는 것이다. 초월하시고 내재하시는 하나님, 숨겨 계시면서도 계시하시어 나타나시는 하나님, 전능하시고 전지하시며 부소부재하시는 하나님, 인간이 만들 수 없는 스스로 계시는 하나님을 믿는 믿음이다. 예수님은 이 믿음을 확인하는 경우를 많이 보여 주셨다. 특히 병자들을 고치실 때에 그 믿음을 확인하셨다. 예를 들면 예수님이 중풍병자를 고치실 때에 "그의 믿음을 보시고"라고 기록되어 있으며, 죄 용서함까지 함께

선언하시는 것을 볼 수 있다(마 9:2). 또 예수님께서 가나안 한 여자가 자기의 딸을 고쳐달라고 했을 때 "네 믿음이 크도다 네 소원대로 되리라"라고 말씀하시고 고쳐 주셨다(마 15:28). 다시 혈루증으로 앓던 여자가 예수님의 옷 가를 만져서 자기 병을 낫게 하고자 했을 때 그 여인의 믿음을 보시고 예수님은 "네 믿음이 너를 구원하였다"라고 말씀하셨다(마 9:22). 이러한 믿음은 모두 임마누엘 하나님을 직접 만나서 믿는 믿음이다. 이것은 믿음의 의미를 확실하게 가졌고, 믿음의 대상을 바로 만난 것이라고 할 수 있다. 이러한 믿음을 필자는 정신(正信)이라고 한다.

이러한 믿음은 문자로 표현되어야 할 필요가 있을 때가 있다. 이러한 작업이 신학이다. 그러므로 신학은 믿음을 문자로 표현하는 것이라고 할 수 있다. 바른 믿음을 문자로 표현하기 때문에 필자는 그것을 정사(正思)라고 하였다. 신학은 생각하는 것과 명상하는 것이 필요하다. 그리고 믿음을 반영하는 것도 필요하다. 특히 예수의 윤리에서는 임마누엘 하나님을 믿는 것을 정신이라고 하고, 그 내용을 문자로 표현하는 것을 정사, 즉 신학이라고 하였다. 신학은 명상하고 사고(思考)하는 것을 포함하기 때문에 사람들이 이해하게끔 체계화하기도 한다. 그러나 체계 자체가 고정되거나 경직되게는 하지 않는다. 문자 그대로 반영을 하는 것이기 때문에, 신앙에 따라 반영은 다양할 수 있다. 그러므로 신앙이 바르다면(正信) 신학의 사고나 명상도 바르게 될 것이다. 그래서 믿음이 중요하며, 믿음이 신학의 근거와 기초가 된다. 믿음이 없이 신학을 하고자 하는 것은 내용이 없는 공허한 것이 되고 만다. 또 다른 사람들이 이해할 수 있게 하기 위해서는 신앙을 문자로 표현해야 하는데, 말로만 하면 전달 과정에서 변할 수도 있고 제대로 전달되지 못할 수도 있다. 이러한 경우 맹목적이라는 말도 들을 수 있다. 신앙은 신학으로 표현하는 훈련도 요구한다. 이러한 내용을 충족시키기 위하여 필자는 이미 통합신학과 미래신학의 개요를 전개하였다.[91] 이러한 의미에서 정사(正思)로서의 신학은 방법론에서 다루고 있다.

만일 정신(正信)에 대해 정사(正思)로서의 신학을 한다면 삼위일체 하나님, 임마누엘 하나님을 분명하게 문자로 표현할 수 있어야 한다. 그래서 예수의 윤리의 근거를 제시하고 왜, 어떻게, 무엇을 원하는 것인지를 이해하게 해야 할 것이다. 믿고 알 수도 있지만(요 6:69), 알고 믿을 수도 있다(요일 4:16). 왜냐하면 아는 것과 믿는 것은 선후의 순서가 있는 것이 아니고 동일한 것이기 때문이다. 제자들 가운데서도 믿고 알았다는 베드로도 있고 알고 믿었다는 요한도 있다. 그렇다면 성경은 그 두 가지를 구별하려고 하는 것이 아니라 오히려 일치하게 다루고 있다. 정사(正思)로서의 신학은 믿음이라는 한계 안에 들어 있다. 이렇게 해서 신학은 믿음에서 출발하는 것이고, 삼위일체 하나님이나 임마누엘 하나님으로부터 시작하는 것임을 알려 준다. 그리고 반드시 신학은 통합적 신학이어야 한다는 것도 확인해 주고 있다. 여기서 신학은 율법, 하나님 사랑과 이웃 사랑, 자연법, 양심, 황금률, 가치관, 세계관 등을 통합적으로 다루어야 한다.

믿음을 신학으로 표현하는 것은 실천, 즉 행함을 위한 것이다. 믿음이 정신(正信)이라면 정사(正思)라는 신학을 통해 행동, 즉 정행(正行)으로 나타나게 해야 한다. 왜냐하면 믿음은 행함이 없으면 죽은 믿음이고, 신학이 행함을 전제로 하지 않는다면 공허한 사색이거나 이론이 될 수밖에 없기 때문이다. 신학은 삼위일체 하나님, 임마누엘 하나님을 믿는다고 할 때 결코 공허한 사색으로 끝나는 것이 아니며, 내용이 확실한 문자의 표현이라는 것을 밝힌다면, 결국 모두가 행함으로 유인되어야 한다. 이것은 예수의 윤리가 분명하게 제시하는 것으로서 신앙이 실천을 전제하고 그것을 함축하고 있음을 나타낸다.

다섯째로 예수의 윤리에서 찾은 감사와 예배의 의미를 살펴보자. 이것은 임마누엘 하나님의 은혜와 긍휼을 감사하고 예배하는 것을 의미한다. 하나님께서 우리를 구원하시고 우리에게 영생을 주셨는데 어찌 감사하지 않을 수 있겠는가? 이 감사가 어찌 예배로 이어지지 않겠는가? 예배를 축제로 전환하거나 그렇게 이해할 경우, 하나님을 예배하기보다는 자기 도취나 자기 만족과 성취감을 드러내는 것이 될 위험성이 있다. 예배는 엄격히 하나님께만 드리는 제사이어야 한다. 결코 예배에서 내가 중심을 차지하거나 나를 드러내거나 나타내려고 노력해서는 영과 진리의 예배가 되지 않는다. 하나님께서 영(靈)이시기 때문에 우리의 영이 영과 진리 가운데서 예배해야 할 것이다.

우리의 예배의 대상인 분은 인간이 아니시고 하나님이시다. 그런데 그 하나님께서 임마누엘 하나님으로 나타나 주셨기 때문에 감사하는 마음으로 예배를 하는 가운데 말씀 선포와 교육, 기도와 찬송으로 예배할 수 있다.

[1] 할렐루야 새 노래로 여호와께 노래하며 성도의 회중에서 찬양할지어다 [2] 이스라엘은 자기를 지으신 자로 인하여 즐거워하며 시온의 자민은 저희의 왕으로 인하여 즐거워할지어다 [3] 춤 추며 그의 이름을 찬양하며 소고와 수금으로 그를 찬양할지어다 [4] 여호와께서는 자기 백성을 기뻐하시며 겸손한 자를 구원으로 아름답게 하심이로다 [5] 성도들은 영광 중에 즐거워하며 저희 침상에서 기쁨으로 노래할지어다(시 149:1-5).

[1] 할렐루야 그 성소에서 하나님을 찬양하며 그 권능의 궁창에서 그를 찬양할지어다 [2] 그의 능하신 행동을 인하여 찬양하며 그의 지극히 광대하심을 좇아 찬양할지어다 [3] 나팔 소리로 찬양하며 비파와 수금으로 찬양할지어다 [4] 소고 치며 춤추어 찬양하며 현악과 퉁소로 찬양할지어다 [5] 큰 소리 나는 제금으로 찬양하며 높은 소리 나는 제금으로 찬양할지어다 [6] 호흡이 있는 자마다 여호와를 찬양할지어다 할렐루야(시 150:1-6).

예수님은 임마누엘 하나님으로서 예배의 내용을 다음과 같이 직접 명확하게 밝히신다.

[19] 여자가 가로되 주여 내가 보니 선지자로소이다 [20] 우리 조상들은 이 산에서 예배하였는데 당신들의 말은 예배할 곳이 예루살렘에 있다 하더이다 [21] 예수께서 가라사대 여자여 내 말을 믿으라 이 산에서도 말고 예루살렘에서도 말고 너희가 아버지께 예배할 때가 이르리라 [22] 너희는 알지 못하는 것을 예배하고 우리는 아는 것을 예배하노니 이는 구원이 유대인에게서 남이니라 [23] 아버지께 참으로 예배하는 자들은 신령과 진정으로 예배할 때가 오나니 곧 이 때라 아버지께서는 이렇게 자기에게 예배하는 자들을 찾으시느니라 [24] 하나님은 영이시니 예배하는 자가 신령과 진정으로 예배할지니라 [25] 여자가 가로되 메시야 곧 그리스도라 하는 이가 오실 줄을 내가 아노니 그가 오시면 모든 것을 우리에게 고하시리이다 [26] 예수께서 이르시되 네게 말하는 내가 그로라 하시니라(요 4:19-26).

이 말씀은 위에서 인용한 시편 기자의 예배와 일치한 내용을 말하면서, 예수께서 메시아 즉 그리스도이심을 밝히고, 따라서 예수님이 믿음의 대상이고, 예배의 대상이 되시며, 영과 진리로 예배하라는 내용을 가르쳐 준다. 예수님의 제자들은 바로 이것을 본받아 예배하였다(참고. 행 2장과 4장). 이 예배는 그 목적에서 나타난 것처럼 찬양의 대상이 종의 모습으로 인간에게 오셨는데 바로 그분이 임마누엘 하나님이신 것과, 예배하는 것이 곧 봉사로 표현되어야 하는 것, 서번트 리더십(servant leadership)으로 나타나야 한다는 것을 드러낸다(고후 9:12-13). 예배에서 하나님을 섬기는 것을 볼 수 있다. 이 예배를 위해 성도들이 함께 모이는 모습을 볼 수 있는데(행 2장과 4장), 시인은 그렇게 함께하는 모습을 아름답다고 하였고, 동시에 그것이 생명을 얻는 길임을 알게 하였다(시 133:1-3). 예배를 통하여 시험을 이기는 힘을 얻고 주님께서 가르쳐 주신 기도를 하여야 한다. 그리고 봉사를 할 때에 지혜롭게 행동할 수 있도록 해야 한다(렘 23:5). 요약해서 말하면 이것이 바로 사람이 마땅히 할 일이다.

제 6 장

예수의 가치들
– 예수의 윤리의 가치들

가치는 사람이 행동을 하려고 결정할 때에 그 행위의 질, 내용, 방향을 통합적으로 지시하는 의미체들이다.[92] 따라서 가치는 윤리적 행위를 결정하는 데 중요한 역할을 하며 크게 영향을 미친다. 그렇다면 가치는 하나인가 아니면 그 이상인가라는 질문이 나온다. 이 질문에 대한 대답을 하기 위해 임마누엘 하나님이신 예수님의 말씀을 근거로 살펴보았다. 예수님의 말씀 가운데 가치로 생각할 수 있는 것은 크게 세 가지로 불 수 있다. 그것은 믿음과 사랑과 소망이다.

믿음이란 무엇인가? 믿음이란 예수님에게 있어서 하나님의 약속을 믿는 것이었다. 그래서 하나님은 약속을 이행하기 위하여 임마누엘 하나님으로 탄생하셔서 인간을 구원하시는 일을 구체적으로 시작하셨다.

이러한 믿음을 성경은 "바라는 것들의 실상이요 보지 못한 것들의 증거"라고 정의한다(히 11:1). 다시 말하면 하나님의 약속을 믿는 믿음은 예수님에게서, 바랐던 실상을 보았고 보지 못했던 것들의 증거를 보게 된 것이다. 앞으로도 그렇게 될 것을 실제로 보게 된 것이다.

하나님은 인간이 타락한 이후 계속해서 구원 사역을 하셨고, 실제로 노아와 같은 사람을 통해 심판의 예증을 보이시기도 하셨다. 하나님은 계속해서 죄를 범하는 인간들을 하나님의 사랑으로 인하여 은혜와 긍휼을 베푸셔서 구원하시기로 확정하시고, 거듭 약속을 해 오셨다. 그 약속이 임마누엘 하나님의 탄생으로 이행되어, 바라는 것들의 실상을 보게 된 것이고 보지 못했던 것들의 증거를 보게 된 것이었다. 이것은 믿음을 갖는 자들에게 계속해서 이뤄질 임마누엘 하나님의 사역임에도 불구하고, 예수님 당대에는 깨닫지 못하였고, 따라서 그분을 영접하지 못하고 거부하였다. 오늘날도 그러한 현상이 일어나고 있음을 본다.

성경은 임마누엘 하나님만이 유일한 구원의 길이라고 분명히 증거하고 있고(행 4:12), 임마누엘 하나님이신 예수님께서 길과 진리와 생명이라고 분명히 말하면서, 예수님을 통해서만이 하나님께로 갈 수 있음을 밝힌다(요 14:1, 6). 다시 말하면 그 길만이 영생을 얻는 유일한 길이며 하나님 나라에 들어가는 길임을 밝힌 것이다. 바로 이 임마누엘 하나님을 믿으라고 하는 것이다.

> 하나님이 세상을 이처럼 사랑하사 독생자를 주셨으니 이는 저를 믿는 자마다 멸망치 않고 영생을 얻게 하려 하심이니라(요 3:16).

이 믿음은 죄를 정죄하지 않게 하기 때문에 심판을 받지 않게 하며,

구원을 얻게 한다는 것이다.

[17] 하나님이 그 아들을 세상에 보내신 것은 세상을 심판하려 하심이 아니요 저로 말미암아 세상이 구원을 받게 하려 하심이라 [18] 저를 믿는 자는 심판을 받지 아니하는 것이요 믿지 아니하는 자는 하나님의 독생자의 이름을 믿지 아니하므로 벌써 심판을 받은 것이니라(요 3:17-18).

내가 진실로 진실로 너희에게 이르노니 내 말을 듣고 또 나 보내신 이를 믿는 자는 영생을 얻었고 심판에 이르지 아니하나니 사망에서 생명으로 옮겼느니라(요 5:24).

그래서 예수님은 스스로 이 진리를 사람들에게 알게 하신다.

[25] 예수께서 가라사대 나는 부활이요 생명이니 나를 믿는 자는 죽어도 살겠고 [26] 무릇 살아서 나를 믿는 자는 영원히 죽지 아니하리니 이것을 네가 믿느냐(요 11:25-26).

위에 있는 말씀들은 믿음이 무엇이며 그 믿음의 목적이 무엇이며 왜 믿어야 하는지를 분명하게 밝혀 준다. 그런데 이 믿음은 그 자체로서만 있는 것이 아니다. 이 믿음은 사랑과 분명한 관계를 갖고 있다. 하나님을 믿고 계명을 받은 자는 하나님을 사랑하고 그와 같이 이웃을 사랑하여야 한다(막 12:29-31). 이것은 또 영생과 밀접한 관계가 있음을 보여 준다(눅 10:25-37). 이렇게 볼 때에 믿음은 생명과 사랑에 관계가 되는 것을 알 수 있다. 예수님의 가르침을 받은 한 제자는 다음과 같이 고백한다.

[16] 하나님이 우리를 사랑하시는 사랑을 우리가 알고 믿었노니 하나님은 사랑이시라 사랑 안에 거하는 자는 하나님 안에 거하고 하나님도 그 안에 거하시느니라 [17] 이로써 사랑이 우리에게 온전히 이룬 것은 우리로 심판 날에 담대함을 가지게 하려 함이니 주의 어떠하심과 같이 우리도 세상에서 그러하니라 [18] 사랑 안에 두려움이 없고 온전한 사랑이 두려움을 내어 쫓나니 두려움에는 형벌이 있음이라 두려워하는 자는 사랑 안에서 온전히 이루지 못하였느니라 [19] 우리가 사랑함은 그가 먼저 우리를 사랑하셨음이라 [20] 누구든지 하나님을 사랑하노라 하고 그 형제를 미워하면 이는 거짓말하는 자니 보는 바 그 형제를 사랑치 아니하는 자가 보지 못하는 바 하나님을 사랑할 수 없느니라 [21] 우리가 이 계명을 주께 받았나니 하나님을 사랑하는 자는 또한 그 형제를 사랑할지니라(요일 4:16-21).

이렇게 해서 믿음은 사랑의 뿌리가 된다는 것을 알게 된다. 동시에 믿음을 뿌리로 한 사랑은 열매로서 사람들에게 보여야 하는 것이 된다. 그러면 사랑이란 무엇인가? 사랑은 임마누엘 하나님의 계명이다. 이것은 크고 첫째 되는 계명이다. 이것은 예수님도 인정하셨지만 다른 사람들도 다 인정하는 계명이었다(참고. 눅 10:25-28). 이 계명은 율법과 선지자의 강령이며, 구약성경에서 가르치는 전통을 이어받은 것으로서 마음을 다하고 목숨을 다하고 뜻을 다하여 사랑해야 하고(마 22:37), 마음을 다하고 목숨을 다하고 뜻을 다하고 힘을 다하여 사랑해야 하고(막 12:30), 마음을 다하고 목숨을 다하고 힘을 다하고 뜻을 다하여 사랑해야 한다(눅 10:27)는 것이다.

그런데 예수님은 이것을 좀더 구체적으로 말씀하시는 가운데 새 계명을 주시었다. 그것은 하나님 사랑에 근거하여 이웃을 사랑하라는 내용이었다. 즉 이웃이 되어 사랑하라고 하신 것과 서로 사랑하라고 하신 것이다(요 15:12). 예수님은 제자들에게 이 계명을 지키면 친구라고 하셨으며(요 12:14), 선생으로서 제자들의 발을 씻기면서까지 본(本)을 보여 주셨다(요 13:15). 요한일서 기자는 바로 그것에 대해 다음과 같이 고백한다.

[3] 우리가 그의 계명을 지키면 이로써 우리가 저를 아는 줄로 알 것이요 [4] 저를 아노라 하고 그의 계명을 지키지 아니하는 자는 거짓말하는 자요 진리가 그 속에 있지 아니하되 [5] 누구든지 그의 말씀을 지키는 자는 하나님의 사랑이 참으로 그 속에서 온전케 되었나니 이로써 우리가 저 안에 있는 줄을 아노라(요일 2:3-5).

예수님의 제자인 요한일서 기자는 서로 사랑하자고 말하면서 그 이유를 밝히고 있다. 즉 사랑은 하나님께 속한 것이니 사랑하는 사람은 하나님께 속하였고 하나님을 안다고 하였다. 왜냐하면 하나님은 사랑이시기 때문이다. 그 하나님은 독생자를 세상에 보내심으로 인하여 우리를 살리셨다는 것이다. 이분이 바로 임마누엘 하나님이시다. 이 임마누엘 하나님은 우리를 먼저 사랑하셔서 우리가 사랑하게 하셨다. 이 하나님이 구주이시다. 이 임마누엘 하나님이신 예수를 구주로 시인해야 한다고 한다. 바로 하나님께서 우리를 사랑하시는 것을 알고 믿었다고 한다. 이 사랑 안에는 두려움이 없고 온전하여 두려움을 쫓아낸다고 한다(참고. 요일 4:7-18). 이렇게 말하는 요한은 다음과 같은 말로 다시 확인한다.

[19] 우리가 사랑함은 그가 먼저 우리를 사랑하셨음이라 [20] 누구든지 하나님을 사랑하노라 하고 그 형제를 미워하면 이는 거짓말하는 자니 보는 바 그 형제를 사랑치 아니하는 자가 보지 못하는 바 하나님을 사랑할 수 없느니라 [21] 우리가 이 계명을 주께 받았나니 하나님을 사랑하는 자는 또한 그 형제를 사랑할지니라(요일 4:19-21).

사랑은 믿음을 증언하는 행위로 나타난다. 이 사랑은 이웃이 되어 실천할 것을 요구한다. 이 이웃은 사랑을 필요로 하는 사람들뿐만 아니라 그 사람들이 살고 있는 모든 환경에도 관계가 된다. 환경은 이웃에 속한다. 이 환경은 인간이 만든 인위적 환경과 인간의 삶과 관계되는 자연 환경으로 나뉜다. 인위적 환경은 문명이나 문화 그리고 사회 등으로 불리며 인간의 행위에 따라 형성되는 것이다. 동시에 인간의 행위에 영향을 미친다. 그러나 자연 환경은 하나님께서 주신 것으로서 인간이 어떻게 관리하느냐에 따라 형성된다. 그것은 인간의 관리 여하에 따라 도움이 될 수도 있고 해를 줄 수도 있다. 지금 우리의 문제는 후자에 속하는 경우가 많아서 재앙으로까지 다가오고 있음을 실감한다.

최근에 우리가 당한 여수 앞 바다의 기름 유출 사고와 태안 앞 바다의 인재로 인한 기름 유출 사건은 가히 재앙으로까지 불리었다. 그것만이 아니다. 인간들이 도시를 짓고 속도와 편리를 추구하면서 가져오는 산업생산물과 소비행태로 인하여 유해한 인위적 환경을 형성해 가는 가운데 환경까지 극도로 파괴하면서 재앙의 수준으로 달려가고 있다. 빠름을 추구하면서 인간 스스로의 건강까지도 해치고 있는 실정이다. 그리고 지구의 온난화라는 엄청난 문제를 일으키고 있다. 기후 이변과 인간의 계속되는 행위는 밀접한 상관관계를 가지고 있다는 것을 잘 알면서도 더 이상 손을 쓸 수 없는 방향으로 가고 있다. 인간들은 이러한 환경에 익숙해지면서 불편은 조금도 견뎌내지 못하고 더 빠르고 더 편리하게 되기만을 계속 추구하고 있다. 이것은 인간의 필요를 넘어선 욕구로 해석된다. 이상을 추구하는 것처럼 보이지만, 결국 인류의 멸절을 향해 가고 있다. 환경을 보호해야 한다는 말을 하면서도 환경을 해치는 일을 가속화하는 주범이 우리 자신임을 인정하려 하지 않고, 혹시 안다고 하더라도 자기 자신은 포함하지 않고 다른 사람들이 그것을 해결해 줄 것을 역설하며 준엄한 말로 심판까지 하는 경우도 있다. 그러나 다행스럽게도 최근에 인도네시아 발리에서 유엔 기후변화 협약 총회의 "발리 로드맵"이 채택되었다. 그것이 실효를 거둘 수 있게 되기를 바란다. 이런 상황에서 하나님을 사랑하는 사람은 자연환경을 보호하고 사랑해야 한다는 임마누엘 하나님의 말씀을 듣는다. 그렇지 않을 경우 이웃을 사랑한다는 말을 하는 사람은 거짓말하는 사람이 된다. 하나님은 우리에게 어느 정도 자정(自淨) 능력을 주셔서 최소한 불가피한 환경 파괴는 허락하신 것처럼 보인다. 물론 인간이 타락한 이후의 일이다. 그러한 정도를 넘어가는 것은 인간이 인간에게 해(害)를 끼치게 되는 것이다. 이것은 곧 이웃을 사랑하지 않는 것이 된다. 이웃을 진정으로 사랑한다면 환경을 사랑해야 하고, 이웃에게 도움이 되게 해야 한다. 즉 이웃의 필요를 채우고 협력하는 행위를 해야 한다.

믿음은 바라는 것들의 실상이요 보지 못한 것들의 증거라고 하는 것이 임마누엘 하나님이신 예수님 안에서 실현된 가운데 하나님의 사랑을 경험해야 한다. 하나님을 사랑하고 이웃을 사랑해야 한다는 말씀 가운데 이미 믿음과 사랑이 소망과 깊은 관계가 있음을 본다. 소망이 없는 백성은 망한다. 하나님은 묵시가 없으면 사람들이 방자해진다고 하시면서, 비전이 없으면 사람들이 망한다는 의미를 포함하셨다. 이 비전은 인류에게 주시는 소망이다. 하나님은 인간이 이 소망을 가지고 살아가도록 하셨다. 그것이 임마누엘 하나님을 통해 실현되었고 그 하나님을 믿는 가운데 확실하게 소망을 갖게 되었다. 시인은 이 하나님에게 소망을 두라고 한다.

> 내 영혼아 네가 어찌하여 낙망하며 어찌하여 내 속에서 불안하여 하는고 너는 하나님을 바라라 나는 내 얼굴을 도우시는 내 하나님을 오히려 찬송하리로다(시 43:5).

찬송가 93장 4절은 성도들이 찬송하는 내용이다.

> 예수는 나의 힘이요 내 소망되시니
> 이 세상을 떠나갈 때 곧 영생 얻으리
> 한없는 복을 주시고 영원한 기쁨 주시니
> 나의 생명 나의 기쁨 주 예수.

성도들이 이러한 소망을 갖게 된 것은 임마누엘 예수님의 말씀 때문이다.

> [25] 예수께서 가라사대 나는 부활이요 생명이니 나를 믿는 자는 죽어도 살겠고 [26] 무릇 살아서 나를 믿는 자는 영원히 죽지 아니하리니

이것을 네가 믿느냐(요 11:25-26).

성도는 믿음을 갖고 새 하늘과 새 땅을 바라보았다(계 21:1 이하). 그들은 하나님 나라를 보게 된 것이다. 이것이 그들의 소망이었기 때문이다. 이것은 또한 오늘날 우리의 소망이기도 하다. 이것은 믿음을 가진 자가 누리는 소망이다. 성도는 이 소망을 가지고 서로 사랑하라는 예수님의 말씀을 준행한다. 이는 기독교윤리학에서 믿는 자들도 지켜야 할 규칙이 있음을 알게 하는 것이다. 인간이 살아가는 데 필요한 규칙, 즉 서로 사랑할 수 있는 규칙을 갖고 지켜야 한다. 이것은 이웃을 사랑하는 배려 차원의 법이다. 세상이 악함으로 규칙이 없이는 살기 어렵다. 그렇지만 규칙이 사람들의 행동을 지나치게 얽매는 것은 좋지 않다. 좋지 않은 것은 그만 두게 해야 한다.

위에서 본 것처럼 믿음, 사랑, 소망을 임마누엘 하나님이신 예수님을 통해 알게 되었고, 따라서 이 세 가지를 예수의 윤리의 **근본가치**라고 필자는 생각하게 되었다. 왜냐하면 이보다 더한 근본적인 가치는 없다고 생각하기 때문이다. 이것을 신학적인 가치라고 하기도 하지만 신학을 믿음의 문자적 표현이라고 한다면 중복이 일어난다. 그리고 이것을 신앙적 가치라고 하면 믿음과 중복되기 때문에 근본가치라고 부르게 되었다. 또 이 근본가치로부터 파생되는 가치들이 있다. 믿음과 사랑과 소망으로부터 파생되는 가치들이 있다고 본다면 근본이라는 말을 사용하는 것이 적절하다고 판단하였다. 이제 우리는 파생된 가치들을 생각해 보기로 하자. 우선 사람들에게 가장 기본이 되는 가치들부터 고려해 보자.

믿음에서 파생되는 가장 기본적인 가치는 무엇인가? 필자는 지금까지 인간에게 있어서 가장 기본적인 가치는 자유라고 생각해 왔다. 실제로 그렇게 경험하고 있다. 필자의 출생이나 배움의 배경이나 지나온 경험은 계속해서 가장 기본적인 것이 자유임을 확인시켜 준다. 자유는 사람에 따라 그리고 사람의 환경에 따라 다르게 이해할 수도 있다. 그러나 출생이라는 점을 고려할 때, 인간은 자유롭게 태어났음에도 불구하고 출생 환경과 신분과 계급의 사회적 구속으로 인하여 깨닫지 못하는 경우도 있다. 그럼에도 불구하고 자유는 출생의 의미를 확인해 주는 것이며, 가장 기본적인 것으로서 인간의 위치를 밝혀 주는 가치이다.

자유는 아무도 빼앗아갈 수 없는 인간의 **기본가치**이다. 왜냐하면 인간의 생명과 출생이 하나님으로부터만 가능하다면 자유는 인간의 가장 기본적인 요소이기 때문이다. 인류의 역사는 여러 가지 이유로 형성되어 왔다고 할 수 있지만 필자는 자유를 위한 투쟁이었다고 감히 말하고 싶다. 이 자유를 빼앗은 자 즉 승리자의 것으로만 만들려고 하는 것은 자유의 진정한 의미를 손상시키기는 하지만, 결국 전쟁조차도 가장 깊은 곳에는 자유를 얻기 위한 것임이 분명하다. 그러나 전쟁은 상대방의 자유를 강제로 제한하는 행위이기 때문에 금지되어야 할 것이다.

신학자 가운데 본회퍼(Dietrich Bonhoeffer)라고 하는 사람은 자유를 추구하는 가운데 비밀훈련도 하였고 네 정거장을 노래하기도 하였다. 즉 그 자유로 가는 길에는 네 정거장이 있는데, 그것들은 훈련, 다시 말하면 하나님의 말씀의 훈련, 행동, 고난, 죽음이다. 이것은 자신의 경험을 두고 한 말이기는 하겠지만, 임마누엘 하나님을 본받아 하는 행위이기도 할 것이다. 임마누엘 하나님이신 예수님은 하나님의 말씀을 따라 행동하셨고 십자가까지 지시는 고난을 감당하셨고, 결국 죽음을 통해 우리의 죄를 용서하셨다. 그 임마누엘 하나님이신 예수님은 부활하셔서 하나님 우편에 계시며, 장차 다시 오셔서 믿음을 가진 자들을 영접하실 것이다. 믿음을 가진 자들은 이것을 소망하며 서로 사랑해야 한다.

진정한 자유는 어디서 얻을 수 있는가라는 질문은 이어지는 자연스러운 질문이라고 생각한다. 성경에서 임마누엘 하나님이신 예수님은 진리로서 분명하게 가르쳐 주신다.

[32] 진리를 알지니 진리가 너희를 자유케 하리라 [33] 저희가 대답하되 우리가 아브라함의 자손이라 남의 종이 된 적이 없거늘 어찌하여 우리가 자유케 되리라 하느냐 [34] 예수께서 대답하시되 진실로 진실로 너희에게 이르노니 죄를 범하는 자마다 죄의 종이라 [35] 종은 영원히 집에 거하지 못하되 아들은 영원히 거하나니 [36] 그러므로 아들이 너희를 자유케 하면 너희가 참으로 자유하리라(요 8:32-36).

자유는 진리이시며 임마누엘 하나님이신 예수님을 믿음으로만 얻을 수 있다. 예수만이 우리를 구원하시는 유일한 구주이시기 때문에 그분을 믿는 자를 자유롭게 하신다. 이렇게 믿음은 근본가치이며 인간의 자유는 인간의 기본가치로서 믿음으로부터 파생된 가치이다. 이 자유는 사랑하는 것을 가능하게 하는 동시에 그 조건이 되기도 한다. 그래서 예수님은 자유하게 하는 길을 가르쳐 주셨다. 이것을 바울 사도는 잘 설명한다.

[13] 형제들아 너희가 자유를 위하여 부르심을 입었으나 그러나 그 자유로 육체의 기회를 삼지 말고 오직 사랑으로 서로 종노릇 하라 [14] 온 율법은 네 이웃 사랑하기를 네 몸같이 하라 하신 한 말씀에 이루었나니 [15] 만일 서로 물고 먹으면 피차 멸망할까 조심하라(갈 5:13-15).

　이것은 모두 구체적인 행동을 요구한다. 예수님은 여기에 해당하는 구체적인 행동을 비유로 말씀해 주셨다.

[1] 천국은 마치 품꾼을 얻어 포도원에 들여 보내려고 이른 아침에 나간 집 주인과 같으니 [2] 저가 하루 한 데나리온씩 품꾼들과 약속하여 포도원에 들여 보내고 [3] 또 제 삼시에 나가 보니 장터에 놀고 섰는 사람들이 또 있는지라 [4] 저희에게 이르되 너희도 포도원에 들어가라 내가 너희에게 상당하게 주리라 하니 저희가 가고 [5] 제 육시와 제 구시에 또 나가 그와 같이 하고 [6] 제 십일 시에도 나가 보니 섰는 사람들이 또 있는지라 [7] 가로되 너희는 어찌하여 종일토록 놀고 여기 섰느뇨 가로되 우리를 품꾼으로 쓰는 이가 없음이니이다 가로되 너희도 포도원에 들어가라 하니라 [8] 저물매 포도원 주인이 청지기에게 이르되 품꾼들을 불러 나중 온 자로부터 시작하여 먼저 온 자까지 삯을 주라 하니 [9] 제 십일시에 온 자들이 와서 한 데나리온씩을 받거늘 [10] 먼저 온 자들이 와서 더 받을 줄 알았더니 저희도 한 데나리온씩 받은지라 [11] 받은 후 집 주인을 원망하여 가로되 [12] 나중 온 이 사람들은 한 시간만 일하였거늘 저희를 종일 수고와 더위를 견딘 우리와 같게 하였나이다 [13] 주인이 그 중의 한 사람에게 대답하여 가로되 친구여 내가 네게 잘못한 것이 없노라 네가 나와 한 데나리온의 약속을 하지 아니하였느냐 [14] 네 것이나 가지고 가라 나중 온 이 사람에게 너와 같이 주는 것이 내 뜻이니라 [15] 내 것을 가지고 내 뜻대로 할 것이 아니냐 내가 선하므로 네가 악하게 보느냐 [16] 이와 같이 나중 된 자로서 먼저 되고 먼저 된 자로서 나중 되리라(마 20:1-16).

여기서 확실하게 나타나는 것은 사랑을 실천하기 위한 행위의 형태가 구체적으로 나타나 있다는 점이다. 이것을 우리는 정의(正義)라고 부른다. 하나님은 처음부터 공의(公義) 또는 의(義)의 하나님으로 알려졌다.[93] 임마누엘 하나님이신 예수님은 이것을 위와 같이 구체적으로 나타내 보이시면서 예수의 윤리의 정의(正義)를 보여 주신다. 정의는 전통적으로 크게 두 가지 의미로 생각할 수 있다. 하나는 평등이고, 다른 하나는 공평이다. 평등은 특히 정치적 영역에서 적용되어야 할 것으로 이해할 수 있다. 즉 투표할 때에 누구나 똑같이 한 표를 투표할 수 있고, 그때라야 법 앞에 모든 사람이 평등하다는 말을 할 수 있다. 물론 후자의 경우는 법을 초월하는 정의라고 할 수 있다. 그러나 평등이라고 하는 의미에서는 동일한 맥락에서 이해될 수 있다.

공평은 경제 영역에서 적용할 수 있어서 경제적 정의라고 하기도 한다. 경제에서는 이익을 추구하는 행위를 하지만 교환이나 분배에 있어서 공평하게 적용되어야 한다는 것이다. 그래서 오늘날 정의는 대체로 공평(fairness)에 치중하는 것처럼 보인다. 구약성경에 나타난 공의나 의(義)의 개념을 예언자들은 정의의 개념으로 서로 교환할 수 있게 사용하는데, 이는 도덕적 의미를 포함하고 있다. 이것을 율법의 정신이라고도 해석한다. 그런데 예수님은 임마누엘 하나님으로서 앞에서 말한 비유를 통해 율법을 완성하시고, 일반적으로 말하는 평등과 공평을 지키면서도 그것을 훨씬 뛰어넘는, 참으로 탁월한 정의로서 사랑을 표현하시면서 우리가 실천하기를 바라고 계신다.

첫째로 계약적 정의를 볼 수 있다. 포도원 주인은 일꾼을 택하면서 하루 한 데나리온씩을 주기로 계약한다. 이것은 계약적 정의이며 매우 공평한 계약이라고 할 수 있다. 왜냐하면 당시의 품꾼의 하루 품삯은 한 데나리온이었다고 알려져 있기 때문이다. 둘째로 "상당하게" 라는 말을 통해 주인의 의도와 관용을 보게 하는 대목이 나온다. 이것은 당시의 공평의 정의를 조금 넘어서는 편에 속한다. 일을 마치고 계약대로 한 데나리온을 주기로 한 사람들에게 한 데나리온씩을 주었기 때문이다. 셋째로 종일 품꾼으로 사용해 주지 않아 놀고 있던 사람들에게 포도원 주인은 품삯에 대해서는 전혀 언급하지도 않고 너희도 포도원에 들어가 일을 하라고 말한다. 그리고 품삯을 줄 때에 이 전에 계약한 사람들과 마찬가지로 한 데나리온씩을 준다. 이것은 계약과 공평과 상당한 품삯을 넘어선 은혜와 긍휼을 보이는 사랑의 정의이다.

이렇게 예수님은 사랑을 나타내게 하는 정의를 보여 주신다. 최소한 확실하게 지킬 수 있는 계약적 정의를 기본 원칙으로 하면서도 그것을 지키고 넘어서는 것이 예수 윤리의 정의가 보여 주는 특징이다. 이러한 의미에서 우리는 정의가 자유를 보장하는 법이며 사랑을 외적으로 표현할 수 있는 원칙 또는 규칙이라고 말할 수 있다. 그러나 정의는 결코 법조문과 같은 성격은 갖고 있지는 않다.

우리는 자유를 지키는 정의가 실현되는 곳에 평화가 있음을 알 수 있다. 평화란 단순히 전쟁이 없거나 무력이나 법의 감시 아래 조용하게 있는 상태를 의미하지 않는다. 배고픔에 못 견디어 소란을 피우거나 인권이 무시되었다고 싸우고 공격하는 것이 멈추었다고 평화를 이루었다고는 할 수 없다. 그래서 예수님은 분명히 말씀하셨다.

평안을 너희에게 끼치노니 곧 나의 평안을 너희에게 주노라 내가 너희에게 주는 것은 세상이 주는 것 같지 아니하니라 너희는 마음에 근심도 말고 두려워하지도 말라(요 14:27).

예수의 윤리의 평화는 세상의 평화와 분명히 다른 탁월한 평화이었다. 이 평화를 얻기 위해서 예수님은 하나님을 믿고 예수님 자신을 믿으라고 말씀하신다(요 14:1). 이렇게 믿는 사람은 마음에 근심하지 말고 두려워하지 말고 담대하고 강해야 한다. 이것을 위해 서로 사랑하면서 계속 사랑을 실행할 때에 평화가 있다. 그래서 예수님은 사람들 속에 계시면서 평화의 나라인 하나님의 나라는 너희 안에 있다라고 말씀하신 것이다. 평화는 쟁취하여 얻는 것이 아니다. 오직 믿음을 갖고 사랑하며 정의를 지킬 때만 이뤄지는 것이다.

평화는 폭력으로 얻을 수 없다. 폭력은 또 다른 폭력을 낳으며 평화가 올 수 없도록 만든다. 폭력의 하나인 전쟁으로도 평화를 이룰 수 없다. 폭력이나 전쟁 모두 평화를 얻을 수 없다는 것을 역사에서 교훈으로 얻는다. 특히 전쟁은 승리라는 목표 때문에 적을 공격하여 멸절까지 가야 하는 행위이다. 그것 때문에 평화를 얻는다 하더라도, 반쪽의 평화이며, 그 반쪽의 평화도 온전하다고는 볼 수 없다. 평화를 잃었다고 생각하는 반쪽은 언제나 평화를 다시 찾을까를 생각하며 또 다른 전쟁을 구상할 것이다. 예수의 평화는 전혀 다른 것이었다. 게다가 탁월한 것이었다. 그렇지만 이것은 엄청난 희생을 동반하는 것이기도 하다. 이 탁월한 평화는 임마누엘 하나님이 직접 나서서 몸으로 이루신 평화이다. 그러기 때문에 그 평화는 세상에서 말하는 평화와 다른 것이다.

임마누엘 하나님은 하나님에게 반역하고 죄를 범하여 스스로 하나님의 원수가 된 인간들을 불쌍히 여기시고 은혜와 긍휼을 베푸셔서, 바로 그 원수들을 용서하셨다. 하지만 결국 그들로부터 고난을 당하시고 십자가에서 죽음을 당하시어 평화를 이룩하셨다. 이 놀라운 평화의 의미와 그 평화를 우리에게 실천하도록 길을 열어 주셨다. 이렇게 예수님은 자기를 따라 제자가 되려고 하는 사람들에게 평화의 길이 무엇임을 보여 주셨다.

> 무리와 제자들을 불러 이르시되 아무든지 나를 따라 오려거든 자기를 부인하고 자기 십자가를 지고 나를 좇을 것이니라(막 8:34).

평화를 이룩하기 위하여 먼저 자기를 부인해야 한다. 그리고 이어서 자기 십자가를 지고 고난도 감수하며 임마누엘 하나님이신 예수님을 따름으로써 평화를 이룩해야 한다. 바울은 이것을 뒷받침하면서 잘 설명해 주고 있다.

> [17] 그런즉 누구든지 그리스도 안에 있으면 새로운 피조물이라 이전 것은 지나갔으니 보라 새 것이 되었도다 [18] 모든 것이 하나님께로 났나니 저가 그리스도로 말미암아 우리를 자기와 화목하게 하시고 또 우리에게 화목하게 하는 직책을 주셨으니 [19] 이는 하나님께서 그리스도 안에 계시사 세상을 자기와 화목하게 하시며 저희의 죄를 저희에게 돌리지 아니하시고 화목하게 하는 말씀을 우리에게 부탁하셨느니라 [20] 이러므로 우리가 그리스도를 대신하여 사신이 되어 하나님이 우리로 너희를 권면하시는 것 같이 그리스도를 대신하여 간구하노니 너희는 하나님과 화목하라(고후 5:17-20).

여기서 화목은 평화를 의미한다. 예수님은 이러한 평화를 만드는 사람을 하나님의 아들이라고 한다(마 5:9). 이것은 임마누엘 하나님을 믿는 것과 같은 맥락에서 이뤄진다(요 1:12). 이것은 우리가 가장 소망하는 것이기도 하다. 이렇게 해서 예수의 윤리는 **기본가치**들로서 자유와 정의와 평화를 제시한다. 다시 말하면 예수의 윤리는 기본가치들을 파생하게 하는 **근본가치**들, 즉 믿음, 사랑, 소망과 함께 인간의 기본가치들을 제시한다고 할 수 있다. 이것을 좀더 현실적으로 이해하기 위하여, 필자는 **현실가치**들로서 인권과 사회적 책임과 실행(實行)을 고려해 보고자 한다.

인권(人權)은 무엇인가? 인권은 자유가 지켜지고 있음을 보이는 현실가치이다. 인권이 없는 곳에는 자유가 없다. 인권이 보장되는 것은 자유가 있음을 의미한다. 그래서 인권은 매우 중요한 것이며, 자유 보장의 측정을 할 수 있는 바로미터로 인정하기도 한다. 이러한 이유 때문에 인권이 논란이 된다. 인권은 보장되어야 하는 것이며, 인간의 측면에서 보면, 하나의 귀중한 기본적 욕구라고 할 수 있다. 그럼에도 불구하고 인권은 오늘날 잘 보호되지 않고 있다. 인간이 하나님의 자녀라고 생각한다면, 인권을 지키는 것을 마땅히 할 일로 여겨야 할 텐데, 상당히 많은 사람들은 그렇게 생각하지 않고 있다. 강자가 약자를 억압하는 것을 직접, 간접으로 승인하는 가운데 인권은 억압받는 처지에 놓인다.

예수님은 정의 실천이라는 점에서 똑같이 사람의 필요(need)에 따라 분배함으로써 인권을 보호하고 배려하는 것을 보여 주셨지만, 사람들은 오히려 그것에 대해 불만을 나타냈다. 인권은 인간의 존엄성을 지키는 것이기에, 인권을 보호하지 못하는 가운데 존엄성을 상실하고 있는 경우가 허다하다.[94] 기독교인들도 인권에 대한 연구를 많이 하고 있으며, 인권에 대한 기독교인의 입장에서 여러 선포를 하였다.[95] 기본적으로 기독교인의 인권선언은 UN이 선언한 인권선언(the Universal Declaration of Human Rights of 1948)을 따르면서 국가적 형편에 따라 강조점을 다르게 하여 추구하고 있다. 이것은 인식의 차이에서 비롯된 것이다. 즉 북대서양 국가들은 주로 개인적(individual) 인권을 추구하고, 당시에는 공산주의를 추구하는 국가들, 곧 사회주의 국가들은 사회적(social) 인권을, 소위 제3세계(the Third World) 국가들은 경제적, 사회적, 정치적 자결권(the right to economic, social, and political self-determination)을 추구한다.[96)]

그러나 기독교인들은 이와는 다르게 하나님께서 인간에게 주신 것으로서의 인간 존재, 즉 인간 됨 또는 인간으로서 있음, 인간의 존엄성, 인간들이 갖는 교제, 자기들의 땅과 자기들의 미래를 관리하는 일 등에 바탕하여, 인권을 마땅히 보호하여야 한다는 것을 알고 선포한다. 이것이 하나님과 함께 그리고 하나님을 위하여 사는 삶인 것을 밝히고 있다.[97)] 다른 말로 하면 이것은 사람이 마땅히 할 일 가운데 하나이다. 사실, 더 근본적으로 임마누엘 하나님은 인간에게 자유를 주시기 위하여 직접 행동을 하셨으며, 그것이 하나님의 약속임을 밝히셨다.

> [18] 주의 성령이 내게 임하셨으니 이는 가난한 자에게 복음을 전하게 하시려고 내게 기름을 부으시고 나를 보내사 포로된 자에게 자유를, 눈먼 자에게 다시 보게 함을 전파하며 눌린 자를 자유케 하고 [19] 주의 은혜의 해를 전파하게 하려 하심이라 하였더라(눅 4:18-19).

이것은 인권운동이 아니라 인권복원 행위이다. 이것이 예수의 윤리의 인권 회복 행위이다. 이것이 완전하게 성취되기 위해서는 안식년, 더 나아가 희년이 있어야 가능하며, 가장 완전한 회복은 하나님 나라가 도래하여야 한다. 우리는 하나님 나라가 도래할 때에 인권이 완전히 회복

된다는 것을 이미 앞에서 보았다. 요한계시록 21장과 22장은 그것을 잘 설명해 준다. 하나님 나라에는 눈물이 없다. 즉 인권을 유린당하고 억울함을 느끼는 일이 없다는 것이다. 여기서는 모두가 하나님의 백성이 되고, 하나님은 친히 그들과 함께 계셔서 사망도 없고 애통하는 일도 없고 곡하는 것이나 아픈 것도 없게 하시고, 그들의 하나님이 되신다. 만물이 새롭게 되어 모두가 평등하게 살아갈 수 있게 된다. 이렇게 해서 예수의 윤리는 인권을 현실가치로 수용한다.

이제 사회적 책임을 보자. 사회적 책임이란 더불어 사는, 즉 함께 같이 살아갈 수 있는 사회를 만드는 것을 의미한다. 사회 구성원인 각 개인들을 각각 다른 사람, 즉 나와 같은 인간의 존엄성을 가지고 있고, 따라서 인권을 가지고 있는 각개의 사람으로 여기면서 같이 살아가야 한다는 생각을 갖고, 함께 살아가는 노력을 공동으로 하는 공생(共生)을 추구하는 사회를 말한다. 그러기 위해서는 적개심 즉 미움을 버리고, 우애 즉 형제 사랑, 더 나아가 이웃 사랑을 하여 모든 율법을 완성하는 사회를 만들어가야 한다. 그럼에도 불구하고 현실적으로 책임은 어떻게 져야 하는가라고 물을 때에는 어려움이 많기 때문에 법을 제정하게 된다. 법은 제도적으로 책임의 의미와 책임의 이행을 확실하게 하자는 것이다. 자유로운 공존(共存), 정의로운 협동(協同), 평화로운 공동참여(共同參與) 등이 사회적 책임 규정에 포함되어야 할 것이다.

인간들은 이러한 모습을 그리면서 유토피아를 꿈꾸기도 했고 사회주의·공산주의도 시도했으나 실패로 끝났다. 오히려 정치적으로 그러한 이념을 이용하면서도 그렇게 비난하던 자본주의를 경제적으로 실행하고 있으며, 분배의 벽에 부딪쳐 어려움을 겪기도 한다. 그래도 사회적 민주주의니 사회적 연대 또는 사회적 결속이니 사회적 책임 투자니 하는 용어와 주장들은 끊임없이 나오고 있다. 한때 시대정신으로서 책임사회론이 등장하기도 했다. 최근에 우리에게 가까이 다가오는 것은 『사회적 책임 투자: 세계적 혁명』이다.[98] 여기서 사회책임투자는 윤리투자와 같은 의미로 사용된다고 한다.

> 윤리투자(사회책임투자)란 투자의 포트폴리오를 구성하고 그것을 관리하는 데 윤리적, 사회적 기준에 따라 운용하는 것을 말한다. 이것은 단순히 재무적 결과에만 집중하는 일반적인 투자기준과 대조된다. …… 윤리투자가들은 재무적 이득의 크기나 위험뿐 아니라 그것이 어떤 투자대상 회사로부터 얻어진 결과인지도 함께 고려한다. 즉 그 재무적 이익의 원천인 투자대상 회사의 제품이나 서비스의 성격, 그리고 그 회사가 사업을 영위하는 방법 등도 깊이 고려하는 것을 말한다.[99]

조금 어렵기는 하지만, 스파크스(Russell Sparkes)는 윤리투자를 "윤리적, 환경적 목표를 재무적 목표와 일치시키려는 투자 철학을 의미한다"고 정의한다.[100] 이것은 지탱, 지속 가능한 것을 위한 투자 또는 녹색투자와 같은 것이다. 이것은 이윤만을 극대화하려고 하는 투자와 대단히 다른 투자 방법이다. 또 이것은 지역사회 발전의 관계를 고려하는 세 가지 역동적인 전략으로 대처한다. 즉 적격심사(screening), 주주 주장(shareholder advocacy), 지역사회에 대한 투자(community investing) 등을 통해 대처한다.[101] 이것은 전략적 선견(strategic foresight)을 통해 미래를 고려하여 단계별로 진행할 경우 도움이 될 수도 있다.[102] 지금처럼 이익의 극대화만을 추구하는 세상에서 책임투자가 가능할지는 의문이지만 이러한 운동이 일어난다는 것은 바람직하다.

그렇지만 임마누엘 하나님은 사회적 책임을 일깨우시기만 하신 것이 아니고 십자가로서 해결을 제공하셨다. 책임을 진다는 것은 죽음까지도 감당한다는 것을 의미한다. 그래서 예수님은 따르는 제자들에게 한 알의 밀이 땅에 떨어져 죽어서 새로운 열매를 맺는 것처럼 죽음도 감당할 수 있어야 한다고 말씀하셨고, 자신은 직접 십자가에 못 박혀 죽으셨으며, 이러한 고난은 반드시 수반된다는 것도 미리 알려 주셨다. 이것을 실현하기 위해서는 강한 리더십이 필요한데, 이것을 서번트 리더십(servant leadership)이라고 부른다.

서번트 리더십은 사회적 책임을 감당하는 하나의 모습이고 태도이다. 이것을 돕는 방법 가운데 하나가 민주주의이다. 이것은 정치적인 것이기는 하지만 이익만을 추구하는 현실에서 오늘날 죄인들로서 인간들이 할 수 있는 가장 좋은 방법일 것이다. 여기서도 많은 오류를 범하고 있지만, 그래도 법과 양심을 주장하는 소리를 듣게 되고, 자유와 인권, 정의와 사회적 책임을 역설하는 것을 보면, 민주주의가 좋은 것이라 판단할 수 있다. 여기에는 리더십이 필요하다.

사회적 책임을 이행하기 위한 리더십은 구성원들의 공생(共生)을 위한 차원에서 책임감을 갖고 모두가 함께 잘 살아야 한다는 내용으로 추진하는 정열(passion)이 있어야 하며, 그것을 위해 지금과 미래를 위해 분별력을 갖고 판단(judgment)하며, 공생의 규칙을 따르는 행위가 수반되어야 한다. 기독교인은 이것을 위해 하나님의 아들 예수의 은혜와 하나님 아버지의 사랑(긍휼)과 성령의 교제가 있기를 기도한다. 임마누엘 예수님은 처음부터 책임 이행이 가장 완벽하게 이뤄지는 하나님 나라를 선포하셨으며, 그것을 이루기 위해 죽음을 감당하셨다. 이것은 대단한 실행 또는 실천이다. 이렇게 해서 실천은 완성을 보여 주는 행위이다. 실천(實踐)이 없다면 위에서 말한 모든 것이 허망한 것으로 전락한다. 즉 없는 것이나 마찬가지가 된다. 이렇게 해서 실천 또는 실행은 현실가치로서 인정을 받는다.

실행은 이론과 실천이라는 이원론적으로 나뉘는 것이 아니다. 어떠한 이론이라도 실천을 전제로 하며, 실천을 이행할 때에만 이론이 성립된다. 이러한 점에서 이론은 실천 안에 포함된다. 물론 이론이 실천과 동일하지 않은 것도 있겠지만 행위가 필요한 이론은 실천을 전제로 한다. 그래서 이론과 실천은 많은 논란을 불러일으키도 하다.[103] 그럼에도 불구하고 실천이 이뤄져야 한다는 점에 이론을 달 수는 없다. 실천을 통하여 이것을 완전히 극복한 사건이 임마누엘 하나님이신 예수의 삶이며, 그 가운데 특별히 십자가 사건으로 나타났다. 앞의 논의를 통해, 우리는 예수의 윤리가 **근본가치**로서 믿음과 사랑과 소망을, **기본가치**로서 자유와 정의와 평화를, **현실가치**로서 인권과 사회적 책임과 실행을 들고 있음을 알 수 있다.

제 7 장

예수의 생명, 미래, 복지, 문화
- 예수의 윤리의 네 영역

여기서 생명과 미래와 복지와 문화를 네 영역(領域)으로 정한 것은 윤리가 이 네 영역에만 관련된다는 것은 아니다. 다만 적합한 말이 없어서 영역이라는 말을 사용한다. 처음에는 영역 대신 기둥이라는 말을 사용했으나 기둥이라는 의미가 무엇를 받쳐주는 것이라고 한다면 적합한 용어라 할 수 없었다. 차원(次元, dimension)이라고 해 보았으나, 그것을 "어떤 일을 하거나 생각하거나 할 때의 처지 또는 그 정도나 수준"이라고 정의하는 것을 따른다면[104] 그 말 또한 적합하지 않다는 것을 발견하였다. 여기서 사용하는 영역(領域)이라는 말은 윤리를 하는 데 가장 핵심적인 영역이라는 의미로 사용하는 것이다. 이 예수의 윤리에서는 이 네 영역을 핵심으로 놓고 검토할 것이다.

첫째로 생명의 영역을 보자. 예수님은 생명에 대해 여러 가지 단어로 말씀하셨다. 육신의 생명인 '비오스(βίος)', 목숨, 혼, 영혼, 생명 등으로 번역되는 '프쉬케(ψυχή)', 영원한 생명을 표현할 때 쓰는 '조에(ζωή)' 등이다. 그런데 이 생명이라는 단어는 모두 구약성경에 근거를 두고 있다고 볼 수 있다. 여기서 말하는 비오스와 프쉬케는 구약성경에서는 '네페쉬(nepesh)'로 표현되는데, 그 뜻은 문맥에 따라 여러 가지로 번역된다. 네페쉬는 피조물, 물건, 숨, 존재, 생명의 피, 생명, 사람 등 다양하게 번역된다. 조에는 '하이임(haiim)'과 같은 의미이다. 그리고 여기서 더 고려해야 할 것은 영(靈)으로 번역되는 '프뉴마(πνεῦμα)'이다. 이 프뉴마는 구약성경의 '루아흐(ruach)'에 해당한다. 신약성경에서 프뉴마는 직접 생명이라고 번역되지 않지만 생명을 불어넣는 것으로 이해된다. 즉 하나님의 프뉴마는 생명의 원천(the source of life)으로 이해되고 있다. 이것은 구약성경에서, 특별히 창세기 7장 22절에서 볼 수 있다. 또 한글 개역개정판 성경에서 루아흐를 생명으로 번역한 곳도 있다. 예를 들면 민수기 16장 22절과 민수기 27장 16절이다. 영어 성경에서는 루아흐를 생명호흡(life breath)이라고 번역한 곳도 생명이라고 번역한 곳도 있으나,[105] 한글 개역개정판 성경에서는 영 또는 콧김으로 번역하고 있다. 예를 들면 이사야서 42장 5절과 예레미야애가 4장 20절이다.[106]

사실, 신약성경에서는 육신의 생명으로 알려진 비오스는 10회 정도로 그렇게 많이 사용되지 않는다. 이 말은 대체로 일상생활과 관계되는 정도의 의미를 가질 때 사용되고 있다. 신약성경에서 많이 언급하고 있는 생명에 대한 낱말은 프쉬케와 조에다. 그것은 육신의 생명을 무시하거나 격하시키는 것이 아니고, 프쉬케라는 생명 때문인 것으로 보인다.

신약성경의 프쉬케는 구약성경의 네페쉬와 거의 같은 뜻인데 인간을 표현할 때 사용되고 있으며, 두 낱말 다 생명이라고 번역되기도 하고 목숨이나 혼 또는 영혼으로 번역되기도 한다. 신약성경에서는 조에를 얻기 위해 프쉬케를 버릴 수 있음을 표현하는 곳도 있다(요 12:25).

현재 생명윤리학에서 논의하고 있는 생명은 비오스이거나 프쉬케이다. 생명윤리학에서는 프뉴마는 생각도 못하고 있으며, 조에도 전혀 고려하지 않고 있다. 왜냐하면 프뉴마는 하나님과 직접 관계가 있고, 조에도 영원한 생명으로서 하나님과 관계가 있기 때문이다. 물론 기독교의 입장에서 보면, 모든 생명, 즉 비오스나 프쉬케나 조에나 프뉴마가 다 하나님과 연관이 있는 것으로 이해하고 있지만, 일반 생명윤리학에서는 그러한 생명을 이해할 수 없기 때문에 다룰 수 없게 된 것이다. 그러므로 생명윤리학에서 치료하거나 보호하는 생명은 모두 비오스나 프쉬케에 해당된다고 할 수 있다. 그리고 조에나 프뉴마는 종교에서 다룰 문제라고 넘겨버릴 가능성이 크다. 그렇지만 예수의 윤리에서는 육신의 생명으로 표현되는 비오스와 프쉬케를 결코 가볍게 여기지 않는다. 예를 들면 가난한 과부가 가진 재산의 전부라고 할 수 있는 동전을 헌금함에 넣었을 때에 예수님은 생활비의 전부라고 표현하셨는데, 그 부분에서 비오스를 사용하고 있다(눅 21:4). 여기서 우리는 두 부분으로 나누어 고려해 보기로 한다. 하나는 생명윤리학에서 다루는 생명에 관한 것이고, 다른 하나는 성경에서 말하는 생명에 관한 것이다.

먼저 성경에서 말하는 생명에 관하여 논의하기로 한다. 왜냐하면 성경에서 논의한 생명이 예수의 윤리에서 다루어야 할 생명이기 때문이다. 그리고 나서 생명윤리학에서 다루는 생명을 논의하여 성경에서 말하는 생명과 어떻게 관계를 지을 것인지 논의할 것이다. 예수님은 사역하시는 가운데 귀신을 쫓아내시고 질병을 고치셨다. 그러는 가운데 다루어진 생명은 대부분 프쉬케이며, 조에는 영원한 생명으로서 취급될 경우에 다루고 있다. 그렇지만 어떤 때는 직접 프쉬케를 사용하지 않고, 육체가 죽은 것만을 나타내고 있기도 하다. 그런데 예수님께서 안식일에 손 마른 사람을 만나 고치신 내용을 보면, 예수님은 주위에 있는 사람들에게 이렇게 질문을 하신다. "안식일에 선을 행하는 것과 악을 행하는 것, **생명**을 구하는 것과 죽이는 것, 어느 것이 옳으냐?"(눅 6:9).[107] 여기서 다루는 것은 프쉬케이다. 또 예수님의 말씀 가운데 생명을 목숨이라고 표현할 때에는 프쉬케를 사용하고 있다.

> 누구든지 제 목숨을 구원코자 하면 잃을 것이요 누구든지 나를 위하여 제 목숨을 잃으면 구원하리라(눅 9:24).

가장 확실하게 대조할 수 있는 곳은 요한복음 12장 25절이다.

> 자기 생명을 사랑하는 자는 잃어버릴 것이요 이 세상에서 자기 생명을 미워하는 자는 영생하도록 보존하리라(요 12:25).

여기서 생명은 프쉬케이며 영생은 조에이다. 그러므로 생명을 미워한다는 것은 영생이 아닌 생명 프쉬케이며 이것을 희생하고 영원한 생명, 즉 영생 조에를 보전하라는 것이다. 만일 영생을 나타내는 조에를 잃어버린다면 건질 것이 없어지기 때문이다. 과부의 아들을 살리는 것이나 야이로의 딸을 살리는 경우 모두 영혼이 돌아오는 경우이다. 즉 프쉬케가 육신으로 돌아온 경우이기 때문에 영생인 조에와 구별된다. 예수님께서 영생에 대해 말씀하신 구절들을 몇 구절 골라서 여기에 옮겨 보기로 한다.

> 하나님이 세상을 이처럼 사랑하사 독생자를 주셨으니 이는 저를 믿는 자마다 멸망치 않고 영생을 얻게 하려 하심이니라(요 3:16).

> 내가 진실로 진실로 너희에게 이르노니 내 말을 듣고 또 나 보내신 이를 믿는 자는 영생을 얻었고 심판에 이르지 아니하나니 사망에서 생명으로 옮겼느니라(요 5:24).

> [25] 예수께서 가라사대 나는 부활이요 생명이니 나를 믿는 자는 죽어도 살겠고 [26] 무릇 살아서 나를 믿는 자는 영원히 죽지 아니하리니 이것을 네가 믿느냐(요 11:25-26).

예수님은 생명을 말씀하실 때에 육체적 생명과 영원한 생명을 다 귀하게 여기시며, 육체의 생명이 없다면 영생은 얻을 수 없다는 것을 깨닫게 하신다. 따라서 육신의 생명도 귀중하다는 것을 인정하시면서도 영원한 생명을 얻기 위해서는 희생할 수도 있다는 것과 영원한 생명을 인간은 반드시 생각해야 한다는 통합적 의미를 일깨워 주신다. 영원한 생명을 잃을 경우에는 인간에게 심판과 형벌이 있기 때문에 영원한 생명을 잃어버려서는 안 된다. 그래서 우리가 죄를 범하여서 영원히 멸망을 받을 수밖에 없기 때문에 우리로서는 불가능한 상태에 있을 때, 하나님은 스스로 사람이 되셔서 임마누엘 하나님이 되시고, 십자가에서 죽으심으로 영원한 생명을 얻을 수 있게 하셨다. **이것은 임마누엘 하나님이**

인간의 육신의 생명, 목숨, 혼, 영생, 영으로서의 생명 모두를 함께 살리는 길을 주신 것을 의미한다.

이제 생명윤리학에서 다루는 생명에 대해 생각해 보자. 생명윤리학에서는 앞에서 언급한 대로 육체적 생명 또는 육신의 생명을 다룬다. 이 육체적 생명은 식의주(食衣住)[108]에 관련된 것이다. 예수님은 영원한 생명이 이것을 넘어서는 "귀함" 즉 탁월한 것(διαφέρω)임을 밝히시고 있다.

[25] 그러므로 내가 너희에게 이르노니 목숨을 위하여 무엇을 먹을까 무엇을 마실까 몸을 위하여 무엇을 입을까 염려하지 말라 목숨이 음식보다 중하지 아니하며 몸이 의복보다 중하지 아니 하냐 [26] 공중의 새를 보라 심지도 않고 거두지도 않고 창고에 모아들이지도 아니하되 너희 천부께서 기르시나니 너희는 이것들보다 귀하지 아니 하냐 [27] 너희 중에 누가 염려함으로 그 키를 한 자나 더할 수 있느냐 [28] 또 너희가 어찌 의복을 위하여 염려하느냐 들의 백합화가 어떻게 자라는가 생각하여 보아라 수고도 아니 하고 길쌈도 아니 하느니라 [29] 그러나 내가 너희에게 말하노니 솔로몬의 모든 영광으로도 입은 것이 이 꽃 하나만 같지 못하였느니라 [30] 오늘 있다가 내일 아궁이에 던지우는 들풀도 하나님이 이렇게 입히시거든 하물며 너희일까보냐 믿음이 적은 자들아 [31] 그러므로 염려하여 이르기를 무엇을 먹을까 무엇을 마실까 무엇을 입을까 하지 말라 [32] 이는 다 이방인들이 구하는 것이라 너희 천부께서 이 모든 것이 너희에게 있어야 할 줄을 아시느니라 [33] 너희는 먼저 그의 나라와 그의 의를 구하라 그리하면 이 모든 것을 너희에게 더하시리라 (마 6:25-33).

그럼에도 불구하고 생명윤리학에서는 육체적 생명에 집중하여 기초적 욕구 또는 생리적 욕구를 이루는 데 일어나는 윤리적 문제들을 해결하려고 한다. 생명윤리학에서 자율성의 원칙이나 다른 사람에게 해악을 입히지 않아야 하는 원칙이나 선을 행하는 원칙이나 정의의 원칙 등은 모두 육체적 생명 보전의 원칙이다. 그리고 더 나아가 안전함의 욕구, 소속감과 사랑의 욕구, 자존감의 욕구, 자아실현의 욕구(Abraham Maslow) 모두 인간의 육신의 생명에 한정되어 있다. 사실, 욕구(need)라는 말 자체가 인간의 육체적인 것으로 오해하게 만들기도 한다.

의료 분야에서 전문인으로 역할을 하는 사람들, 특히 의사와 간호사들이 보호하고 관리하는 일도 종종 영혼에 대한 문제를 다루기도 하고, 심리치료사나 상담사들과 공동으로 심령의 문제를 다루기는 하지만, 육체적 생명에 집중하여 다룬다는 것이 일반적인 견해이다. 전문가들의 영역에도 매우 어려운 부분이 있을 것으로 보이지만, 생명에 관한 한 육신의 생명을 크게 넘어갈 수 없음을 본다. 지금 우리는 학문의 경계선이 무너지고 있고, 의사들이나 간호사들이 대체의학을 사용하는 데까지 영역을 확대할 수 있다는 논의를 하고 있다고 하는데, 동시에 영혼의 문제, 또는 영생의 문제도 다룰 수 있는 지경으로 확대했으면 한다. 다시 말해 생명 치료를 통합적으로 다루기를 바란다. 왜냐하면 인간이 통합적 존재이기 때문이다. 이것을 이해하기 위해 다음의 성경 말씀이 도움이 될 것이다.

사람의 심령은 그 병을 능히 이기려니와 심령이 상하면 그것을 누가 일으키겠느냐(잠 18:14).

생명을 복제하거나 인공생명을 만들려고 하거나 생명을 창조하려고
하는 행위는 금지되어야 한다. 이 문제들에 대해 물론 부분적으로 더 논
의해야 하겠지만 필자가 말하려고 하는 것은 근본적인 것을 흔드는 행
위는 금지해야 한다는 것이다. 이것은 인간이 신(神)이 되려고 한다는
것을 금하는 것이 아니고, 인간이 스스로 한계가 있음을 인식하고 영원
한 생명을 얻는 길을 찾아야 할 것을 의미한다. 인간이 불로초(不老草)나
육신의 생명을 연장하는 노력을 함으로써 영생을 구하는 것은 불가능한
일임을 알아야 한다. 이것이 예수의 윤리와 일반 생명윤리학의 차이이
며 근본적으로 다른 점이다. 예수의 윤리는 영원한 생명을 얻는 길을 분
명하게 제시하며, 비오스나 프쉬케로서의 생명을 영원토록 보존하는 길
을 제시한다.

　둘째로 미래의 영역을 보자. 미래는 미래학에서 다룰 수 있는 주제라
고 할 수 있을 것이다.[109]그러나 예수의 윤리에서는 부활과 종말에 대
해서 집중적으로 고려해야 한다. 미래란 시간적인 의미가 있다. 부활과
종말은 좋은 실례라고 생각한다. 어느 날 밤에 바리새인들 가운데 니고
데모라는 사람이 예수님을 찾아왔다. 그때에 예수님은 니고데모에게 거
듭나는 것에 대해 말씀하셨다(요 3:1 이하). 그러나 이것은 부활을 의미한
것은 아니다. 예수님께서 부활을 말씀하신 것은 항상 영생과 관련이 있
다. 그러면, 먼저 예수님의 부활 논쟁을 보기로 하자.

[27] 부활이 없다 주장하는 사두개인 중 어떤 이들이 와서 [28] 물어
가로되 선생님이여 모세가 우리에게 써 주기를 사람의 형이 만일 아
내를 두고 자식이 없이 죽거든 그 동생이 그 아내를 취하여 형을 위하
여 후사를 세울지니라 하였나이다 [29] 그런데 칠 형제가 있었는데 맏

이 아내를 취하였다가 자식이 없이 죽고 [30] 그 둘째와 셋째가 저를 취하고 [31] 일곱이 다 그와 같이 자식이 없이 죽고 [32] 그 후에 여자도 죽었나이다 [33] 일곱이 다 저를 아내로 취하였으니 부활 때에 그 중에 뉘 아내가 되리이까 [34] 예수께서 이르시되 이 세상의 자녀들은 장가도 가고 시집도 가되 [35] 저 세상과 및 죽은 자 가운데서 부활함을 얻기에 합당히 여김을 입은 자들은 장가가고 시집가는 일이 없으며 [36] 저희는 다시 죽을 수도 없나니 이는 천사와 동등이요 부활의 자녀로서 하나님의 자녀임이니라 [37] 죽은 자의 살아난다는 것은 모세도 가시나무 떨기에 관한 글에 보였으되 주를 아브라함의 하나님이요 이삭의 하나님이요 야곱의 하나님이시라 칭하였나니 [38] 하나님은 죽은 자의 하나님이 아니요 산 자의 하나님이시라 하나님에게는 모든 사람이 살았느니라 하시니 [39] 서기관 중 어떤 이들이 말하되 선생이여 말씀이 옳으니이다 하니 [40] 저희는 아무 것도 감히 더 물을 수 없음이더라(눅 20:27-40).

예수님은 사두개인들과 대화하시면서 분명히 부활이 있을 것을 예고하셨다. 예수님은 하나님이 죽은 자의 하나님이 아니시라는 것을 확실하게 증언하셨다. 예수님은 친히 자기가 죽고 부활하실 것을 공적으로 예고하셨다. 즉 예수님이 인자로서 죽임을 당하고 제3일에 살아나리라고 예고하셨다(마 17:22-23). 예수님은 예고하신 대로 겟세마네 동산에서 대제사장들과 백성의 장로들이 파송한 무리에게 잡히셨고, 공회 앞에 서셨고, 빌라도에게 넘겨지셨고, 빌라도의 재판을 받으셨으며, 십자가에 못 박혀 희롱을 당하시고 죽으셨다.

[45] 제 육시로부터 온 땅에 어두움이 임하여 제 구시까지 계속하더니 [46] 제 구시 즈음에 예수께서 크게 소리질러 가라사대 엘리 엘리 라마 사박다니 하시니 이는 곧 나의 하나님, 나의 하나님, 어찌하여 나를 버리셨나이까 하는 뜻이라 [47] 거기 섰던 자 중 어떤 이들이 듣고 가로되 이 사람이 엘리야를 부른다 하고 [48] 그 중에 한 사람이 곧 달려가서 해융을 가지고 신 포도주를 머금게 하여 갈대에 꿰어 마시우거늘 [49] 그 남은 사람들이 가로되 가만 두어라 엘리야가 와서 저를 구원하나 보자 하더라 [50] 예수께서 다시 크게 소리 지르시고 영혼이 떠나시다(마 27:45-50).

또 예수님의 시신을 아리마대 부자 요셉이 빌라도에게 허락을 받고 무덤에 장사하였다.

[57] 저물었을 때에 아리마대 부자 요셉이라 하는 사람이 왔으니 그도 예수의 제자라 [58] 빌라도에게 가서 예수의 시체를 달라 하니 이에 빌라도가 내어 주라 분부하거늘 [59] 요셉이 시체를 가져다가 정한 세마포로 싸서 [60] 바위 속에 판 자기 새 무덤에 넣어두고 큰 돌을 굴려 무덤 문에 놓고 가니 [61] 거기 막달라 마리아와 다른 마리아가 무덤을 향하여 앉았더라(마 27:57-61).

예수님의 죽음은 의심할 수 없이 확인되었다. 그러면 예수님은 예고하신 대로 부활하셨는가? 많은 사람들이 여러 논의를 하더라도, 빈 무덤과 부활하신 후 나타나심을 통해 부활하신 증거를 삼고 있다. 천사들의 증언을 통해 예수님께서 부활하신 것을 듣는다(마 28:5-7). 베드로를 비롯한 제자들이 빈무덤을 확인하였고(요 20:1-9), 예수님은 막달라 마리아에게 나타나심으로써 부활을 입증하셨다(요 20:11 이하). 예수님은 친히 제자들에게 나타나셨다.

> [19] 이 날 곧 안식 후 첫날 저녁 때에 제자들이 유대인들을 두려워하여 모인 곳에 문들을 닫았더니 예수께서 오사 가운데 서서 가라사대 너희에게 평강이 있을지어다 [20] 이 말씀을 하시고 손과 옆구리를 보이시니 제자들이 주를 보고 기뻐하더라 [21] 예수께서 또 가라사대 너희에게 평강이 있을지어다 아버지께서 나를 보내신 것 같이 나도 너희를 보내노라 [22] 이 말씀을 하시고 저희를 향하사 숨을 내쉬며 가라사대 성령을 받으라 [23] 너희가 뉘 죄든지 사하면 사하여질 것이요 뉘 죄든지 그대로 두면 그대로 있으리라 하시니라(요 20:19-23).

이때 도마는 없었다. 그래서 그는 믿지 못하겠다고 하였다. 예수님은 다시 나타나셨다. 그리고 도마에게 보이시며 확인하도록 하셨다. 그때 도마는 부활하신 예수님을 향하여 "나의 주님이시오 나의 하나님이시니이다"라고 고백한다(요 20:28). 그 후로 예수님은 일곱 제자들에게 나타나셨다. 그때에 예수님은 특별히 베드로에게 중요한 사명을 맡기신다.

> [15] 저희가 조반 먹은 후에 예수께서 시몬 베드로에게 이르시되 요한의 아들 시몬아 네가 이 사람들보다 나를 더 사랑하느냐 하시니 가로되 주여 그러하외다 내가 주를 사랑하는 줄 주께서 아시나이다 가라사대 내 어린 양을 먹이라 하시고 [16] 또 두번째 가라사대 요한의 아

들 시몬아 네가 나를 사랑하느냐 하시니 가로되 주여 그러하외다 내가 주를 사랑하는 줄 주께서 아시나이다 가라사대 내 양을 치라 하시고 [17] 세번째 가라사대 요한의 아들 시몬아 네가 나를 사랑하느냐 하시니 주께서 세번째 네가 나를 사랑하느냐 하시므로 베드로가 근심하여 가로되 주여 모든 것을 아시오매 내가 주를 사랑하는 줄을 주께서 아시나이다 예수께서 가라사대 내 양을 먹이라 [18] 내가 진실로 진실로 네게 이르노니 젊어서는 네가 스스로 띠 띠고 원하는 곳으로 다녔거니와 늙어서는 네 팔을 벌리리니 남이 네게 띠 띠우고 원치 아니하는 곳으로 데려가리라 [19] 이 말씀을 하심은 베드로가 어떠한 죽음으로 하나님께 영광을 돌릴 것을 가리키심이러라 이 말씀을 하시고 베드로에게 이르시되 나를 따르라……(요 21:15-19).

바울은 예수님의 부활을 믿고 부활에 대해 확신을 가지고서, 만일 우리가 부활이 없다고 하면 불쌍한 자들이라고 말하고, 왜 부활이 없다고 하느냐라고 반문한다. 이는 부활하신 예수님을 만난 경험을 통해 전하는 말이다.

[12] 그리스도께서 죽은 자 가운데서 다시 살아나셨다 전파되었거늘 너희 중에서 어떤 이들은 어찌하여 죽은 자 가운데서 부활이 없다 하느냐 [13] 만일 죽은 자의 부활이 없으면 그리스도도 다시 살지 못하셨으리라 [14] 그리스도께서 만일 다시 살지 못하셨으면 우리의 전파하는 것도 헛것이요 또 너희 믿음도 헛것이며 [15] 또 우리가 하나님의 거짓 증인으로 발견되리니 우리가 하나님이 그리스도를 다시 살리셨다고 증거하였음이라 만일 죽은 자가 다시 사는 것이 없으면 하나

님이 그리스도를 다시 살리시지 아니하셨으리라 [16] 만일 죽은 자가 다시 사는 것이 없으면 그리스도도 다시 사신 것이 없었을 터이요 [17] 그리스도께서 다시 사신 것이 없으면 너희의 믿음도 헛되고 너희가 여전히 죄 가운데 있을 것이요 [18] 또한 그리스도 안에서 잠자는 자도 망하였으리니 [19] 만일 그리스도 안에서 우리의 바라는 것이 다만 이생뿐이면 모든 사람 가운데 우리가 더욱 불쌍한 자라 [20] 그러나 이제 그리스도께서 죽은 자 가운데서 다시 살아 잠자는 자들의 첫 열매가 되셨도다(고전 15:12-20).

예수의 윤리는 윤리를 하는 사람들이 부활을 믿어야 할 것을 확실하게 보여 준다. 윤리는 이러한 맥락에서 이행되어야 한다. 예수님은 전에 자기가 부활이요 생명임을 확인해 주신 적이 있다(요 11:25-26). 그리고 예수님을 믿는 자들은 반드시 부활하고 영생을 얻을 수 있다는 것을 선포하셨다. 예수님의 미래는 이렇게 생명, 특히 영생과 관련된다는 것을 보여 준다. 그러므로 예수의 윤리를 사람이 마땅히 할 일로 이해한다면 부활하고 영생을 얻을 수 있는 길을 가지고 생명을 말하며 전파해야 할 것이다. 육신의 생명을 살리는 것도 중요하고 치료하고 고치는 것도 중요하지만, 영원하도록 있는 생명을 얻을 수 있도록 하는 것도 중요하다. 이렇게 예수의 윤리는 생명을 통합적으로 다룬다.

예수님의 미래에서 종말을 생각해 보자. 종말은 미래의 시간적 한계를 언급하는 말이기도 하다. 미래가 영원히 미래, 즉 열린 시간으로 있는 것이 아니고 반드시 종말이 있다는 것이다. 이 종말은 일반적으로 죽음을 의미하기도 한다. 그런데 중요한 것은 인간이 살아가는 과정이 죽음을 향해 가며 종말을 향해 간다는 것과 죽음으로서 종말의 과정이 마치는 것을 아는 것이다. 왜냐하면 살아가는 과정이 종말에 나타날 과정이기 때문이다. 예수님은 종말의 징조를 말씀하셨다.

[3] 예수께서 감람 산 위에 앉으셨을 때에 제자들이 종용히 와서 가로되 우리에게 이르소서 어느 때에 이런 일이 있겠사오며 또 주의 임하심과 세상 끝에는 무슨 징조가 있사오리이까 [4] 예수께서 대답하여 가라사대 너희가 사람의 미혹을 받지 않도록 주의하라 [5] 많은 사람이 내 이름으로 와서 이르되 나는 그리스도라 하여 많은 사람을 미혹케 하리라 [6] 난리와 난리 소문을 듣겠으나 너희는 삼가 두려워 말라 이런 일이 있어야 하되 끝은 아직 아니니라 [7] 민족이 민족을, 나라가 나라를 대적하여 일어나겠고 처처에 기근과 지진이 있으리니 [8] 이 모든 것이 재난의 시작이니라 [9] 그 때에 사람들이 너희를 환난에 넘겨 주겠으며 너희를 죽이리니 너희가 내 이름을 위하여 모든 민족에게 미움을 받으리라 [10] 그 때에 많은 사람이 시험에 빠져 서로 잡아 주고 서로 미워하겠으며 [11] 거짓 선지자가 많이 일어나 많은 사람을 미혹하게 하겠으며 [12] 불법이 성하므로 많은 사람의 사랑이 식어지리라 [13] 그러나 끝까지 견디는 자는 구원을 얻으리라 [14] 이 천국 복음이 모든 민족에게 증거되기 위하여 온 세상에 전파되리니 그제야 끝이 오리라(마 24:3-14).

예수님은 또 큰 환난이 있을 것을 예고하셨다(마 24:15 이하). 이러한 징조는 여러 가지로 나타날 것이지만 깨닫지 못하는 경우가 있을 것도 예고하셨다. 노아의 홍수 예고 때와 같을 것으로 보신다. 두려운 것은 하나는 데려감을 받고 다른 하나는 버림을 받을 것이라는 사실이다. 오직 충성되고 지혜 있는 종들만이 데려감을 받을 것이고 구원을 받을 것이다(마 24-25).

종말의 현상은 두 가지로 나타날 것이다. 즉 어리석은 처녀와 지혜 있는 처녀, 충성된 종과 게으른 종, 양과 염소로 구분될 것이다. 주목할 것은 한결같이 어리석은 처녀나 게으른 종이나 염소로 상징되는 사람들은 자기들의 입장을 변명하고 자격이 있는 것처럼 말한다는 점이다. 그렇지만 예수님은 입술로만 주여 주여 하거나 마땅히 할 일을 하지 않는 사람들에게는 심판이 따른다는 것과 영생을 얻을 수 없다는 것을 분명히 밝히신다.

예수님의 종말은 매우 희망적이기도 하다. 예수님은 승천하시면서 다시 오실 것을 약속하셨다.

[16] 열한 제자가 갈릴리에 가서 예수의 명하시던 산에 이르러 [17] 예수를 뵈옵고 경배하나 오히려 의심하는 자도 있더라 [18] 예수께서 나아와 일러 가라사대 하늘과 땅의 모든 권세를 내게 주셨으니 [19] 그러므로 너희는 가서 모든 족속으로 제자를 삼아 아버지와 아들과 성령의 이름으로 침례를 주고 [20] 내가 너희에게 분부한 모든 것을 가르쳐 지키게 하라 볼지어다 내가 세상 끝날까지 너희와 항상 함께 있으리라 하시니라(마 28:16-20).

사도행전 기자는 예수님이 부활하신 후 확실한 많은 증거로 사람들에게 친히 살아 계심을 나타내셨고, 40일 동안 보이시며 하나님 나라 일을 말씀하셨다고 기록했다. 그리고 예수님은 사람들에게 예루살렘을 떠나지 말고 예수님으로부터 들은 것, 즉 하나님 아버지께서 약속하신

것을 기다리라고 말씀하셨다. 또 성령으로 세례를 받으라고도 하셨다
(행 1:3-5). 예수의 윤리는 예수님의 죽음과 부활을 알릴 뿐 아니라 다시
오신다고 약속하시고 기다리라는 것을 함축하고 있다. 이것은 단순히
기다리라는 것만이 아니고 확실하게 다시 오신다는 사실을 기다리라는
것이다. 이렇게 예수님의 종말은 끝없는 막연한 기다림이 아니고 확실
하게 다시 오신다는 약속을 기다리는 것이다. 이러한 최종적인 사건 이
전에 사람이 마땅히 할 일을 하라는 것이 우리에게 요구되는 바고, 또
종말에 대한 예수의 윤리의 내용이다. 이 종말은 영생을 얻는 확인 시기
이기도 하다. 그러므로 우리는 미래의 부활과 종말을 믿으며 분별하는
지혜를 갖고 있어야 할 것이다(참고. 마 16:1-4).

셋째로 복지의 영역을 보자. 복지의 영역 역시 일반적으로는 육신의
생명을 보호하고 보전하는 일을 중심으로 하려고 한다. 그래서 구호적
기능(remedial function)이나 예방적 기능(preventive function)이나 개발
기능(developmental function)을 주 작업으로 한다. 그리고 기본적 특성
은 보조적(supportive) 역할, 보충적(supplementary) 역할, 대리적
(substitutive) 역할을 할 것을 요구한다. 이러한 복지 사업은 국가 책임의
원리, 보편주의 원리와 선별주의 원리, 사회정의의 원리, 총합적 접근의
원리, 전문화의 원리 등을 기저(基底)로 하고 있다.[110]

예수의 윤리는 육신의 생명에 관련하여서는 일반 복지 사업의 역할
과 거의 동일시할 수 있고, 특별히 그들이 사용하는 기술과 방법들을 사
용할 수 있다. 그러나 예수의 윤리는 생명, 특히 영생을 고려하기 때문
에, 각 영역에서의 복지 사업의 역할은 훨씬 더 깊은 의미를 갖게 된다.
예를 들면 샬롬의 의미와 같은 것이다.

(1) 가정

 가정은 아직도 우리의 삶의 가장 기본적인 단위로 여겨지지만, 예수님 당시는 더욱 그러했다. 농경사회였기에 대가족이 일반적이었을 것으로 추정한다면, 가정의 형성과 관계적 행위를 성경에서 찾을 수 있을 것이다. 가정의 형성은 결혼을 통해서라고 생각한다. 예수님은 결혼에 대해서 분명한 내용을 전하신다.

> [4] 예수께서 대답하여 가라사대 사람을 지으신 이가 본래 저희를 남자와 여자로 만드시고 [5] 말씀하시기를 이러므로 사람이 그 부모를 떠나서 아내에게 합하여 그 둘이 한 몸이 될지니라 하신 것을 읽지 못하였느냐 [6] 이러한즉 이제 둘이 아니요 한 몸이니 그러므로 하나님이 짝지어 주신 것을 사람이 나누지 못할지니라 하시니(마 19:4-6).

 이러한 맥락에서 예수님은 이혼에 대해 가르치신다. 즉 하나님께서 짝지어 주신 것을 사람이 나눌 수 없다고 분명히 말씀하셨다. 그래서 기독교인은 원칙적으로 이혼을 할 수 없다고 필자는 믿는다. 모세가 이혼을 할 수 있게 한 것은 사람의 마음이 완악하여 아내 버림을 허락한 것이다. 그러나 본래는 이혼을 할 수 없다는 것을 예수님은 분명하게 밝히신다. 그리고 가정의 울타리 안에서 자녀들을 양육하고 부모를 공경하고 나그네까지도 돌보는 일을 해야 한다. 누구든지 제자의 이름으로 작은 자 중 하나를 대접하면 상을 잃지 않을 것이라는 약속도 하셨다. 예수님은 진정한 의미에서의 가족에 대한 이해를 제시하는 놀라운 선언을 하시기도 한다.

[46] 예수께서 무리에게 말씀하실 때에 그 모친과 동생들이 예수께 말하려고 밖에 섰더니 [47] 한사람이 예수께 여짜오되 보소서 당신의 모친과 동생들이 당신께 말하려고 밖에 섰나이다 하니 [48] 말하던 사람에게 대답하여 가라사대 누가 내 모친이며 내 동생들이냐 하시고 [49] 손을 내밀어 제자들을 가리켜 가라사대 나의 모친과 나의 동생들을 보라 [50] 누구든지 하늘에 계신 내 아버지의 뜻대로 하는 자가 내 형제요 자매요 모친이니라 하시더라(마 12:46-50).

예수의 윤리는 "네 부모를 공경하라"는 말씀 가운데 가정의 윤리의 기조(基調)가 있음을 알게 한다. 즉 자녀들은 부모를 공경해야 하고, 부모들은 자녀들을 사랑함으로써 지탱, 지속하는 가족으로 만들어가야 한다. 예수님의 공로로 하나님은 우리의 아버지이시며, 우리 모두가 하나님을 아버지라고 부를 수 있다. 이것은 하나님 아버지를 아버지로 모시고, 한 가족을 이루는 것을 말한다. 하나님 사랑의 아하브(사랑한다)라는 말은 사람들을 한 가족으로 만드는 성경적 의미일 뿐만 아니라 예수님이 뜻하신 가족의 의미를 알려 준다. 이 아하브를 통해 가정이 복지의 실천 단위가 될 수 있을 것이다.

(2) 정치

정치는 국가를 근거로 하는 행위이다. 예수님은 당시에 로마라는 나라의 식민지라는 환경에서 탄생하셨다. 또 목회 사역도 그러한 환경 아래 이뤄졌다. 그런데 예수님은 탄생부터 정치적 이슈로 취급되었다. 동방에서 박사들이 예수님을 유대인의 왕으로 찾아와 경배한 것이다. 그들은 헤롯왕에게 유대인의 왕의 탄생을 물었다. 사실, 예수님은 하늘에 속하셨기 때문에 지상의 국가에 대해 초연하실 수도 있었으나 이 세상 나라에서 출생하심으로 인하여 탄생 자체로부터 정치적인 문제와 관련되어 어려움을 겪으셨다. 어떤 사람들이 예수님에게 말하기를 헤롯왕이 예수님을 죽이려 한다는 것을 전했다. 이때에 예수님은 헤롯을 여우라고 말씀하셨다(눅 13:32). 이것은 정치가 얼마나 부패하였는가를 밝혀 주시는 대목이다. 당시 왕은 지배국인 로마와 밀착되어 있었고 여우처럼 간교하지 않고는 그 자리를 지키기 어려웠을 것이다. 따라서 예수님은 정곡(正鵠)을 찔러 정치 행위를 해부하시고 사람들로 하여금 그것을 보게 하셨다. 예수님은 자기 나라가 이 세상에 속하지 않으셨다는 것을 알리심으로써 세상의 죄악 된 정치에 무관함을 보여 주셨다.

예수님은 세금을 내시지 않는다는 말을 들었다. 그래서 예수님은 베드로를 시켜서 세금을 내게 하셨다. 이것은 예수님께서 이 세상에 계시니 세금을 내시려고 하신 것을 보여 주신 대목이다. 이 세상의 주인이 하나님이시며 예수님은 그 주인의 아들이시기 때문에 세금을 내실 필요가 없으면서도 세상의 법에 따라 세금을 내셔서 납세의 의무를 이행하셨다. 이렇게 해서 예수의 윤리는 국가의 제도를 인정하고, 요구사항을 따르기로 하신 것으로 이해된다.

또 예수님은 왕의 문제와 관련을 갖게 되었다. 당시 왕은 로마의 왕이었는데, 사람들은 예수님을 유대인의 왕이라고 하였다. 사람들은 이것을 이용하여 왕이라는 죄명을 만들어 죽이려고 했다. 다시 말하지만 예수님은 하늘나라에 속하신 분이시기 때문에 세상 나라와 정치적으로 무관함에도 불구하고 왕이라는 직함을 이용한 모함을 받으시게 된다. 예수님은 빌라도에게 끌려가 신문(訊問)을 받는데도 정치적 대답을 할 필요가 없었고, 예수님이 하신 대답은 죽을 만한 것이 아니었다. 그래서 빌라도는 살려주려고 했으면서도 유대인들에게 호감을 얻기 위하여 결국 예수님을 십자가에 못 박도록 허락하였다. 그러나 예수님의 한 가지 질문은 빌라도를 크게 당황하게 만들었다. "진리가 무엇이냐?"라는 질문이었다. 진리는 생명이며 세상의 빛인데, 그것을 빌라도는 이해할 수 없었던 것이다. 진리이시고 생명이시고 빛이신 예수님을 빌라도는 십자가에 달려 죽게 했다. 분명히 예수님의 나라는 하나님 나라이며 이 세상에 속하지 않았다고 예수님께서 밝혔음에도 불구하고, 빌라도와 유대인들에 의하여 정치적 사건화된 것을 볼 수 있다. 유대인들은 사람을 죽일 수 있는 권한을 부여받지 못했기 때문에 예수님을 죽일 수 없었다. 그래서 유대인들은 정치 문제를 만들어 예수님을 십자가에 달려 죽게 했다. 그런데 그렇게 죽은 예수가 다시 살아나셨다. 예수님은 십자가에서 죽으심으로 정치 문제에 개입하게 되었으나, 세상의 정치에 본질적으로 크게 관련되지는 않았다. 그렇다면 예수님과 정치는 무관한 것인가?

예수님은 메시아로서 하나님 나라의 통치를 통해 정치 모델을 보여 주셨다. 하나님 나라의 통치는 분명히 사랑과 정의가 지배하는 나라이기 때문에 부정의와 불신이 작용하는 나라에서 새로운 활력소가 될 수 있다. 따라서 사람들이 폭력이나 전쟁을 일으킬 수 없게 만든다. 부정의나 폭력이나 전쟁 같은 것들은 악이고, 사람들의 적이다. 예수님은 십자가를 지고 고난을 받으며 죽으심으로써 그것들을 극복하는 서번트 리더십을 발휘하여 완벽한 정치 모델을 보여 주셨다. 그러나 현실적으로 십자가에 죽는 것이 정치 모델이 될 수 있을까라는 질문을 많이 받을 수 있다.

여기서는 또 희년이 중요한 의미를 갖는다. 이것은 정치적인 이슈도 되지만 경제적인, 종교적인 이슈도 될 수 있다.[111] 그렇지만 새롭게 시작하기 위한 정치적 의미를 가질 수 있다. 정치가 복지를 증진시킨다는 측면에서 새로운 의미를 줄 수 있을 것이다. 정치는 이밖에도 많은 삶의 문제들을 포괄한다. 경제를 비롯하여 직업, 과학, 종교, 기술 등 많이 있지만, 지면상 여기서는 생략한다. 그렇지만 이 모든 영역이 결국 생명과 관련되며 정치의 영역 안에서 우리의 샬롬 즉 온전함과 형통과 안녕에 직접 간접적으로 관계 있다는 것은 확실히 알 수 있다.

(3) 교회

예수님은 교회를 세우실 것을 확실하게 보여 주셨다. 예수님의 교회는 샬롬을 추구하는 모임이다. 따라서 포괄적인 것 즉 전체적인 것, 형통하는 것, 안녕한 것 등을 추구하는 모임이다. 사도들의 전통은 거룩한 공회와 성도의 교통하심을 믿는다는 고백으로 교회를 나타내고 있다. 이것은 좀더 구체적으로 말하면, 교회가 하나님의 말씀이 선포되고 성례전이 베풀어지며 부활하신 예수님이 다시 오실 것을 믿고 전하는 모임임을 나타낸다. 그래서 제자들은 예수님이 그리스도라는 것을 알고, 생명의 말씀을 전파하는 모임임을 알게 된다. 예수님의 설교의 내용은 역시 생명, 특히 영생에 관한 것이었다.

[44] 나를 보내신 아버지께서 이끌지 아니하면 아무라도 내게 올 수 없으니 오는 그를 내가 마지막 날에 다시 살리리라 [45] 선지자의 글에 저희가 다 하나님의 가르치심을 받으리라 기록되었은즉 아버지께 듣고 배운 사람마다 내게로 오느니라 [46] 이는 아버지를 본 자가 다 있는 것이 아니라 오직 하나님에게서 온 자만 아버지를 보았느니라 [47] 진실로 진실로 너희에게 이르노니 믿는 자는 영생을 가졌나니

[48] 내가 곧 생명의 떡이로라 [49] 너희 조상들은 광야에서 만나를 먹었어도 죽었거니와 [50] 이는 하늘로서 내려오는 떡이니 사람으로 하여금 먹고 죽지 아니하게 하는 것이니라 [51] 나는 하늘로서 내려온 산 떡이니 사람이 이 떡을 먹으면 영생하리라 나의 줄 떡은 곧 세상의 생명을 위한 내 살이로라 하시니라(요 6:44-51).

예수님의 교회는 예수님의 말씀을 듣고 예수님을 그리스도와 주로 고백하는 생명의 모임이었다.

[66] 이러므로 제자 중에 많이 물러가고 다시 그와 함께 다니지 아니하더라 [67] 예수께서 열두 제자에게 이르시되 너희도 가려느냐 [68] 시몬 베드로가 대답하여 주여 영생의 말씀이 계시매 우리가 뉘게로 가오리이까 [69] 우리가 주는 하나님의 거룩하신 자신 줄 믿고 알았삽나이다(요 6:66-69).

예수님께서 부활하시고 난 후 제자들이 그 사건을 근거로 하여 세운 교회를, 점점 공적으로 모이는 모임으로 만들어 갔음을 본다. 점점 많이 모이고 흥왕하였다. 그러나 이 교회의 머리는 예수님이시며, 하나님으로부터 시작하였으며, 성령을 통해 교제가 일어나며, 성령의 역사가 일어나야 하는 모임이었다. 이 교회는 지상의 나라와 구별되면서도, 중심에 임마누엘 하나님이 계시다는 점에서 구심점(求心點)이 하나이고 세상의 통치에 본(本)이 될 수 있는 면이 있다. 여기에 복지가 있음을 알 수 있다.

넷째로 문화의 영역을 보자. 문화(文化)란 본래 자연(nature)에 대해 인간이 관리하는(culture) 데서 생겨진 말이다. 하나님은 천지를 창조하시고 즉 자연과 인간을 창조하셨다. 그리고 그 자연을 인간이 관리하도록 즉 문화 형성을 하도록 명령하셨다(창 1-2장). 이것은 하나님의 창조의 질서를 보전하는 것이었고, 그것이 지탱, 지속될 수 있게 하는 것이었다. 그런데 인간이 하나님께 반역하여 타락한 이후의 관리 즉 문화 형성은 하나님의 명령을 이행하려고 하기보다는 자기의 생각, 즉 인간 중심으로 보전하려고 하는 모습을 보여 주었다. 인간의 타락은 유혹자의 유혹으로 비롯되었다 하더라도 책임은 인간에게 있다. 그래서 땅은 저주를 받은 상태로 변하였다. 그리고 하나님은 본래 인간의 먹을거리가 채소임을 확인해 주셨고 땀을 흘려야 한다고 하셨다(창 3:17-19).

인간이 죄를 범하여 타락한 이후에도 땅은 계속해서 채소를 낼 수 있는 상태로 있었다. 비록 땅이 가시덤불과 엉겅퀴를 내어도 또 인간이 땀을 흘려야 함에도 불구하고 여전히 땅은 오염되거나 쓰지 못하게 되지는 않았다. 그러나 인간은 점점 자기 중심적으로 노력하고 생각하는 면이 강화되면서 자기 중심적인 지식을 쌓아갔고 그러한 방향으로 행동하게 되었다. 이것은 하나님의 뜻과는 더욱 멀어지는 문화와 문명을 만들어내게 되었다. 인간은 자기의 먹을거리인 채소가 자라도록 도울 땅과 물을 오염시켜 갔다. 그러나 햇빛만큼은 완전히 거부하지 못했다. 이것은 하나님의 은혜와 긍휼의 크심을 완전히 거부할 수 없었기 때문이다.

문화 형성에 있어서 문제는 그것을 인간 중심으로 전환하려고 했다는 것이고, 그것으로 인하여 결국은 고통과 죽음으로 향할 수밖에 없었다는 점이다. 문화가 다시 하나님 중심으로 형성되어 하나님의 창조의 질서를 보전하는 방향으로 가기 위해서는 인간은 본래의 상태로 돌아가야만 했다. 이것은 하나님만이 하실 수 있는 일이었다. 우리는 다윗의 기도에서 이것을 배울 수 있다.

[1] 〔다윗의 시, 영장으로 한 노래, 다윗이 밧세바와 동침한 후 선지자 나단이 저에게 온 때에〕 하나님이여 주의 인자를 좇아 나를 긍휼히 여기시며 주의 많은 자비를 좇아 내 죄과를 도말하소서 [2] 나의 죄악을 말갛게 씻기시며 나의 죄를 깨끗이 제하소서 [3] 대저 나는 내 죄과를 아오니 내 죄가 항상 내 앞에 있나이다 [4] 내가 주께만 범죄하여 주의 목전에 악을 행하였사오니 주께서 말씀하실 때에 의로우시다 하고 판단하실 때에 순전하시다 하리이다 [5] 내가 죄악 중에 출생하였음이여 모친이 죄 중에 나를 잉태하였나이다 [6] 중심에 진실함을 주께서 원하시오니 내 속에 지혜를 알게 하시리이다 [7] 우슬초로 나를 정결케 하소서 내가 정하리이다 나를 씻기소서 내가 눈보다 희리이다 [8] 나로 즐겁고 기쁜 소리를 듣게 하사 주께서 꺾으신 뼈로 즐거워하게 하소서 [9] 주의 얼굴을 내 죄에서 돌이키시고 내 모든 죄악을 도말하소서 [10] 하나님이여 내 속에 정한 마음을 창조하시고 내 안에 정직한 영을 새롭게 하소서(시 51:1-10).

이러한 인간의 기도를 들으시고, 하나님은 인간에게 다시 은혜와 긍휼을 베푸시어 임마누엘 하나님으로서 직접 문화를 형성하는 일을 하시었다. 임마누엘 하나님은 예수님의 탄생으로 시작되었는데 이것을 요한복음은 문화의 의미로 전하고 있다(참고. 요 1:1-14). 이것은 새로운 기독교문화의 개념이라고 할 수 있다.

요한복음은 말씀(文)이 육신이 되었다(化)고 말한다. 이것은 문화 형성의 형식이며 양식(樣式)이다. 이것은 또 생명을 살리기 위한 하나님의 사역(事役)이다. 이렇게 해서 하나님의 문화 형성은 생명문화임을 알 수 있다. 이것을 통해 우리는 생명문화를 형성하고, 하나님의 창조질서를 회복하는 것을 사람이 마땅히 해야 할 일로 알게 된다. 하나님께서 육신이 되신 것은 인간에게 구원과 영생을 주시기 위한 것이었다. 이것은 인간의 창조질서 회복이며, 생명을 되살리는 일임을 알게 하시는 대목이다. 말씀은 육신이 되어 우리 가운데 거하셨다. 이것은 지탱, 지속적인 것을 의미하며, 따라서 인간이 지속적으로 해야 할 일임을 상기시킨다. 이것은 하나님의 영광의 사역이었다. 그래서 우리는 그것을 알게 되었다. 그 영광은 임마누엘 하나님의 영광이었다. 그러므로 아버지의 독생자의 영광이라고 하였다. 이 영광이 새롭게 깨어난 것이었다. 시인이 "영광아, 깨어라"라고 말한 것과 같다(시 57:8). 이 영광이라는 낱말은 시적(詩的)으로 영혼(soul)이라고 표현할 수 있다고도 한다. 이것은 내 영혼이 깰 정도로 놀라운 일임에 틀림없다.

이러한 영광은 두 가지 현상으로 나타난다. 하나는 은혜요 다른 하나는 진리이다. 여기서 은혜는 하나님 중심으로 문화가 형성되었기 때문에 하나님 중심의 베푸심이 나타나는 것이다. 그 은혜를 통한 배려와 나눔과 공유(公有)는 참된 것으로서 문화 형성의 질과 내용과 방향, 또 삶과 행위의 기준과 법과 정의를 나타낸다. 예수님의 "너도 이와 같이 하라"(눅 10:37), "거저 받았으니 거저 주라"(마 10:8), "남에게 대접을 받고자 하는 대로 너희도 남을 대접하라"(마 7:12) 등의 말씀들이 곧 이것을 이해하게 한다. 종합하면, 하나님의 문화 형성은 생명의 문화 즉 생명을 살리고 생명을 회복하는 문화로서 샬롬의 문화로 나타난다. 이는 하나님을 사랑하고 경외하는 일이 회복되며, 하나님이 인도하시니 부족함이 없게 되며(시 23편), 온전함과 형통과 안녕이 이뤄지게 되는 샬롬의 문화이다.

　이렇게 되기까지는 하나님의 희생과 배려와 고난과 죽음까지 이르는 은혜와 긍휼이 있었다. 하나님의 문화 형성은 이렇게 고귀한 행위에서 비롯되었다. 이제 인간의 몫으로 돌아왔다. 인간은 문화 창조라는 이름과 행위로 더 이상 인간의 먹을거리를 해치며 삶의 터전을 망가뜨리는 환경 파괴 문화를 형성해서는 안 된다. 오히려, 땅과 물과 공기를 회복시켜야 한다는 문화 명령을 다시 이행해야 한다. 이제 소음도 자연의 노래로 바꿔야 한다. 계곡의 물소리가 인간을 건강하게 만든다는 비밀을 알게 되었고, 오염되지 않은 들과 산천의 채소는 먹을거리로 합당하다는 것을 알게 되었는데, 이러한 자연을 다시 회복해야 하지 않겠는가? 누가 물이 부족하다고 했는가? 인간이 물을 오염시켜 모자라게 하지 않았는가? 하나님께서 그토록 풍부하게 주신 물을 인간이 모자라게 만들어놓고 물이 모자란다는 억지를 부리고 있지 않은가? "물 쓰듯 하다"라는 익숙한 말을 옛말로 만들어놓고 무슨 할 말이 더 남아 있는가?

　환경의 회복은 삶의 질을 단순히 높이는 것이 아니고 삶의 질을 원상 복구하는 것이다. 왜냐하면 하나님은 본래 에덴동산에서 최고의 삶의 질을 누리도록 만들어 주셨기 때문이다. 인간은 어리석음으로 인하여 자기 중심적으로 삶을 살아서 삶의 질을 저하(低下)시키었다. 그러나 인간이 하나님의 창조 질서를 원상으로 회복하는 노력을 한다면, 조금씩 나아질 것이 분명하다. 인간이 그것을 위해 다시 하나님을 사랑하고 경외하며, 이웃까지 사랑하고 공생(共生)하려고 즉 더불어 살려고 한다면, 삶의 질은 높아질 것이다. 하나님께서 보신 대로 문제는 인간의 마음이다. 하나님께서 인간을 살리시기 위하여 하나님의 문화 형성 방식을 보여 주신 대로 인간은 하나님을 주인으로 모시고 하나님을 경외하여 다

시는 어리석은 일을 하지 않는 문화를 형성해야 할 것이다. 어리석은 자
는 하나님이 없다고까지 말한다(시 14:1). 문화가 하나님의 창조질서 회
복의 방향으로 진행된다면, 자연은 보전이 될 것이고, 인간의 삶의 질은
높아져 하나님께 감사와 예배와 찬양을 하게 될 것이다. "참 아름다워
라 주님의 세계는 ……." "주 하나님 지으신 모든 세계 ……." "온 천하
만물 우러러 다 주를 찬양하여라 …… 할렐루야 아멘." 누가 이 찬송을
막을 수 있겠는가?

　　예수의 윤리는 바로 이것을 마땅히 할 일로 가르쳐 주고 있다. 임마
누엘 하나님의 하시는 깊은 문화 형성의 뜻을 바르게(진리로 또는 참으로)
이해한다면 자연을 하나님의 창조의 질서대로 지킬 수 있다. 예수님은
공중에서 나는 새, 들의 백합화, 들풀까지도 자연의 한 부분으로서 인정
하셨다. 그리고 인간에 대해서는 "다르다"는 것을 분명히 말씀하시면서
탁월한 존재로서 자연을 관리할 책임이 있음을 알게 하셨다. 또 예수님
은 5천 명을 먹이시고, 그리고 4천 명을 먹이시고 남은 떡을 모두 수거
하게 하심으로써 자연을 지키셨다고 생각하는 사람들도 있다. 하여간
예수님은 임마누엘 하나님으로서 하나님 중심의 문화 형성 방법을 보여
주셨으니, 하나님의 은혜를 통해 이웃을 사랑하는 배려를, 그리고 진리
를 통해 참으로 행하는 문화 형성을 해야 한다. 이것이 창조질서의 회복
이며 사람이 마땅히 형성해야 할 보전의 문화이다. 이것은 우리의 새로
운 삶의 양식이 되어야 할 것이다. 이것은 좋은 나무의 좋은 열매 맺기,
좋은 땅의 결실을 보여 주는 삶의 양식이 되게 만드는 것이다. 이것이
생명문화의 시작이요 끝이다. 그리고 구원의 문화, 하나님 나라의 문화
(중심이 있는 복의 문화), 따름의 문화(제자들의 문화), 종말의 문화(요한계시록
의 문화) 등의 이름으로 이어가는 것을 볼 수 있다.

필자는 예수님의 말씀에 나타난 예수의 윤리에 따라 다음과 같은 단계를 거쳐 하나님 중심 문화를 형성하도록 안내하고자 한다(막 8:34).

(1) 자기를 부인하고, 즉 자유를 가지고, 인간의 존엄성(human dignity)을 지키며, 하나님만 의지하고, 믿음을 가지고, 생명을 얻으며, 겸손하여 교만(잠 15:25)과 욕심(잠 15:27; 약 1:15)과 미움을 버리고, 하나님을 경외하고 하나님을 사랑하여 이웃 사랑의 기초를 확립하고 실천의 길을 가기 시작한다.

(2) 자기 십자가를 지고, 자신과 사회의 책임을 감당하기 위해 정의롭게 살고, 필요하면 고난을 받으며, 이웃을 사랑(갈 5:13-14; 딤전 1:5; 약 2:8)한다.

(3) 그리고 예수 그리스도를 믿으며 따른다. 이것은 구체적으로 타자성(他者性, otherness)과 공거성(共居性, togetherness)을 지탱, 지속하며, 적개심(enmity)을 버리고 우애심(amity)을 증진시키며, 공동체(community, 시 133:1-3)를 지향하여, 자유로운 공존, 정의로운 협동, 평화로운 공동참여의 삶의 형태를 가지며, 실행(실천)의 행위를 통해 정신(正信) 정사(正思) 정행(正行)이 형성되어, 만남과 따름의 행위가 되며, 예배(말씀 선포, 가르침, 찬양, 기도), 귀신 쫓아냄, 질병 치유, 친교, 봉사(복지) 등의 기능을 하게 된다. 이것은 사람이 마땅히 할 일이다.

제 8 장

예수의 하나님의 나라
– 예수의 윤리의 목표와 완성

예수님은 공적(公的)으로 복음을 전
파하시기 시작하실 때부터 하나님의 나라를 선포하시었다(막 1:15). 그
리고 예수님은 부활하시고 승천하시기 전까지 하나님 나라를 선포하셨
다(행 1:3). 그렇다면 예수님의 하시는 사역의 처음과 마지막이 하나님
나라 선포이었고, 그 내용을 가르치시는 일이었다고 할 수 있다. 그리고
제자들에게도 그것을 하도록 인도하셨음을 알 수 있다. 그래서 예수님
의 사역은 인간들이 하나님 나라에 들어가게 하는 것이 주 내용이었다
고 말할 수 있다. 그것을 위해 하나님께서 사람의 몸을 입으시고 임마누
엘 하나님으로 나타나셨으며, 영생의 문화를 형성하신 것이다. 그리고
그것을 위해 인간들이 하나님 나라에 들어가는 데 합당하게 정리되도록
회개하고 복음을 믿으라고 하셨다고 생각한다(막 1:15). 사실, 이 복음은

예수 그리스도 자신이었다. 그래서 하나님은 요한복음의 기자를 통해 예수를 그리스도로 믿으면 구원을 얻는다고 말씀하셨다(요 3:16).

예수님은 인간들이 하나님 나라에 들어가는 데 방해가 되는 것들을 모두 제거하시려고 하셨다. 그래서 예수님은 사탄의 유혹도 제거하시어 본을 보이시고(마 4:1 이하), 인간이 하나님 나라에 들어가는 삶을 구체적으로 알려 주셨다. 이 점을 개관하는 말씀은 다음과 같다.

[1] 예수께서 무리를 보시고 산에 올라가 앉으시니 제자들이 나아온지라 [2] 입을 열어 가르쳐 가라사대 [3] 심령이 가난한 자는 복이 있나니 천국이 저희 것임이요 [4] 애통하는 자는 복이 있나니 저희가 위로를 받을 것임이요 [5] 온유한 자는 복이 있나니 저희가 땅을 기업으로 받을 것임이요 [6] 의에 주리고 목마른 자는 복이 있나니 저희가 배부를 것임이요 [7] 긍휼히 여기는 자는 복이 있나니 저희가 긍휼히 여김을 받을 것임이요 [8] 마음이 청결한 자는 복이 있나니 저희가 하나님을 볼 것임이요 [9] 화평케 하는 자는 복이 있나니 저희가 하나님의 아들이라 일컬음을 받을 것임이요 [10] 의를 위하여 핍박을 받은 자는 복이 있나니 천국이 저희 것임이라 [11] 나를 인하여 너희를 욕하고 핍박하고 거짓으로 너희를 거스려 모든 악한 말을 할 때에는 너희에게 복이 있나니 [12] 기뻐하고 즐거워하라 하늘에서 너희의 상이 큼이라 너희 전에 있던 선지자들을 이같이 핍박하였느니라(마 5:1-12).

여기서 예수님은 하나님 나라가 처음과 끝임을 보여 주셨다. 인간의 노력으로 하나님 나라에 들어갈 수 있는 것이 아님과, 하나님 나라에 들어가기 위하여 하나님 나라에 속하는 사람의 행위를 하여야 함을 가르

처 주신다. 이 말씀들에 이어서 예수님은 인간이 소금과 빛이라고 선포하시면서 하나님 나라에 속한 사람들의 행위를 가르쳐 주셨고, 십계명을 생명을 위한 하나님 사랑과 이웃 사랑의 맥락에서 재해석하여 지키도록 가르쳐 주셨고, 더 많은 구체적인 삶의 질과 내용과 방향을 제시하여 주셨다. 이것들은 모두 산상설교의 많은 부분에서 나타난다. 그리고 예수님은 승천하실 때까지도 하나님 나라를 가르쳐 주시고, 분부하신 것을 가르쳐 지키게 하라고 제자들에게 말씀하셨다(마 28:18-20).

하나님 나라는 하나님께서 통치하시는 나라이다. 마태복음에서 천국이라고 표현한 것은 당시의 형편 때문이었거나 표현 양식이었을 것으로 보지만 마태복음에서도 하나님 나라로 표현한 곳이 있다.

> 그러나 내가 하나님의 성령을 힘입어 귀신을 쫓아내는 것이면 하나님의 나라가 이미 너희에게 임하였느니라(마 12:28).

여기서 예수님은 하나님 나라가 하나님께서 통치하는 나라임을 분명히 밝히시고 있다. 이것은 삼위일체 하나님이 임마누엘 하나님으로서 통치하시는 모습을 확실하게 드러낸다. 이것은 예수님께서 제자들을 파송하실 때 귀신을 쫓아내게 하시고, 왜 예수님도 직접 귀신을 쫓아내셨는지를 확실하게 알려 주시는 대목이다. 예수님께서 병든 자들을 고치신 것도 같은 맥락에서 이해될 수 있다. 물론 인간의 필요에 따라 임마누엘 하나님의 주도로 통치 구도를 밝히시는 것이기도 하지만, 마귀의 유혹을 받아 넘어질 가능성의 현실을 극복하고 대응한 행위라고도 할 수 있다. 이것은 약한 자들에게나 병든 자들에게 항상 유혹의 가능성이 높다는 것을 보여 준다. 그리고 이것으로써 예수님의 사역은 모두 하나님 나라의 실현 작업이었다고 할 수 있다. 즉 인간에게 영생을 얻고 하나님 나라에 들어가게 하는 작업이었다.

다시 너희에게 말하노니 약대가 바늘귀로 들어가는 것이 부자가 하나님의 나라에 들어가는 것보다 쉬우니라 하신대(마 19:24).

이것은 하나님 나라를 인간 중심적 기준으로는 판단도 할 수 없고, 들어갈 수도 없다는 것을 확인해 준다. 그래서 예수님은 이 문제를 해결하기 위하여 사람은 할 수 없지만 하나님은 하실 수 있으며(마 19:26), 임마누엘 하나님을 믿음으로 말미암아 영생을 얻고, 하나님 나라에 들어갈 수 있다는 것을 밝혀 주신다(마 19:26 이하).

그 둘 중에 누가 아비의 뜻대로 하였느뇨 가로되 둘째 아들이니이다 예수께서 저희에게 이르시되 내가 진실로 너희에게 이르노니 세리들과 창기들이 너희보다 먼저 하나님의 나라에 들어가리라(마 21:31).

그럼에도 불구하고 하나님의 나라에 들어갈 사람들은 하나님의 뜻을 따라 행하는 자들이고, 세리와 창기들은 죄인이라고 불리지만, 그들은 회개함으로 인하여 하나님 나라에 먼저 들어간다. 왜냐하면 이것이 하나님의 뜻이기 때문이다. 하나님의 뜻은 임마누엘 하나님 즉 하나님의 아들 예수님을 믿는 것이다(요 6:40).

그러므로 내가 너희에게 이르노니 하나님의 나라를 너희는 빼앗기고 그 나라의 열매 맺는 백성이 받으리라(마 21:43).

위의 말씀을 통해 하나님의 나라에 대하여 두 가지를 확실하게 알 수 있다. 하나는 하나님 나라가 빼앗긴다는 사실이고, 다른 하나는 하나님 나라를 포기하는 일이라고 할 수 있다. 마태복음 11장 12절에 하나님 나라가 침노를 당한다는 말씀이 있는데, 이것은 우리가 하나님 나라에 합당한 행위를 하지 않을 경우 침략자가 침노하여 빼앗는 경우이다. 예를 들어 헤롯의 행위가 바로 그것이다. 헤롯은 자기가 왕의 위치를 계속 확보하기 위하여 임마누엘 하나님이 탄생한다는 소식에도 놀라워했고 죽이려고 하였으며, 동방박사들까지 속이려고 하였다. 하나님 나라를 미리 선포하는 세례 요한까지도 죽였으며, 하나님 나라를 침노하여 빼앗으려고 하였다. 이러할 경우 빼앗길 가능성이 있다는 것이다. 물론 여기서 말하는 것은 인간이 하나님 나라에 합당한 일을 하지 않을 경우이다.

다른 예는 계속해서 예수님께서 하신 말씀에서 나타난다. 즉 바리새인들의 경우이다. 그들은 건축자의 버린 돌이 모퉁이의 머릿돌이 될 것을 전혀 알지 못했다. 하나님 나라의 통치자이신 하나님이 임마누엘 하나님으로서 머릿돌이 되신 것을 깨닫지 못하고 배척함으로 인하여 천국을 포기한 것이다. 그러나 다음 말씀인 "그 나라(하나님 나라)의 열매 맺는 백성이 받으리라"(마 21:42)는 하나님 나라에 합당한 일을 하여, 거기에 합당한 열매를 맺는, 즉 하나님 나라에 합당한 문화를 만들어가는 사람들이 하나님 나라에 들어갈 것을 밝히고 있다.

하나님 나라는 임마누엘 하나님을 통해 시작이 되었고 끝은 아직 오지 않았다. 그러나 반드시 하나님 나라로서 마감할 것을 우리는 믿고 안다. 왜냐하면 임마누엘 하나님이신 예수님이 은혜와 진리로 오셔서 시작하셨고, 길이요 진리요 생명으로서 우리에게 약속하셨기 때문이다. 다시 말하면 참 되신 하나님께서 약속을 하시고 지키시지 않으신 적이 없기 때문이다. 예수님의 약속은 이것이다.

[1] 너희는 마음에 근심하지 말라 하나님을 믿으니 또 나를 믿으라 [2] 내 아버지 집에 거할 곳이 많도다 그렇지 않으면 너희에게 일렀으리라 내가 너희를 위하여 처소를 예비하러 가노니 [3] 가서 너희를 위하여 처소를 예비하면 내가 다시 와서 너희를 내게로 영접하여 나 있는 곳에 너희도 있게 하리라(요 14:1-3).

예수님은 그동안 우리를 지켜 주실 것도 약속하셨다.

[18] 예수께서 나아와 일러 가라사대 하늘과 땅의 모든 권세를 내게 주셨으니 [19] 그러므로 너희는 가서 모든 족속으로 제자를 삼아 아버지와 아들과 성령의 이름으로 침례를 주고 [20] 내가 너희에게 분부한 모든 것을 가르쳐 지키게 하라 볼지어다 내가 세상 끝날까지 너희와 항상 함께 있으리라 하시니라(마 28:18-20).

예수님은 다시 오실 것을 예언하신 적이 있다(마 24:30). 그리고 하나님의 천사들은 예수님께서 승천하실 때 약속하심으로써 예수님의 약속을 다시 확인하였다.

[10] 올라가실 때에 제자들이 자세히 하늘을 쳐다보고 있는 데 흰 옷 입은 두 사람이 저희 곁에 서서 [11] 가로되 갈릴리 사람들아 어찌하여 서서 하늘을 쳐다보느냐 너희 가운데서 하늘로 올리우신 이 예수는 하늘로 가심을 본 그대로 오시리라 하였느니라(행 1:10-11).

이 약속을 믿는 사람들만 예수님께서 예비하신 하나님 나라에 들어
갈 것이다. 예수님은 하나님의 나라를 미리 맛보게 하신 적이 있다(마
17:1). 이것은 예수님의 약속 이행에 대해 보여 주신 내용이다. 이것을
우리는 선취(先取)라는 말로 표현하기도 한다. 그러나 이것은 결코 완성
은 아니다. 완성은 하나님 나라가 완전히 이뤄질 때 된다. 그때에 우리
는 진정으로 하나님 나라를 볼 것이다. 우리를 더욱 감격하게 만드는 장
면 두 곳이 있다.

[1] 또 내가 새 하늘과 새 땅을 보니 처음 하늘과 처음 땅이 없어졌고
바다도 다시 있지 않더라 [2] 또 내가 보매 거룩한 성 새 예루살렘이
하나님께로부터 하늘에서 내려오니 그 예비한 것이 신부가 남편을 위
하여 단장한 것 같더라 [3] 내가 들으니 보좌에서 큰 음성이 나서 가
로되 보라 하나님의 장막이 사람들과 함께 있으매 하나님이 저희와
함께 거하시리니 저희는 하나님의 백성이 되고 하나님은 친히 저희와
함께 계셔서 [4] 모든 눈물을 그 눈에서 씻기시매 다시 사망이 없고
애통하는 것이나 곡하는 것이나 아픈 것이 다시 있지 아니하리니 처
음 것들이 다 지나갔음이러라 [5] 보좌에 앉으신 이가 가라사대 보라
내가 만물을 새롭게 하노라 하시고 또 가라사대 이 말은 신실하고 참
되니 기록하라 하시고 [6] 또 내게 말씀하시되 이루었도다 나는 알파
와 오메가요 처음과 나중이라 내가 생명수 샘물로 목마른 자에게 값
없이 주리니 [7] 이기는 자는 이것들을 유업으로 얻으리라 나는 저의
하나님이 되고 그는 내 아들이 되리라 [8] 그러나 두려워하는 자들과
믿지 아니하는 자들과 흉악한 자들과 살인자들과 행음자들과 술객들
과 우상 숭배자들과 모든 거짓말하는 자들은 불과 유황으로 타는 못

에 참예하리니 이것이 둘째 사망이라 [9] 일곱 대접을 가지고 마지막 일곱 재앙을 담은 일곱 천사 중 하나가 나아와서 내게 말하여 가로되 이리 오라 내가 신부 곧 어린 양의 아내를 네게 보이리라 ……(계 21:1-9).

요한은 이렇게 좋은 곳을 알게 되었다. 그리고 그곳의 이름이 새 예루살렘이며 그곳에 들어갈 사람들을 미리 본 것을 우리 모두에게 공개적으로 알려 준다.

[9] 일곱 대접을 가지고 마지막 일곱 재앙을 담은 일곱 천사 중 하나가 나아와서 내게 말하여 가로되 이리 오라 내가 신부 곧 어린 양의 아내를 네게 보이리라 하고 [10] 성령으로 나를 데리고 크고 높은 산으로 올라가 하나님께로부터 하늘에서 내려오는 거룩한 성 예루살렘을 보이니 [11] 하나님의 영광이 있으매 그 성의 빛이 지극히 귀한 보석 같고 벽옥과 수정 같이 맑더라 [12] 크고 높은 성곽이 있고 열두 문이 있는데 문에 열두 천사가 있고 그 문들 위에 이름을 썼으니 이스라엘 자손 열두 지파의 이름들이라 [13] 동편에 세 문, 북편에 세 문, 남편에 세 문, 서편에 세 문이니 [14] 그 성에 성곽은 열두 기초석이 있고 그 위에 어린 양의 십이 사도의 열두 이름이 있더라 [15] 내게 말하는 자가 그 성과 그 문들과 성곽을 척량하려고 금 갈대를 가졌더라 [16] 그 성은 네모가 반듯하여 장광이 같은지라 그 갈대로 그 성을 척량하니 일만 이천 스다디온이요 장과 광과 고가 같더라 [17] 그 성곽을 척량하매 일백사십사 규빗이니 사람의 척량 곧 천사의 척량이라 [18] 그 성곽은 벽옥으로 쌓였고 그 성은 정금인데 맑은 유리 같더라 [19] 그

성의 성곽의 기초석은 각색 보석으로 꾸몄는데 첫째 기초석은 벽옥이요 둘째는 남보석이요 셋째는 옥수요 넷째는 녹보석이요 [20] 다섯째는 홍마노요 여섯째는 홍보석이요 일곱째는 황옥이요 여덟째는 녹옥이요 아홉째는 담황옥이요 열째는 비취옥이요 열한째는 청옥이요 열두째는 자정이라 [21] 그 열두 문은 열두 진주니 문마다 한 진주요 성의 길은 맑은 유리 같은 정금이더라 [22] 성 안에 성전을 내가 보지 못하였으니 이는 주 하나님 곧 전능하신 이와 및 어린 양이 그 성전이심이라 [23] 그 성은 해나 달의 비췸이 쓸 데 없으니 이는 하나님의 영광이 비취고 어린 양이 그 등이 되심이라 [24] 만국이 그 빛 가운데로 다니고 땅의 왕들이 자기 영광을 가지고 그리로 들어오리라 [25] 성문들을 낮에 도무지 닫지 아니하리니 거기는 밤이 없음이라 [26] 사람들이 만국의 영광과 존귀를 가지고 그리로 들어오겠고 [27] 무엇이든지 속된 것이나 가증한 일 또는 거짓말하는 자는 결코 그리로 들어오지 못하되 오직 어린 양의 생명책에 기록된 자들뿐이라(계 21:9-27).

하나님 나라가 얼마나 좋은가? 하나님 나라에 들어갈 수 있기 위하여 어린 양 즉 임마누엘 하나님의 생명책에 기록되어야 한다. 이것은 하나님의 은혜와 긍휼이다. 그러므로 임마누엘 하나님을 감사하고 믿고 예배하여야 한다. 이것이 하나님을 사랑하고 이웃을 사랑하는 길이며, 예수의 윤리의 처음이요 마지막이다. 그리고 생명의 윤리이다. 이렇게 하나님 나라는 하나님이 통치하시는 나라이며, 영생의 나라이며, 샬롬의 나라이다. 그래서 우리는 임마누엘 하나님을 믿고 그의 나라를 소망한다. 그리고 하나님 나라를 소망의 나라라고 부른다. 그 나라가 완성될 때까지 우리는 깨어 일어나 빛을 발하자. 이것이 임마누엘 하나님께서 원하시는 것이다. 우리는 하나님 나라에 합당하고 마땅한 삶인 좋은 땅으로서의 삶, 즉 변화된 삶(마 13:1 이하)을 살아야 한다. 겨자씨가 나무만큼 자라는 것처럼 왕성하게 자라며(마 13:31 이하), 진주보다 귀한 나라임을 깨닫고 알아(마 13:44 이하), 온 몸을 드리고 끝까지 달려가야 할 것이다(참고. 딤후 4:5 이하).

임마누엘 하나님을 예언한 이사야도 하나님 나라를 새 하늘과 새 땅으로 이미 알고 있었던 것으로 보인다.

[17] 보라 내가 새 하늘과 새 땅을 창조하나니 이전 것은 기억되거나 마음에 생각나지 아니할 것이라 [18] 너희는 나의 창조하는 것을 인하여 영원히 기뻐하며 즐거워할지니라 보라 내가 예루살렘으로 즐거움을 창조하며 그 백성으로 기쁨을 삼고 [19] 내가 예루살렘을 즐거워하며 나의 백성을 기뻐하리니 우는 소리와 부르짖는 소리가 그 가운데서 다시는 들리지 아니할 것이며 [20] 거기는 날 수가 많지 못하여 죽는 유아와 수한이 차지 못한 노인이 다시는 없을 것이라 곧 백 세에 죽는 자가 아이겠고 백 세 못되어 죽는 자는 저주 받은 것이리라 [21] 그들이 가옥을 건축하고 그것에 거하겠고 포도원을 재배하고 열매를 먹을 것이며 [22] 그들의 건축한 데 타인이 거하지 아니할 것이며 그들의 재배한 것을 타인이 먹지 아니하리니 이는 내 백성의 수한이 나무의 수한과 같겠고 나의 택한 자가 그 손으로 일한 것을 길이 누릴 것임이며 [23] 그들의 수고가 헛되지 않겠고 그들의 생산한 것이 재난에 걸리지 아니하리니 그들은 여호와의 복된 자의 자손이요 그 소생도 그들과 함께 될 것임이라 [24] 그들이 부르기 전에 내가 응답하겠고 그들이 말을 마치기 전에 내가 들을 것이며 [25] 이리와 어린 양이 함

께 먹을 것이며 사자가 소처럼 짚을 먹을 것이며 뱀은 흙으로 식물을 삼을 것이니 나의 성산에서는 해함도 없겠고 상함도 없으리라 여호와의 말이니라(사 65:17-25).

이 예언의 말씀은 종말론적 의미를 가지고 있음이 분명하다. 임마누엘 하나님은 이 놀라운 사실만을 그저 알고 계셨던 것이 아니라 그것을 이루는 과정도 확실하게 알고 있었음이 분명하다. 또 다시 이것을 확인하기 위하여 요한에게 같은 새 하늘과 새 땅을 보여 주신 것이리라. 우리는 이것을 낭만적으로 생각한다면 감상적인 유토피아 사상과 다를 것이 없을 것이다. 그러나 예수님은 하나님 나라가 결코 감상적인 나라가 아님을 확실하게 보여 주셨다. 그것은 하나님 나라에 속한 사람들의 삶의 태도에서 알 수 있다. 하나님 나라에 속한 사람들은 심령이 가난해야 하고, 애통해야 하고, 온유해야 하고, 의에 주리고 목말라해야 한다. 더욱이 긍휼히 여겨야 하고 마음이 청결해야 하며 의를 위해 박해를 받아야 한다. 그리고 율법에서 말한 것들을 구체적으로 행해야 한다. 즉 사람들을 사랑해야 한다. 이러한 사랑이 모든 율법을 이룰 수 있기 때문이다.

그러므로 예수님에게 있어서 하나님 나라는 인간이 생각하는 이상이나 꿈과 같은 것이 아니고, 오직 하나님의 은혜와 긍휼로 베푸시며 통치하시는 나라임이 분명하다. 한마디로 말하면, 하나님 나라에 합당한 열매를 맺는 역할로 공유하고 나누고 희생하는 일을 해야 하는 나라이다. 이러한 노력이 하나님 나라를 들어가게 하는 직접적인 행위나 공적은 결코 아니다. 그럼에도 불구하고 하나님 나라는 그것을 사람들이 마땅히 할 일로 요구한다. 왜냐하면 그것이 율법을 완성하기 때문이다. 그리고 하나님 나라를 갈망하는 사람들의 삶의 질을 높이는 것뿐만 아니라 그들에게 삶의 내용과 방향도 가르쳐 주기 때문이다. 지금까지 위에서 살펴본 대로 예수님께서 말씀하신 하나님 나라를 좀더 구체적으로 세상의 나라에서 하는 일들과 비교하여 보자. 예수님의 통치에 관한 태도에서 그 구별되는 점을 볼 수 있다.

첫째로 예수님께서 내신 세금을 보자. 예수님은 세금을 내심으로 인하여 세상 나라에서 세금이 징수되고 있음을 보이셨다. 그리고 그것이 의무임을 보이셨다. 세상 나라는 나라가 세워지고 왕이 세워지면 막대한 비용이 든다. 이것은 이미 구약성경에서 사무엘의 말 가운데 확실하게 나타난다(참고. 삼상 8:10-17). 실제로 이스라엘 나라에서 왕이 일어나 통치함으로 인하여 현실적으로 그것을 보게 되었다. 세상 나라는 비용이 필요한 나라이다. 그러나 하나님의 나라는 비용이 필요 없다. 따라서 하나님 나라는 세금을 낼 필요가 없는 나라이다.

오늘날 이 세금 문제는 나라를 경영하는 데 있어 가장 큰 이슈 가운데 하나이다. 경제 정책 가운데 감세 정책은 국책 가운데서 큰 비중을 차지한다. 이 세금은 오늘날 사업하기 좋은 나라를 만드는 데 핵심 문제가 되기도 한다. 또 일자리 창출에도 큰 영향을 미치는 부분이다. 필자는 그린스펀(Alan Greenspan)이 미국의 경제정책에 오래 관여하면서 감세정책이 얼마나 중요한가를 지적하고 있음을 보고[112] 세상 나라에서 세금이 얼마나 중요한 문제인가를 분명하게 알게 되었다. 그런데 예수님께서 세금을 내시지 않는다는 모략을 한다는 것은 곧 세상 나라에서 의무를 이행하지 않는 사람으로 만드는 행위로 이해된다. 그렇지만 예수님은 세상 나라를 거부하시지도 않았고 그 제도도 거부하시지 않으셨다. 오히려 예수님은 세상 나라의 제도를 지키면서 그 제도의 내용을 분명하게 드러내신 것이라고 하겠다.

둘째로 예수님께서 헤롯왕을 가리켜 여우라고 하신 말씀을 보자. 사람들이 예수님에게 헤롯이 예수님을 죽이려고 한다는 말을 하자 예수님은 헤롯왕을 가리켜 여우라고 표현하셨다(눅 13:32). 헤롯왕은 로마 정부에 간교하게 아첨하여 왕위를 보전하고 있으면서 원칙이나 정의를 지키기보다는 왕위를 유지하는 데 적합한 것만을 이행하려고 하였다. 그가 예수님께서 정의를 말씀하심으로 인하여 예수님을 죽이려고 한 것은 잘 알 수 있는 일이다. 왜냐하면 헤롯왕이 정의를 지킨다는 것은 곧 왕위에서 물러나게 되는 행위를 하는 것이기 때문이다. 이렇게 정의를 지키는 것은 헤롯왕의 생존과 직결되는 문제였다. 헤롯왕은 당연히 정의를 주장하시는 예수님을 죽이려고 했을 것임을 짐작할 수 있다. 또 헤롯왕은 예수님을 죽임으로써 정의를 말살하여 자기의 왕위를 지속할 뿐만 아니라 하나님의 나라를 침노하여 무력화(無力化)시키려고 하였다고 생각된다. 사실, 하나님 나라는 헤롯왕에게 있어서 인정할 수 없는 나라였을 것이다. 원칙이 없는 정치를 하는 헤롯왕이 정의를 외치는 예수님을 죽이려고 하지 않았겠는가? 세상은 이렇게 여우처럼 간교한 정치를 하는 사람들이 지배하고 있음을 알게 된다.

이 부분은 사람들의 명예에 관한 부분이다. 간교한 정치로 인하여 세상의 나라에서는 권력을 누리는 사람들과 어려움을 당하는 사람들이 구별된다. 이렇게 해서 세상 나라에서는 계층이 생긴다. 간교한 정치를 하는 사람들은 자기들에게 맞추어 자기들의 권력을 지탱, 지속할 수 있는 방향으로 만들어가기 때문에 사회에 계층이 생긴다는 것에 대해서는 아랑곳하지 않는다. 아예 그것을 즐기는지도 모른다. 오히려 세상이 그렇게 되기를 바라는지도 모른다.

이렇게 간교한 정치가 세상을 어렵게 만드는 것은 현대 세계에서 잘 볼 수 있는 것이기도 하다. 식민지 정책에서도 강자가 약자를 탈취하는 과정 중에 간교한 정치가 나타났다. 강대국의 흥망에나 제국의 행태에서도 그것을 볼 수 있다. 그래서 식민지로 전락해 있는 사람들의 독립 전쟁은 계속되고 폭력 사태까지도 일어난다. 현대에는 테러라는 수단을 이용하기도 한다. 힘이 있을 경우 전쟁을 통해 나라를 되찾으려고 할 수 있지만 여전히 그 나라는 세상의 나라이다. 이러한 환경에서는 세금을 가지고 정치를 하려고 해도 예측하기 어려운 실정이다. 정부는 전쟁을 하기 위해 국민들을 속이는 경우도 서슴없이 감행하는 경우도 있다. 이렇게 해서 신뢰를 상실하고 투명성을 무시하는 경우가 된다. 이러한 일들은 세상의 국가가 하는 일들이다. 이것들은 사람이 결코 해서는 안 되는 일들이다. 그럼에도 불구하고 하는 것은 세상 나라의 생리이기도 하다. 그러나 하나님 나라는 이러한 일이 필요가 없다. 왜냐하면 여우의 행태와 같은 간교한 정치를 할 필요가 없기 때문이다.

예수님은 이러한 이유로 인하여 분명하게 세상 나라의 여우 같은 간교한 행태를 지적하시지 않을 수 없었을 것이다. 예수님은 죽음이 결코 두렵지 않으신 이유도 있었을 것이다. 헤롯왕은 자기의 통치에 방해되는 것은 무엇이든 또 누구이든 용서하지 않으려고 하였을 것이다. 그래서 정의를 말하는 세례 요한의 비판을 두려워하면서도 옥에 가두고 결국 죽였을 것이다. 예수님은 그러한 행위를 잘 들으셔서 알고 계셨다. 예수님은 이러한 죽음을 두려워하시지 않고 서슴없이 헤롯왕에 대해 세상 나라의 통치 행태를 여우라는 상징어를 사용하여 비판하신 것이다. 정의도 없고 바른 나라의 모델을 무시하고 침노하는 행위를 서슴없이 행하는 헤롯왕은 지상의 나라의 대표적인 정치인으로서 비판을 받아 마땅하다.

셋째로 예수님께서 말씀하신 진리를 보자. 세상 나라의 정치인 가운데 이스라엘 나라에서 예수님 당시 대단히 중요한 인물이 본디오 빌라도이었다. 자기 스스로도 말했지만 예수님을 풀어 줄 수도 있고 가둘 수도 있고 죽일 수도 있는 권세가 있던 사람이었다. 그런데 자기 앞에 무력하게 보인 예수님으로부터 이해하기 어려운 낱말인 진리라는 낱말을 듣고, 진리가 무엇이냐라는 질문을 한다(요 18:38). 정치에서 반드시 필요한 내용이 진리인데 세상 나라의 권세를 가진 빌라도가 진리를 몰랐다는 것은 진리를 행하지 않았기 때문이었을 것이다. 이것은 세상 나라의 권세의 현실이었다. 그래서 예수님은 세상 나라가 따라야 할 기준으로서의 진리를 하나님 나라의 삶의 기준인 진리로 확실하게 가르쳐 주시려고 했지만, 빌라도는 그 낱말을 이해조차 할 수 없었다. 이만큼 세상 나라는 부끄럽고 어긋나 있다. 지금도 그런 것을 볼 수 있다. 세상 나라에서 인연, 학연, 지연 등의 말이 나오는 것은 바로 진리를 알지 못하거나 외면하는 행태를 보고 한 말이다. 오늘도 진리를 외친다면 분명히 생명까지도 위협을 받을 수 있을 것이다. 예수님은 자신이 진리이심을 밝히셨고 세상에 임마누엘 하나님으로서 오셨을 때에도 진리로 충만하셨음을 보여 주셨다. 그리고 세상 나라의 통치가 본받아야 할 삶의 기준도 진리임을 밝혀 주셨다. 다만 사람들이 따르지 않은 것뿐이었다. 이렇게 하나님 나라와 세상 나라는 확연히 구별된다.

예수님은 바로 이러한 현실에서 제자들에게 기도를 가르쳐 주셨다. 그 가운데 한 부분이 "나라가 임하옵시며"이다. 이것은 기도이다. 이 세상에서 시작된 것도 아니고 이 세상에서 지금 일어나고 있는 것도 아니기 때문에 그것이 이뤄지도록 기도하게 하신 것이다. 예수님은 기도가 인간의 소원이 아님을 여기서도 보여 주신다. 인간이 소원을 할 때에는 하나님의 뜻에 맞아야만 들어주시는 것을 알 수 있다. 예수님이 가르쳐 주신 나라는 하나님의 나라다. 예수님은 하나님 나라가 하나님께서 통치하시는 나라이기에 그 나라가 이뤄지기를 바라는 기도를 하게 하신 것이다. 이 나라는 유토피아처럼 이뤄질 수 없는 것이 아니다. 사람들이 이룰 수 있는 나라도 아니다. 사람들이 이룰 수 있다면 그것을 건설하는 방안을 가르쳐 주셨을 것이다. 그리고 그것이 기도의 내용이 될 수 없었을 것이다. 그러나 그 나라는 하나님께서만 이루실 수 있는 나라이기 때문에 기도의 중요한 내용으로 가르쳐 주신 것이다.

"나라가 임하옵시며"라는 기도는 곧 이어지는 "뜻이 하늘에서 이뤄진 것 같이 땅에서도 이뤄지이다"라는 기도와 맥을 같이 한다. 하나님의 나라가 땅에서 이뤄지는 것이 하나님의 뜻이면 이뤄지게 해 주시라는 기도이다. 이렇게 해서 하나님 나라는 우리의 기도의 내용이며 우리가 소망하는 나라임을 알 수 있다. 즉 우리는 소망을 하나님 나라에 걸어도 된다는 것을 예수님께서 확인해 주신 것이라고 할 수 있다. 예수님은 임마누엘 하나님으로서 하나님의 나라를 이 땅에 성취하신 분이시다. 예수님은 하나님 나라가 이 땅에서 성취되고 완성될 것임을 예고하셨다. 즉 예수님께서 다시 오실 때에 완성될 것임을 밝히셨다. 그날을 우리는 기도하면서 기다리고 있다. 여기서 필요한 것은 그날을 위해 하나님 나라에 합당하게 우리가 마땅히 해야 할 행위를 하는 것이다.

세상 나라의 왕은 나라를 관리한다는 의미에서 하나님 나라를 모방하는 것이 좋을 것이다. 그렇게 완벽하게 모방을 못한다 하더라도 르무엘 왕에게 권하는 어머니의 말과 같은 것이 있으면 도움이 될 것이다. 즉 왕의 힘을 여자에게 쓰지 말고, 왕을 멸망시키는 일을 하지 말고, 법을 잊어버리게 하고 어려움에 처한 사람들의 송사를 굽게 할 수 있는 술을 삼가라는 말은 세상 나라의 통치에 큰 도움이 될 것이다. 이러한 말은 긍정적인 안목에서 가르쳐 주는 내용이다. 공의로 재판하며, 어려움에 처한 사람들이 당한 억울하게 뒤집어 쓴 죄를 씻어 주는 일을 하는 것(伸寃)이 통치에 큰 도움을 줄 것이다. 또 가정의 과제를 이행하여 가정을 잘 살피게 하는 것이 통치에 도움을 줄 것이다. 무엇보다 중요한 것은 여호와를 경외하는 것이다. 왜냐하면 여호와를 경외하는 것으로부터 앞에서 본 왕이 마땅히 이행할 행위가 나올 것이기 때문이다(참고. 잠 31:1-31).

이스라엘의 역대 왕들의 통치를 볼 때, 하나님을 사랑하고 경외하는 기준에 굳게 서 있었느냐 아니냐에 따라 그 흥망이 좌우되었음을 알 수 있다. 하나님의 나라를 성취하지는 못해도 적어도 통치의 기회가 주어졌을 때 왕들은 하나님을 경외하는 것은 가장 우선으로 하고 통치를 해야 한다는 것을 나타낸다. 이스라엘 사람들이 가장 희망하고 자랑스럽게 여기는 다윗이 다스린 나라도, 다윗이 그러한 맥락에서 통치하고 하나님께서 함께하셔서 나라가 왕성하였기 때문에 그렇게 흥왕한 것이다. 이러한 나라는 하나님이 함께하시는 나라이며 하나님이 통치하시는 나라를 모방하는 나라가 될 것이다. 물론 하나님 나라는 종말론적인 의미를 가지고 그날에 완성될 것이지만, 세상의 나라들이 본을 받아야 할 나라임에 틀림없다. 그래서 예수님은 하나님의 나라를 처음부터 끝까지 선포하시고 그것을 위해 사람이 마땅히 할 일들을 가르쳐 주셨다.

사실, 지상에서 하나님 나라를 건설하기 위해 많은 사람들이 외치고 노력하였다. 이스라엘 사람들도 그것을 기대하였지만, 극히 소수와 체념을 한 사람들을 제외하고는 자기들이 살고 있는 세상 나라의 연속을 원하거나 자기들의 기득권을 상실하지 않는 범위 내에서 실현하려고 하였다. 그렇지만 임마누엘 하나님께서 보실 때에 당시의 이스라엘 나라는 하나님 나라와 거리가 대단히 멀었다. 다시 말하면 하나님의 나라와는 정반대로 가는 나라이었다. 그러니 예수님은 하나님 나라를 외치시지 않을 수 없었던 것이다. 왜냐하면 그러한 나라는 멸망하여 없어질 나라이었지만 하나님 나라는 영존할 나라이기 때문이다.

지상에 하나님 나라를 건설하고자 했던 사회복음(the social gospel) 운동의 근간을 보자. 이것은 사회복음 운동을 주도한 사람들 가운데 사상적으로 대표적인 위치에 있는 라우쉔부쉬(Walter Rauschenbusch)의 사상(思想)에서 예수님의 말씀을 따라 발전시켜가는 내용을 통해 볼 수 있다.[113]

> (1) 하나님 나라의 사상은 보편성(universality)의 방향에서 발전하였다.
>
> (2) 하나님 나라의 사상은 영성(spirituality)의 방향에서 발전하였다.
>
> (3) 하나님 나라의 사상은 그것을 건설하는 데 있어서 진리와 사랑과 영적 힘에 의존하는 방향에서 발전하였다.
>
> (4) 하나님 나라의 사상은 개인의 인격의 가치를 인식하는 가운데 발전하였다.

그리고 라우쉔부쉬는 하나님 나라의 목적을 두 가지로 역설한다. 하나는 모든 개인을 하나님의 아들이 되는 것과 영생을 얻는 것으로 회복시키는 것이며 다른 하나는 인간 사회의 모든 형태에서 이 세계의 정신을 이기시고 그리스도의 영이 승리하시는 것과 인간 사회에 의하여 형성된 모든 제도에서 그리스도의 승리에 상응하여 일어나는 변화를 가져오게 하는 것이다. 이것은 개인의 완성과 사회의 완성을 동시에 생각하면서 하나님 나라의 성취를 하려고 한 것임을 보여 준다. 그리고 라우쉔부쉬는 하나님 나라의 건설을 위한 혁명적인 힘으로써 그리스도와 성령과 교회를 지목하였다. 여기에 맞게 교회는 세상에 대해 윤리적 영향을 미쳐서 사람들로 하여금 바른 행위를 할 수 있도록 하며, 또 예언자적 직능을 가지고 사람들의 양심을 살게 하고 윤리적 분별력을 분명히 가지게 하며, 도덕적 용기와 힘을 강화시키도록 해야 한다고 라우쉔부쉬는 촉구하였다. 더 나아가 그는 교회가 세상의 행위의 인도자가 되어야 한다고 주장하였다. 그는 여기에 사랑의 법을 새 법으로 제시하기까지 하였다. 이것은 당시 사회적 위기를 맞고 있던 사회에 대해 새로운 윤리를 제창하는 일이기도 하였다. 이것은 동료인과의 관계를 포함한 사회의 구원을 위한 노력이었다. 이것은 일관성이나 삶의 일치성이나 진실을 지키는 행위를 요구하는 것이었으며, 생활 속에서 갈등을 당할 때에 영(靈)의 소리를 듣고 복종하는 행위를 요구하는 것이었다. 그리고 라우쉔부쉬는 사회구원(社會救援, social salvation)을 위해 구체적인 방안(方案)을 제시하기도 했다. 즉 사회적 죄를 위한 회개와 새로운 사회 질서의 가능성을 믿는 신앙을 요구했고, 사회구원을 위하여 사회의 복음화를 요구했고, 하나님 나라의 새로운 복음이 정상적인 기독교인의 개인적 신앙과 증언으로 인하여 기독교의 공동의식으로 전달될 것을 요구했고, 새로운 사회적 관습과 제도를 만들어낼 것 등을 요구했다. 라우쉔부쉬는 이러한 신앙을 사회적 신앙이라고 했다. 이러한 구체적인 프로그램과 같은 내용들을 제시하였음에도 불구하고 하나님 나라를 이 땅에 건설하려고 하는 노력은 허사(虛事)로 돌아가고 말았다. 하나님의 나라는 예수님의 말씀을 단순히 인간이 형식적으로 모방하는 것으로써 지상에서 성취할 수 있는 나라가 아니었다.

우리는 하나님의 나라를 본받아 이 땅에서 마땅히 할 일들을 해야 하지만 하나님의 나라를 스스로 성취하려고 하거나 완성하려고 해서는 그 것을 이룰 수 없음을 알아야 한다. 하나님의 나라는 그것이 이뤄질 때까지 항상 우리의 기도로 남아 있어야 한다. 이미 하나님 나라의 성취는 임마누엘 하나님이신 예수님에게서 이루어졌으며 그 완성은 예수님의 재림으로 인하여 이뤄질 것이기 때문에 우리는 그 기간 동안 마땅히 할 일만 하면 되는 것이다. 이것을 넘어가려고 하는 행위는 죄를 지을 수 있다. 하나님의 나라는 이 세상에서 가장 좋은 나라를 세운다 하더라도 비교할 수 없다. 왜냐하면 하나님 나라는 그 어떤 나라보다 다르고 탁월하기 때문이다. 하나님 나라는 사람들이 중심이 되는, 즉 사람들이 자기들을 중심으로 하여 무늬만 하나님 나라이고 실상은 사람들의 나라가 되는 것을 허락하시지 않으신다.

다시, 하나님 나라의 관점에서 예수님의 시험 받으신 내용으로 돌아가 보자(참고. 마 4:1 이하; 눅 4:1 이하). 예수님의 시험은 돌로 떡을 만드는 것으로부터 시작한다. 이것은 일종의 경제적인 시험이라고 할 수 있다. 경제는 떡을 만들어 사람들에게 나누어 주는 것이라고 할 수 있다. 예수님의 대답은 그것과는 직접적으로 상관이 없는 것처럼 보인다. "사람이 떡으로만 살 것이 아니요 하나님의 입으로부터 나오는 모든 말씀으로 살 것이다." 여기서 주목할 것은 하나님과 하나님의 말씀이다. 하나님의 말씀은 세상 경제를 굴러가게 하는 힘보다 더 강한 힘을 갖고 있다. 그것은 세상을 새롭게 만들어가는 문화를 상징하였다. 그것을 주관하시는 분은 하나님이시라는 것이다. 하나님께서 하나님의 말씀으로 이 세상 사람들을 살아가게 하신다는 것이다. 이것은 삶의 에너지가 하나님으로부터 온다는 것을 밝히는 내용이다. 떡은 육신에 한정된 것이지만 하나님의 말씀은 영생에 관계되는 것이며, 따라서 하나님 나라에 관련된 것이다. 즉 세상 나라를 이기고도 남는 힘을 가진 나라의 삶을 나타낸다. 그럼에도 불구하고 사람들은 이 세상에 묶이어 이 세상에서 살아갈 떡을 찾는다. 이것을 잘 알고 있던 마귀는 사람들을 그 방법으로 유혹한다. 사람들은 바로 정신을 차리고 자기들이 어떤 위치에 있는지를 파악하고 바르게 살아가야 한다. 이것은 세상에서 세금이 필요로 하고, 그래서 떡으로써 그 필요를 충족하게 한다는 것처럼 들리기도 한다. 바로 이것을 예수님은 아시고 하나님 나라에서 세금이 필요 없는데 세상 나라는 인간을 중심으로 하여 통치하기 때문에 떡과 같은 물질을 구하고 있음을 드러내시며, 하나님 나라에서는 그것이 필요한 것이 아니고 하나님의 말씀이 필요하다는 것을 알게 하시는 것이다.

마태복음과 누가복음이 순서를 바꾸고 있어서 마태복음의 순서를 따라 두 번째 시험을 살피려 한다. 그것은 하나님의 아들이라면 성전 꼭대기에서 뛰어 내리라는 것이었다. 이것은 사회에서 명예를 생각하는 것과 관련 있는 것으로 보인다. 이것은 간교한 말로 예수님을 꼬이는 것이다. 이는 명예를 얻고자 하는 사람들에게 오는 시험이다. 예수님은 이번에도 넘어가지 않으셨다. 예수님의 대답은 확실했다. 즉 "주 너의 하나님을 시험하지 말라"였다. 이것은 명예를 위해 그리고 자기의 안정을 위해 간교한 행위를 했던 정치인으로 여우로 표현되었던 헤롯왕이 요구하는 것과 같았다. 이것은 결국 명예를 추구하는 사람들 때문에 세상에 위계질서가 생기게 되고, 거짓과 가짜가 생기게 되고, 모함과 약속을 어기는 일이 일어나게 됨을 알려 준다. 그래서 신뢰와 투명성을 볼 수 없게 된다. 사회의 불평등하고 불공평함도 바로 명예를 추구하는 사람들로 인하여 일어난다. 예수님도 자신이 하나님의 아들이시며, 하나님이 예수님의 행동에 대해 보호하실 것을 아시고 계셨을 것이다. 그렇지만 바로 마귀는 이것을 이용하여 시험을 한 것이다. 세상에서는 바로 이러한 명예를 추구하는 일이 가득 차 있지만 하나님 나라에서는 그것이 허용되지 않는다. 진정한 명예를 얻는 것은 하나님을 경외하는 것이다(잠 22:4). 이것은 하나님의 은혜로 인하여 보상으로 받는 것이다. 이것은 생명 즉 영생도 얻게 하는 길이다. 그런데 예수님께서 왜 마귀의 꼬임에 넘어가겠는가? 어리석은 사람들만 그러한 유혹에 넘어갈 것이다.

세 번째 시험은 마태복음에 따르면 마귀가 지극히 높은 산으로 가서 천하만국과 그 영광을 예수님에게 보여 주며 "내게 경배하면 이 모든 것을 네게 주리라"고 한 것이었다. 이것은 가장 중요하고 최종적이고 결정적인 시험으로서 진리에 관한 것이었다. 즉 하나님 나라의 정의(正義)에 관한 것이었다. 기본을 바꾸려고 한 것이었다. 즉 하나님 중심의 나라에서 마귀 중심 또는 마귀의 유혹에 넘어가는 사람 중심의 나라와 삶으로 바꾸려고 한 것이다. 이것이 이뤄지면 모든 것을 이룰 수 있다는 판단에서였을 것이다. 처음 두 시험은 경제적이고 사회적인 것이었지만 세 번째 시험은 정치적이고 종교적인 것이었다. 하나님의 통치에 도전하는 것이었다. 경배는 모든 것을 내놓고 복종하는 표현이다. 모든 권세와 모든 것을 하나님으로부터 받으신 예수님께서 무엇이 더 필요했겠는가? 이미 임마누엘 하나님으로서 하나님의 통치를 실현하신 분이 왜 마귀에게 경배를 해야 했겠는가? 마귀는 참으로 어리석은 행위를 한 것이다. 물론 마귀는 본래 하나님을 떠나 있기 때문에, 어리석은 것으로 표현되고 있다. 하나님과 동행하지 않는 것은 무엇이나 어리석은 것이다. 그래서 결국 죽음으로 향해 가게 된다. 이러한 내용들을 아래에 간단히 정리하여 비교해 보기로 하자.

하나님 나라	세상 나라
하나님 중심의 나라	사람 또는 마귀 중심의 나라
하나님을 기쁘시게 하는 나라	사람을 기쁘게 하는 나라
하나님의 뜻을 따르는 나라	사람의 뜻을 따르는 나라
하나님이 함께하시는 나라	하나님이 계시지 않는 나라
겸손의 나라	교만의 나라
지혜의 나라	어리석음의 나라
생명의 나라	죽음의 나라
샬롬의 나라	부족함의 나라
만족의 나라	불만족의 나라
온전함을 추구하는 나라(정치)	온전함을 추구하지 않는 나라
형통한 나라(경제)	더 많이 얻으려고 애쓰는 나라
인간의 웰빙을 추구하는 나라(복지)	삶에서 궁핍을 느끼는 나라
부족함이 없는 나라(시 23편)(문화)	항상 부족함을 느끼는 나라

임마누엘 하나님이신 예수님께서 예수의 윤리의 목표와 완성으로 말씀하신 하나님의 나라의 내용을 마지막으로 요약해 보자.

(1) 하나님 나라는 하나님을 중심으로 하여 하나님이 원하시는 것을 마땅히 해야 할 일로 실행하는 나라이다.

(2) 하나님 나라는 하나님께서 싫어하시는 것 또는 금하시는 것을 하지 않는 나라이다. 오히려 하나님께서 기뻐하시는 일을 사람이 마땅히 할 일로 여기고 실행하는 나라이다.

(3) 하나님 나라는 임마누엘 하나님이신 예수님께서 가르쳐 주시고 분부하신 내용을 사람들이 마땅히 할 일로 알게 하고 지키게 하는 실행 또는 실천의 나라이다.

예수의 새로운 십계명
– 예수의 윤리의 행위 규칙들

"새로운(新)"이라는 말은 구약성경에서 보여준 십계명을 예수님께서 새롭게 해석하신 것을 표현하기 위해 필자가 붙인 것이다. 그러면 무엇이 새로운가? 사실, 기본적인 형식은 유사하지만 그 의미에서 완전히 새로운 것이라는 뜻이다. 예를 들면, 옛 사람은 이웃은 사랑하고 원수는 미워하라고 한 것을 예수님은 이웃도 사랑하고 원수도 사랑하라고 하셨다. 그러면 이렇게 해석을 한 예수님은 임마누엘 하나님으로서 족보를 통해 육신의 아버지 요셉으로부터 시작하여 거슬러 올라가면 하나님까지 연결된다. 사실, 예수님 자신이 이것으로 완전히 사람이라는 것을 보여 주시며, 동시에 하나님과 연결됨으로써 하나님 자신임을 보여 주신다. 이것으로써 임마누엘 하나님이신 예수님은 확실성(certainty)을 나타내시며, 불확실성을 불식시키신다.

예수님은 신뢰할 수 있는 근원을 보이시며, 믿음을 갖게 하시고, 확신을 갖게 하신다. 예수님은 또 하나님과 동일하심을 보이심으로써 일치성을 나타내시며, 언행일치(言行一致)를 통해 일관성을 지키시고, 다시 오신다는 약속까지도 믿게 하시는 지속성도 보이신다. 이것은 예수님께서 우리를 데리려 오신다는 약속을 보장하시는 것이라고 필자는 믿는다. 이러한 점이 우리들에게 새로운 의미로 들린다.

예수님은 임마누엘의 사건을 통해 하나님께서 약속을 이루신 것을 보이시고, 세상에서의 삶을 통하여 만민을 다스리는 권세를 아버지 하나님으로부터 받으신 것을 보이시며, 그 권세로 질병을 고치셨고 귀신을 쫓아내셨으며, 때가 되어 아버지를 영화롭게 하신 목적과 사람들로 하여금 참 하나님과 그의 아들 예수 그리스도를 믿게 하신 목적을 이루셨음을 보이셨다. 이것을 계승하게 하신 예수님은 당대에도 많은 제자들을 두셨지만, 특별히 열두 명의 사도를 두셨고, 직접 훈련하셔서, 예수님과 같은 사역을 할 수 있도록 하셨다. 오늘에 이르러서는 10억도 넘는 제자들이 있다. 이것은 분명히 양적인 성공이며, 동시에 제자들로 하여금 항상 회개하여 순결한 마음을 갖고 예수님께 다가오도록 하신다는 점에서 질적인 성공이기도 하다. 이러한 예수님께서 계명을 주셨는데, 간단히 요약하면 "서로 사랑하라"는 계명이다. 이 계명의 이면에는 분명히 하나님을 사랑하고 이웃을 사랑하라고 말씀하신 원 계명이 있다. 이 원 계명에 따라 성경의 십계명이 해석되어야 한다. **이러한 예수님의 계명은 하나님 중심과 하나님 나라의 관점에서 십계명을 해석하신 것이며, 따라서 필자는 이것을 새로운 십계명이라고 부른다.**

지혜로운 자는 하나님을 사랑하여 지혜와 지식을 얻어서, 세상을 살아가는 데 마땅히 할 일을 하는 규칙들을 믿음의 열정을 가지고, 사랑의 책임감을 가지고, 소망의 판단력으로 참으며, 동시에 바라며 사는 길을 택하고, 샬롬의 삶을 이루며, 하나님 나라를 향해 가면서 지킬 것이다. 이 규칙들을 지키는 것이 사람들이 마땅히 하여야 할 윤리 규칙들을 지키는 것이기는 하지만, 영생을 얻게 하지는 못할 것이다. 그럼에도 불구하고 하나님을 사랑하고 이웃을 사랑하는 사람들은 임마누엘 하나님이 반드시 지키도록 제시하신 행위 규칙으로 알고, 또 예수님께서 원하시는 것을 이루는 과정 가운데 행해야 하는 규칙으로 알고 지켜야 할 것이다.

이러한 규칙들은 극히 개인적인 계명이라고 하거나, 아니면 지키기 불가능한 것으로서 하나의 원칙으로만 제시한 것이라는 등으로 이해하는 경우도 있지만, 예수님은 이러한 규칙들을 몸소 지키셨기 때문에 이것들은 확실히 가능한 것이다. 물론 인간들이 예수님을 따라 행하는 것은 불가능하다는 평가를 할 수 있지만, 항상 예수님은 사람에게는 불가능하게 보이지만 하나님에게는 분명히 가능하다고 말씀하신다. 이것은 하나님을 사랑하는가 하지 않는가를 보일 수 있는 가능성을 나타내는 것이다. 이것은 대단히 힘든 일이기 때문에 예수님은 우리가 하나님을 믿고 행동하고 회개하며 힘을 얻어서 규칙들을 지켜나가기를 바라신다. 필자는 예수님의 가르치심을 따라 십계명을 새롭게 해석하여 윤리 행위의 규칙으로 만들기를 바라면서 여기에 다음과 같은 것들을 정리하고자 한다.

첫째 계명은 "중심(中心)을 잡고 살라"이다. 구약성경에서 첫째 계명은 하나님 외에 다른 신을 두지 말라이다. 이것은 우리의 삶의 유일한 중심(中心)이 하나님이시라는 것이다. 따라서 첫째 계명은 우리가 사는 동안 하나님 중심의 삶을 살아야 한다는 것이다. 하나님은 중심이 아닌 주변의 것이나 부수적인 것과 분명히 구별되어, 그러한 것으로 바꿀 수 없다는 것이다. 부수적인 것에 해당하는 권력이나 명예나 빵과 같은 것으로 바꿀 수 없다. 그런데 인간들은 이 중심을 잃고 삶에서 종종 휘청거리는 모습으로 나타날 때가 있다. 이런 때에는 중심을 잃고 있음을 빨리 알아차려야 한다. 그렇지 않으면 거기서 헤어날 수 없기 때문이다.

성경의 첫째 계명은 위에서 본 대로 하나님 외에 다른 신들을 우리에게 있게 하지 말라이다. 이 하나님은 이스라엘 사람들이 애굽 땅에서 종되었을 때에 거기서 그들을 인도하여 자유를 주시고 생명을 지켜 주신 여호와 하나님이시다. 이것은 하나님께서 직접 밝히신 이름으로서 그 하나님의 정체성이다. 이 하나님은 모세에게 나타나셔서 모세가 이스라엘 백성을 인도하게 하시기 위하여 먼저 "스스로 있는 자"이심을 확인해 주셨다(출 3:14). 이 하나님이 바로 이스라엘 조상의 하나님, 즉 아브라함의 하나님, 이삭의 하나님, 야곱의 하나님이시다. 따라서 죽은 자의 하나님이 아니시고 산 자의 하나님이시다. 이 하나님이 모세로 하여금 이스라엘 백성들을 인도하게 하셔서, 젖과 꿀이 흐르는 가나안 땅에 들어가게 하셨다. 하나님의 막강한 힘이 아니면 그러한 기적이 결코 일어날 수 없었고, 강력한 힘을 가진 가나안 사람들의 땅에 이스라엘 백성이 들어갈 수도 없었다.

하나님은 이렇게 확실한 인도자로서 막강한 힘을 보여 주셨지만 이스라엘 백성들은 가나안 땅으로 가는 도중 하나님에 대하여 여러 번 불평을 하고 반역을 하였다. 특히 가장 기본적인 생활 필수 조건이나 필수품이 없을 때에 더 그랬으며, 모세에 대해서 대적하기도 하였다. 그들은 결국 우상을 만들어 하나님을 대신하려고 하는 가장 큰 반역을 하였다. 그럼에도 불구하고, 하나님은 자신이 하신 약속 때문에, 그 약속을 지키기 위하여 회복하는 길을 가르쳐 주셨고, 결국 사람들의 힘으로는 불가능하게 되었을 때에 하나님의 전능하신 힘으로 사람이 되셔서 속죄의 길을 터 주심으로 새로운 생명의 길을 가게 해 주셨다. 이것이 임마누엘 하나님이신 예수님이 세상에 오신 이유이며, 오늘 우리가 믿고 따르는 길이기도 하다. 이 예수님께서 하나님이 모세를 통해 주신 계명을 새롭게 해석하시며 우리에게 계명으로 주셨다. 그러므로 우리는 이러한 하나님을 사랑하여 삶의 중심으로 받아야 할 것이다. 또 이 하나님이 통치하시는 나라를 건설하신다는 관점을 가지고 살아야 한다. 왜냐하면 이 길을 가는 것만이 살 길이며, 희망의 길이기 때문이다.

첫째 계명을 지키는 것은 이 세상에서 사는 길일 뿐 아니라 영원한 생명을 얻는 자가 마땅히 지켜야 할 일이다. 이 계명은 하나님을 사랑하라는 첫째 되는 계명에서 보면 영생의 나라인 하나님 나라에서도 지켜져야 할 계명이다. 그러므로 이 계명은 항상 지켜져야 하기 때문에 중심(中心)으로 잡고 지켜야 한다. 이렇게 함으로써 우리는 삶의 기초를 확립하는 것이고, 삶의 방향을 설정하는 것이다.

하나님은 아담과 하와를 창조하시고 그들이 살 수 있는 길로서 하나님의 말씀을 따라 사는 길 즉 하나님을 사랑하는 길을 보여 주셨지만, 그들은 따르지 않았고 그 후로 계속해서 그 후예들도 아담과 하와가 가는 길로 갔기 때문에 임마누엘 하나님이 오시지 않을 수 없음을 보았다. 이것은 모두 인간이 삶의 중심을 잃은 것 때문이었다고 할 수 있다. 지구가 태양을 중심으로 돌 때에 제 궤도를 도는 것처럼 우리는 하나님을 중심으로 살 때에만 제대로 사는 것이다. 그러나 이스라엘 백성들은 삶의 중심이신 하나님을 떠나 살았고, 그 결과로 폐망의 길로 떨어졌다. 이 과정에 유능한 지도자가 나타나면 하나님께 죄를 자백하고 용서를 구하여 다시 사는 길을 얻었지만, 그렇지 못할 경우는 모두 계속해서 죽음의 길을 갔다. 이것을 깨우쳐 준 사람들이 예언자들이었다. 그러나 이스라엘 백성들은 예언자들의 외침에도 불구하고 듣지 않고 자기들의 길을 가다가 죽음을 맞았다. 예수님은 이러한 내용들을 자세히 가르치심으로써 하나님을 중심(中心)으로 회복하여 삶의 중심으로 삼고 살아가도록 하셨다. 그것은 하나님을 사랑하는 것이었다. 그것은 곧 삶의 지혜를 얻는 길이요, 삶의 지식을 얻는 길이었다. 그것이 하나님을 믿는 길이었다. 그러므로 하나님을 사랑함으로 인하여 중심을 회복하고 영생의 길을 가라는 의미로 첫째 계명을 이해하게 하신 것이다. 우리는 첫째 계명을 통해 중심을 바로 잡아 삶의 길로 가는 윤리 행위를 이행할 것을 요구받는다.

둘째 계명은 "중심(中心)에 굳게 서서 살라"이다. 구약성경에서 둘째 계명은 우리를 위하여 우상을 만들지 말라는 것이다. 이것은 첫째 계명과 연속성을 갖는다. 즉 하나님은 한 분이시기 때문에 그 어떤 것으로도 대체할 수 없다. 그런데 사람들은 자기들이 힘들 때에나 유혹을 받을 때에 하나님을 대체하려고 하는 마음을 쉽게 갖는다. 후자의 경우에서 가장 잘 알 수 있는 실례는 아담과 하와가 마귀의 유혹에 빠진 것이다. 이러한 마귀의 유혹에서 이기고 승리하는 길을 보여 주신 분은 바로 예수님이시다(참고. 마 4:1 이하; 눅 4:1 이하).

하나님을 대체하려고 했던 실례는 이스라엘 백성들이 한 일을 통해서 잘 나타난다(출 32: 1 이하). 모세가 십계명을 받기 위해 산에 올라가 내려오는 것이 더디자, 사람들이 모여 아론에게 가서 "일어나라 우리를 위하여 우리를 인도할 신을 만들라 이 모세 곧 우리를 애굽 땅에서 인도하여 낸 사람은 어찌 되었는지 알지 못한다"라고 말하였다. 이 말에 합류한 아론은 그 사람들에게 "너희의 아내와 자녀의 귀에서 금 고리를 빼어 내게로 가져오라"고 하였다. 그래서 모든 백성이 그 귀에서 금 고리를 빼어 아론에게 가져갔다. 아론은 그들에게서 금 고리를 받아 부어서 조각칼로 새겨 송아지 형상을 만들어 그들을 애굽 땅에서 인도하여 낸 신(神)이라고 하였다. 분명히 하나님은 둘째 계명에서 하나님을 대체하는 우상을 만들지 말라고 명령하셨음에도 불구하고 이스라엘 백성들은 어렵게 보이는 환경에서 하나님을 다른 것으로 대체하라는 유혹을 이기지 못하고 중심을 잃고 흔들렸다. 결국 우상을 만들어 하나님을 대적하였다. 그러나 하나님은 이렇게 되는 것을 막으실 뿐만 아니라 하나님을 사랑할 것과 하나님을 사랑하면 천대에 이르기까지 은혜를 베푸시겠다는 내용을 둘째 계명에서 자세하게 가르쳐 주신다. 이제 둘째 계명의 내용을 보자(출 20:4-6).

> [4] 너를 위하여 새긴 우상을 만들지 말고 또 위로 하늘에 있는 것이나 아래로 땅에 있는 것이나 땅 아래 물속에 있는 것의 아무 형상이든지 만들지 말며 [5] 그것들에게 절하지 말며 그것들을 섬기지 말라 나 여호와 너의 하나님은 질투하는 하나님인즉 나를 미워하는 자의 죄를 갚되 아비로부터 아들에게로 삼사 대까지 이르게 하거니와 [6] 나를 사랑하고 내 계명을 지키는 자에게는 천대까지 은혜를 베푸느니라(출 20:4-6).

예수님은 윤리 행위의 규칙으로서 둘째 계명의 내용을 가르치시면서 좌로나 우로나 흔들리지 말고 중심을 확실하게 잡고, 하나님이 통치하시는 하나님 나라를 바라보면서 절대로 하나님을 대신하는 대체물을 만들지 말고, 오직 하나님만 사랑하고 그것을 삶의 중심으로 잡고 살도록 하는 내용을 가르치셨다. 왜냐하면 이것만이 영생을 얻는 길이기 때문이다. 그러나 하나님을 사랑하는 것은 형식적인 것이 아니고 온 마음과 정성과 뜻과 목숨과 혼과 생명을 다하여 지키는 것이다. 더욱이 가진 모든 물질까지도 드릴 수 있어야 한다(참고. 눅 10:25-37). 더 나아가 하나님 사랑은 이웃 사랑으로 연결되는 계명 지킴이다. 잠언 기자가 말하는 것처럼 중심을 이탈한 죄인의 형통을 마음으로라도 부러워하지 말고 항상 하나님을 경외하고 사랑하여야 한다(잠 23:17). 잠언 기자는 이 내용에 추가하여 바로 여기에 사람의 장래가 있고 소망이 끊어지지 않는다고 말한다. 이 길이 사람이 마땅히 가야할 길이며, 바로 그 사람에게 지혜가 있음을 보이는 것이다.

생명의 하나님을 사랑하지 않는 행위 가운데 또 하나 중요한 행위는 하나님이 없다고 하는 것이다. 이것은 그저 세상에서 지혜와 지식이 없는 정도가 아니라 가장 어리석은 자로서 행위를 하는 것이다.

> 〔다윗의 시, 영장으로 한 노래〕 어리석은 자는 그 마음에 이르기를 하나님이 없다 하도다 저희는 부패하고 소행이 가증하여 선을 행하는 자가 없도다(시 14:1).

어리석은 자는 하나님이 계심을 부정하고 따라서 중심을 잃고 부패하여 가증한 행위를 하며 선을 행하지 않는다. 그 결과, 생명의 하나님을 부르지도 않는다(시 14:1 이하). 이것은 죽음을 향해 가는 것이다. 예수님도 이것을 잘 아시고 제자들을 가르치셨다. 예수님은 긍정적인 차원에서 둘째 계명의 내용을 가르치셨다. 즉 중심을 잡고 그 중심에 굳게 서서 사는 행위를 가르쳐 주셨다. 다시 말하면 예수님은 질병을 고치시고 귀신을 쫓아내시면서 그리고 그 능력을 제자들에게도 전수하시면서 하나님이 삶의 중심이 되도록 하셨다. 예수님은 항상 하나님과 함께하시면서 질병을 가진 자들이나 귀신 들린 자들에게 저주나 비난을 하시지 않고 그렇다고 죄인으로 취급하시지도 않으시면서 오직 그들의 믿음을 보시고 중심을 찾을 수 있게 하셨다. 사람들이 그렇게 하고자 하지 않을 때에도, 오히려 예수님께서 은혜로 고쳐 주셔서 하나님을 중심으로 모시고 살아갈 수 있게 하셨다. 우리가 예수님의 제자들이라고 생각한다면 바로 예수님의 정신을 이어받아 이러한 행위를 해야 할 것이다.

우리는 두 가지에 먼저 관심을 가질 필요가 있다. 하나는 맹세에 관한 것이고 다른 하나는 질병치료와 귀신을 쫓아낸 일에 관한 것이다. 맹세는 자신을 위장하여 중심에서 이탈할 가능성이 가장 큰 것이다. 사실, 인간은 맹세하기 이전에 자기의 연약함과 한계가 있음과 유혹에 넘어가기 쉽다는 것을 인정해야 한다. 그리고 무엇보다 인간은 궁지에 몰릴 때에 맹세를 하기 쉽고, 그때가 위장(僞裝)의 위험이 가장 높은 때임을 알아야 한다. 예수님은 명세 하는 것을 철저히 금하셨다.

[33] 또 옛 사람에게 말한 바 헛맹세를 하지 말고 네 맹세한 것을 주께 지키라 하였다는 것을 너희가 들었으나 [34] 나는 너희에게 이르노니 도무지 맹세하지 말찌니 하늘로도 말라 이는 하나님의 보좌임이요 [35] 땅으로도 말라 이는 하나님의 발등상임이요 예루살렘으로도 말라 이는 큰 임금의 성임이요 [36] 네 머리로도 말라 이는 네가 한 터럭도 희고 검게 할 수 없음이라 [37] 오직 너희 말은 옳다 옳다, 아니라 아니라 하라 이에서 지나는 것은 악으로 좇아나느니라(마 5:33-37).

예수님은 목회(牧會)의 일환으로 질병을 고치시고 귀신을 쫓아내셨는데, 질병은 내부로부터 일어나는 장애이며, 귀신 들림은 외부로부터 오는 방해이다. 따라서 예수님은 이러한 장애와 방해를 제거하시기를 원하셨을 것으로 이해된다. 왜냐하면 예수님은 사람들로 하여금 중심에서 이탈하게 하는 어떤 것도 없애야 하셨기 때문이었다. 이 문제의 해결은 예수님께 당사자들이 믿음을 보이거나 예수님 자신이 그들에 대해 해결할 마음을 보이실 경우에 이뤄졌다. 그러한 경우에도 예수님이 당사자들의 믿음을 속으로 보셨을 것이다.

가룟 유다는 중심이신 예수님을 팔아넘김으로 인하여 중심을 이탈한 대표적인 사례라고 할 수 있다. 외식하는 금식도 하나의 중심 이탈 표현일 것이며, 보물을 지상에 쌓으려고 하는 것도 자기 중심적인 강한 의지로 인하여 중심에서 이탈한 실례로 남을 것이다. 그러기 때문에 예수님은 보물을 하늘에 쌓으라고 말씀하신 것이다. 예수님은 중심이신 하나님의 나라를 먼저 구하라고 하셨다. 다시 말하면 중심에 서서 이탈하지 말고 바르게 살라고 하신 것이다. 주님이 가르쳐 주신 기도는 전체적으로 보면 중심이 하나님이시니 반드시 중심에 서는 것을 기도하라고 하신 것으로 보인다. 그러할 경우 하나님은 기도에 귀를 기울이시고 들으시며, 구원하시며, 요동하지 않게 해 주실 것임을 노래한 시인과 같을 것으로 이해된다(참고. 시 55편). 이때에 기도하는 사람은 "하나님은 나를 돕는 이시며 주께서는 내 생명을 붙들어 주시는 이시니이다"(시 54:4)라는 고백을 할 수 있을 것이다.

셋째 계명은 "이름을 알리는 삶을 살라"이다. 구약성경의 셋째 계명은 하나님 여호와의 이름을 망령되게 부르지 말라이다. 여기서 이름은 우리의 삶의 중심이신 하나님의 이름을 의미한다. 하나님의 이름이 중요하다. 왜냐하면 하나님의 이름은 우리의 삶의 중심이신 하나님의 이름이기 때문이다. 하나님의 이름은 바로 하나님 자신이었음을 앞에서 보았다. 그러므로 하나님의 이름을 알게 하는 것은 이름의 중요성과 구별됨을 알리는 것이다. 중요성이라 함은 하나님의 이름이 하나님 자신이며 우리의 삶의 유일한 중심임이 보존되어야 함을 의미한다. 그리고 구별됨이라 함은 하나님의 이름이 거룩하여 다른 어떤 속된 것과 혼돈되거나 혼합될 수 없는 것임을 의미한다. 하나님의 이름은 하나님께서 영이시기 때문에 육(肉)의 것들과 구별되어야 하며, 진리이시기 때문에 거짓과 같이 진리에 반(反)하는 것들과 구별되어야 한다.

임마누엘 하나님으로서 메시아이신 예수님은 제자들에게 기도를 가르치시면서 "이름이 거룩히 여김을 받으시오며"라고 말씀하셨다. 하나님의 이름은 거룩하기 때문에 그 이름은 구별되어야 하는데 우리가 구별하는 것이 아니고 하나님의 이름 자체가 구별되는 것이다. 거룩하게 하는 일은 하나님이 하신다. 다만 우리는 기도하는 가운데 그 이름을 속되게 만들지 않으면 된다. 우리가 하나님의 이름을 속되게 할 때에는 그 이름이 우리에게 거룩하게 보이지 않는다. 그것은 하나님의 이름이 더렵혀진다는 의미가 아니고 하나님의 이름이 속되게 하는 우리에게 나타나 주지 않는다는 의미이다. 우리가 죄를 지을 때에나 하나님의 이름을 망령되게 부를 때에 그러한 현상이 일어난다. 망령되게 부른다는 말은 거짓으로 부르거나 높이지 않고 부르거나 다른 사람들 앞에서 위선적으로 부르거나 무례하게 부르거나 교만한 마음으로 부를 때에 적용되는 말이다. 그러므로 하나님의 이름을 부를 때에는 영과 진리 가운데서 불러야 한다. 하나님의 이름을 통하여 하나님은 하나님이시고 인간은 인간일 뿐임이 드러난다. 하나님은 어디나 계실 수 있지만 인간은 공간적제약을 받는다.

삶의 중심을 잡고 흐트러지지 않고 바르게 살아가는 사람은 하나님의 이름을 중심에 지키고 있는 사람이다. 따라서 대체물도 없다. 마음으로도 하나님보다 더 한 것을 두지 않고 생각하지 않는다. 또한 하나님이 중심이라는 것과 구별된 하나님 자신인 그분의 이름을 전파한다. 예수님께서 위대한 명령으로서 우리에게 명령하신 것이다. 예수님이 말씀하신 이름을 가지신 분은 삼위일체 하나님이시다. 그래서 우리는 아버지의 이름과 아들의 이름과 성령의 이름으로 세례를 베푸는 일을 한다(마 28:19). 이것은 일치성과 일관성을 계속 확실하게 나타내는 것이다.

이 계명을 지킬 경우 우리는 예수님의 제자로 불릴 수 있다. 사실, 이 계명은 예수님께서 분부하신 것인데 세례를 베풀고 가르쳐 지켜야 할 계명이다. 그것은 서로 사랑하라는 계명이다. 예수님의 제자들은 이 계명을 잘 지켰다. 즉 실천하였다. 특히 요한은 가장 잘 전파하고 지킨 것으로 보인다. 왜냐하면 요한이 행한 내용이 요한복음과 요한 서신에서 잘 나타나 있기 때문이다. 하나님의 이름을 높이는 것은 구체적으로 하나님을 사랑하는 것이고 경외하는 것이며 그 계명에 근거하여 이웃을 사랑하고 서로 사랑하는 것이다. 그러므로 세례를 하나님의 이름으로 베푼다고 할 경우 바로 이 계명을 지키게 하는 것을 의미한다.

예수님의 이름은 임마누엘이다. 즉 우리와 함께하신다는 의미를 갖는다. 이것으로서 예수님은 우리와 함께하시는 하나님이시며 새롭게 약속하신 대로 항상 우리와 함께하심으로 영원히 임마누엘 하나님으로 계시는 것을 알 수 있다. 따라서 예수님의 이름을 높여야 하고 예수님의 이름을 높이는 것은 곧 하나님을 높이는 것이며 하나님을 사랑하는 것이며 하나님을 경외하는 것이다. 그러면 보상으로서 부와 명예와 생명을 얻을 수 있을 것이다(참고. 잠 22:4). 이렇게 예수님의 이름을 높이는 것은 예수님을 믿음으로 가능하다. 예수님을 믿을 경우 영생을 얻는다. 영생은 예수님임을 알게 된다. 그래서 예수님을 바로 아는 것은 믿는 일과 일치하는 것임으로 영생을 얻는 길이 된다. 이렇게 해서 예수님의 이름을 구별하여 지키고 믿을 때에 구원을 얻는다. 이 구원은 예수라는 이름이 갖는 의미이다. 임마누엘 하나님의 또 다른 이름인 예수는 구원을 의미한다.

예수님의 이름은 영으로 보면 임마누엘 자신이며 육신으로 보면 다윗의 혈통을 이어 받으신 것이고 또 왕의 혈통을 이어 받으신 것이다. 예수님의 나라는 하나님의 나라로 예수님이 왕의 직능을 가지셨음을 나타낸다. 예수님이 죽으실 때 유대인의 왕이라는 칭호를 가지게 된 것은 자연스러운 일이었다. 사실, 맹인들이 예수님께 자비를 구할 때에 다윗의 자손이라고 부름으로써 예수님이 왕통을 이어 받은 것을 밝히었다(마 9:27 이하). 예수님 자신도 달란트 비유 가운데서 자신을 주인의 아들로 비유하셨고(마 25:14 이하), 사천 명을 먹이시고 오천 명을 먹이실 때에 하늘을 우러러 보시며 기도하실 때에 하나님에게 직접 말씀하심으로써 하나님의 아들이심을 밝히셨고, 포도원 비유에서도 하나님의 아들이심을 나타내셨다(막 12:1 이하).

놀랍게도 마귀도 예수님을 하나님의 아들로 인정하고 있다. 마귀가 예수님을 시험할 때에 하나님의 아들임을 인정하고 시작한 것을 볼 수 있다. 이 모든 사실들은 예수님의 이름의 중요함과 구별되는 것을 나타내며, 이것은 곧 하나님의 이름의 중요함과 구별됨을 나타낸다. 예수님의 이름은 생명의 떡이며 양의 문이며 생명 자체이시다. 이 이름을 널리 전파하라는 것이다. 이것을 위해 예수님께서 십자가에서 죽으시기 전에 제자들을 불러 훈련하셨고 그 후 더 많은 사람들을 불러 보내셨다. 그리고 부활 후에도 많은 사람들에게 이름을 전파하도록 하셨고, 특별히 베드로에게 예수님의 양을 먹이도록 부르신 것은 그의 이름을 널리 전파하고 관리하라는 의미를 갖는다.

베드로는 실제로 예수님이 부활하신 후 예수님의 이름을 널리 전파하였다. 특별히 베드로는 성전 미문 곁에 있는 걷지 못하던 사람을 일으키는 가운데 예수님의 이름을 분명하게 높인 사건을 일으킨다.

[1] 제 구시 기도 시간에 베드로와 요한이 성전에 올라갈새 [2] 나면서 앉은뱅이 된 자를 사람들이 메고 오니 이는 성전에 들어가는 사람들에게 구걸하기 위하여 날마다 미문이라는 성전 문에 두는 자라 [3] 그가 베드로와 요한이 성전에 들어가려 함을 보고 구걸하거늘 [4] 베드로가 요한으로 더불어 주목하여 가로되 우리를 보라 하니 [5] 그가 저희에게 무엇을 얻을까 하여 바라보거늘 [6] 베드로가 가로되 은과 금은 내게 없거니와 내게 있는 것으로 네게 주노니 곧 **나사렛 예수 그리스도의 이름**으로 걸으라 하고 [7] 오른손을 잡아 일으키니 발과 발목이 곧 힘을 얻고 [8] 뛰어 서서 걸으며 그들과 함께 성전으로 들어가면서 걷기도 하고 뛰기도 하며 하나님을 찬미하니 [9] 모든 백성이 그 걷는 것과 및 하나님을 찬미함을 보고 [10] 그 본래 성전 미문에 앉아 구걸하던 사람인 줄 알고 그의 당한 일을 인하여 심히 기이히 여기며 놀라니라(행 3:1-10).**114)**

그렇지만 예수님의 이름을 부르더라도 하늘에 계신 예수님의 아버지 하나님의 뜻대로 행하지 않는 사람은 인정을 받을 수 없음을 예수님은 분명히 밝히셨다.

[21] 나더러 주여 주여 하는 자마다 천국에 다 들어갈 것이 아니요 다
만 하늘에 계신 내 아버지의 뜻대로 행하는 자라야 들어가리라 [22]
그 날에 많은 사람이 나더러 이르되 주여 주여 우리가 주의 이름으로
선지자 노릇하며 주의 이름으로 귀신을 쫓아 내며 주의 이름으로 많
은 권능을 행치 아니하였나이까 하리니 [23] 그 때에 내가 저희에게
밝히 말하되 내가 너희를 도무지 알지 못하니 불법을 행하는 자들아
내게서 떠나가라 하리라(마 7:21-23).

그러므로 우리가 이름을 부를 때, 그 이름에 알맞게 행함이 따라야
한다. 이것은 예수님께서 말씀으로서 육신이 되셔서 은혜와 진리를 충
만하게 하신 임마누엘 하나님이셨기 때문이다. 누구든지 행함이 없이
이름을 부르면 예수님으로부터 모른다는 말을 듣게 될 것이다. 그러나
예수님의 말씀을 듣고 그 이름에 합당한 행동을 하면 집을 반석 위에 세
운 사람과 같다(마 7:24). 이런 사람을 지혜로운 사람이라고 부른다. 이
지혜는 하나님으로부터 오며 하나님을 경외하고 사랑할 경우에 얻을 수
있다. 다른 말로 하면 임마누엘 하나님을 믿고 사랑하고 행할 때에 얻을
수 있는 선물이다. 이 선물은 앞에서 본 것처럼 재물과 명예와 생명이
된다. 즉 영생을 얻는다. 하나님 나라에 들어간다. 그러므로 예수님의
이름을 높이고 널리 알리길 바란다. 여기에 지혜를 얻는 길이 있고 지식
을 쌓는 길이 있다. 지혜는 삶의 방향을 제시하고 지식은 구체적으로 그
방향으로 채워가는 역할을 하게 할 것이다. 이것이 셋째 계명이다.

넷째 계명은 "하루는 쉬어가면서 살라"이다. 구약성경에서 넷째 계
명은 안식일을 기억하여 거룩하게 지키라이다. 안식 즉 쉬는 것은 일을 그
만 두는 것이 아니고 일을 효과적으로 그리고 효율적으로 하기 위하여

일을 잠시 멈추고 사는 것을 의미한다. 쉬는 경우에도 여전히 삶이 계속된다. 쉼은 인간을 기쁘게 하고 다음을 생각하게 하고 여유를 만들어 더 좋은 것을 할 수 있게 한다. 이 쉼은 어쩔 수 없이 쉬는 것을 의미하지 않고, 능동적이고 긍정적이고 적극적인 표현으로서의 전(全) 인간적 쉼을 의미한다. 그러므로 쉼이 적용될 곳은 어느 한 부분만이 아니다. 물론 인간의 어느 한 부분이 쉼을 요구할 수 있지만 이러한 요구가 일어나기 전에 필요에 따라, 규칙적으로, 일을 구상하기 위해 쉬는 것을 할 수 있다. 어떠한 경우도 쉼은 전 인간적으로 일어날 수밖에 없다. 이것은 우리의 삶의 중심이신 하나님께서 허락하시고 명령하신 필수적인 것이기도 하다. 이것은 성경에서 일관되게 표현하는 것이다.

쉼은 하나님께서 엿새 동안에 일하시고 일곱째 날에 쉬신 것에 두고 있다.

[1] 천지와 만물이 다 이루니라 [2] 하나님의 지으시던 일이 일곱째 날이 이를 때에 마치니 그 지으시던 일이 다하므로 일곱째 날에 안식하시니라 [3] 하나님이 일곱째 날을 복 주사 거룩하게 하셨으니 이는 하나님이 그 창조하시며 만드시던 모든 일을 마치시고 이 날에 안식하셨음이더라(창 2:1-3).

이 쉼은 구약성경의 십계명에서 안식일을 거룩하게 지키는 명령으로 나타난다.

[8] 안식일을 기억하여 거룩히 지키라 [9] 엿새 동안은 힘써 네 모든 일을 행할 것이나 [10] 제 칠일은 너의 하나님 여호와의 안식일인즉 너

나 네 아들이나 네 딸이나 네 남종이나 네 여종이나 네 육축이나 네 문 안에 유하는 객이라도 아무 일도 하지 말라 [11] 이는 엿새 동안에 나 여호와가 하늘과 땅과 바다와 그 가운데 모든 것을 만들고 제 칠일에 쉬었음이라 그러므로 나 여호와가 안식일을 복되게 하여 그 날을 거룩하게 하였느니라(출 20:8-11).

안식일은 쉼의 의미를 분명하게 담고 있지만 동시에 복 된 날이며 거룩하게 한 날임이 분명하다. 안식일에 쉬는 것은 하나님께서 허락하시고 베풀어주신 복된 날이기 때문이므로, 우리는 마땅히 이 날을 거룩하게 지켜야 한다. 그러나 예수님에게서는 더 깊은 의미가 나타난다. 즉 생명을 살리는 날이라는 것이다. 그리고 마음으로 즉 속으로 지켜야 하는 날이라고 하신다. 이것은 온 몸과 온 마음과 온 힘으로 지켜야 한다는 의미이다. 안식일은 하나님과 동행하는 날이며, 더욱 확실하게 중심이신 하나님의 뜻에 합당하게 되는 날이어야 한다.

예수님은 중풍병자를 고치시면서 죄 사함을 먼저 선포하셨는데(마 9:1 이하), 이것은 임마누엘 하나님으로서 삶의 중심이심을 확인하신 사건이라고 할 수 있다. 안식일에 예수님께서 제자들과 함께 가실 때에 제자들이 안식일이었음에도 불구하고 배가 고파 이삭을 잘라 먹었다. 이것을 본 바리새인들이 안식일에 하지 못할 일을 했다고 말했을 때에 예수님은 다윗의 예를 들어 삶의 과정에서 꼭 필요할 경우 즉 생존을 위한 경우 규칙을 넘어서는 새로운 규칙이 있음을 이해하게 하셨다(마 12:1 이하). 또 예수님은 안식일에 손 마른 사람을 고치시면서 안식일에도 생명을 구하는 일은 해야 한다는 것을 보여 주셨다.

[9] 거기를 떠나 저희 회당에 들어가시니 [10] 한편 손 마른 사람이 있
는지라 사람들이 예수를 송사하려 하여 물어 가로되 안식일에 병 고
치는 것이 옳으니이까 [11] 예수께서 가라사대 너희 중에 어느 사람이
양 한 마리가 있어 안식일에 구덩이에 빠졌으면 붙잡아 내지 않겠느
냐 [12] 사람이 양보다 얼마나 더 귀하냐 그러므로 안식일에 선을 행
하는 것이 옳으니라 하시고 [13] 이에 그 사람에게 이르시되 손을 내
밀라 하시니 저가 내밀매 다른 손과 같이 회복되어 성하더라(마 12:
9-13).

예수님은 하나님의 성령을 힘입어 귀신을 쫓아내심으로 하나님의 나
라가 임하는 것을 경험하게 하셨다(마 12:28). 그리고 안식일의 휴식은
회복의 기회로 삼고 중심을 찾으며 다음 일을 할 수 있는 힘을 회복하는
것이라고 할 수 있게 하셨다. 특별히 예수님은 생명을 살리며 새로운 삶
을 살 수 있는 기회를 만들어 주심으로써 안식일은 지키는 것을 목적으
로 한 명령이 아니라 생명을 살리는 날로 인식하게 하셨다. 사실, 하나
님께서 안식일을 거룩하게 지키라고 하신 것은 복을 주시기 위한 것이
며, 다음 일을 깊이 생각하고 삶을 새롭게 출발하되 반드시 하나님을 중
심으로 살아갈 것을 확인하기 위한 것임도 알 수 있게 하셨다. 그래서
우리는 그날 하나님께 예배하며, 찬양과 기도를 한다. 안식일은 중심을
다시 찾거나 잡는 일로서, 중심이 있는 즉 하나님을 중심으로 살 것을
확인하는 귀한 날이다. 우리는 안식일에 하는 예배를 통해 중심을 통합
적으로 이해하며 통합적인 삶을 추진하는 것이다.

안식일은 의미에 있어서 안식년의 시작이며, 희년을 만들어가는 날
이기도 하다. 구약성경은 안식년을 이렇게 설명하고 있다.

[1] 여호와께서 시내산에서 모세에게 일러 가라사대 [2] 이스라엘 자손에게 고하여 이르라 너희는 내가 너희에게 주는 땅에 들어간 후에 그 땅으로 여호와 앞에 안식하게 하라 [3] 너는 육 년 동안 그 밭에 파종하며 육 년 동안 그 포도원을 다스려 그 열매를 거둘 것이나 [4] 제칠 년에는 땅으로 쉬어 안식하게 할지니 여호와께 대한 안식이라 너는 그 밭에 파종하거나 포도원을 다스리지 말며 [5] 너의 곡물의 스스로 난 것을 거두지 말고 다스리지 아니한 포도나무의 맺은 열매를 거두지 말라 이는 땅의 안식년임이니라 [6] 안식년의 소출은 너희의 먹을 것이니 너와 네 남종과 네 여종과 네 품꾼과 너와 함께 거하는 객과 [7] 네 육축과 네 땅에 있는 들짐승들이 다 그 소산으로 식물을 삼을지니라(레 25:1-7).

구약성경은 희년을 다음과 같이 설명하고 있다.

[8] 너는 일곱 안식년을 계수할지니 이는 칠 년이 일곱 번인즉 안식년 일곱 번 동안 곧 사십구 년이라 [9] 칠월 십일은 속죄일이니 너는 나팔 소리를 내되 전국에서 나팔을 크게 불지며 [10] 제오십년을 거룩하게 하여 전국 거민에게 자유를 공포하라 이 해는 너희에게 희년이니 너희는 각각 그 기업으로 돌아가며 각각 그 가족에게로 돌아갈지며 [11] 그 오십년은 너희의 희년이니 너희는 파종하지 말며 스스로 난 것을 거두지 말며 다스리지 아니한 포도를 거두지 말라 [12] 이는 희년이니 너희에게 거룩함이니라 너희가 밭의 소산을 먹으리라 [13] 이 희년에는 너희가 각기 기업으로 돌아갈지라(레 25:8-13).

여기서 말하는 희년의 삶에서 적어도 세 가지를 볼 수 있다. 첫째, 희년에는 각기 자기 소유에로 돌아갈 수 있다. 이때에는 부당한 이익을 취할 수 없으며 토지를 영구히 팔지 못한다는 원칙을 지켜야 한다. 둘째, 희년에는 농사를 못해도 하나님께서 그 전 해에 복을 주셔서 충분히 먹을거리를 마련하게 해 주신다. 이것은 하나님께서 만나를 주실 때에 이미 광야에서 보여 주셨다. 셋째, 희년에는 철저하게 하나님 중심의 삶으로 회복한다. 이때에 하나님 중심의 에너지를 확보하게 된다.

예수님은 안식일에 대해서 말씀하시면서 안식년과 희년에 대해서 분명하게 말씀하신 곳이 없는 것으로 보이나 안식년과 희년에 대한 생각은 안식일에 대한 생각과 같을 것이다. 예수님은 안식일 명령을 어기신 것이 아니라 안식일의 의미를 더 심층적으로 지키셨다. 예수님에게 있어서는 안식년도 하나님께서 주신 생명을 회복하거나 하나님 중심의 삶을 위한 생명의 기운(氣運)을 회복하는 것이다. 희년 역시 같은 맥락에서 하나님을 중심으로 한 삶을 회복하는 시기(時機)라고 이해할 수 있을 것이다. 우리는 예수님을 따라 안식일이 삶의 중심에서 중요한 역할을 함을 알고 지키되, 생명을 살리고 하나님 중심의 삶을 회복하는 일을 이행하는 데 개입해야 할 것이다. 하루는 반드시 쉬어라.

다섯째 계명은 "가정을 든든히 세워가는 삶을 살라"이다. 예수님은 가정을 세우는 데 있어서도 철저하게 하나님 나라의 관점에서 하나님 중심의 삶을 사는 길을 제시하신다. 구약성경에서 제5계명은 "네 부모를 공경하라 그리하면 네 하나님 여호와가 네게 준 땅에서 네 생명이 길리라"이다. 구약성경의 제5계명도 철저하게 하나님 중심이며, 그것이 생명과 연결되어 있음을 알려 준다. 여기서 생명으로 번역한 것은 사는 "날들"이다. 이것은 세상에서 살아가는 육신의 생명을 의미하는 것이 분명하다(출 20:12). 예수님에게 있어서는 제5계명이 하나님 나라의 관점에서 더욱 분명하게 이해되고 있음을 알 수 있다. 즉 예수님은 부모의 사랑을 비유로 말씀하시면서 하나님의 계명을 사람의 전통, 즉 사람 중심으로 해석하여 하나님 말씀을 폐하고 부모를 마음으로 공경하지 않음을 지적하셨다.

> [8] 너희가 하나님의 계명은 버리고 사람의 유전을 지키느니라 〔9〕 또 가라사대 너희가 너희 유전을 지키려고 하나님의 계명을 잘 저버리는도다 [10] 모세는 네 부모를 공경하라 하고 또 아비나 어미를 훼방하는 자는 반드시 죽으리라 하였거늘 [11] 너희는 가로되 사람이 아비에게나 어미에게나 말하기를 내가 드려 유익하게 할 것이 고르반 곧 하나님께 드림이 되었다고 하기만 하면 그만이라 하고 [12] 제 아비나 어미에게 다시 아무 것이라도 하여 드리기를 허하지 아니하여 [13] 너희의 전한 유전으로 하나님의 말씀을 폐하며 또 이 같은 일을 많이 행하느니라 하시고(막 7:8-13).

구약성경에서는 부모를 공경하는 것을 대단히 중요하게 여기고 있음이 분명하다. 이것은 그렇지 못한 경우도 있다는 것을 생각하게 한다. 잠언서는 아버지의 말에 귀를 기울이며 어머니를 가볍게 여기지 말라고 하였다(잠 23:22). 또 부모를 즐겁게 하고 기쁘게 하라고 했다. 부모의 훈계를 들으라고 한다. 아버지의 훈계를 업신여기는 사람은 미련한 사람으로 불리게 된다(잠 15:5). 예수님은 하나님이 주신 계명을 지켜야 하는 것에 대해 대단히 심층적으로 이해하고 계시며, 마음으로 즉 진심으로 계명을 지키기를 바라고 계신다.

예수님은 어린이를 모델로 하여 하나님 나라를 가르치셨다. 이것은 부모가 자녀들을 사랑하는 것을 보여 준 내용이라고 할 수 있다.

> [13] 때에 사람들이 예수의 안수하고 기도하심을 바라고 어린 아이들을 데리고 오매 제자들이 꾸짖거늘 [14] 예수께서 가라사대 어린 아이들을 용납하고 내게 오는 것을 금하지 말라 천국이 이런 자의 것이니라 하시고 [15] 저희 위에 안수하시고 거기서 떠나시니라(마 19:13-15).

예수님은 탕자의 비유에서(눅 15:11 이하) 아들을 사랑하는 아버지의 사랑을 보여 주셨다. 여기서 아버지는 잃은 아들을 찾은 마음으로 아들을 대하며 사랑하였다. 예수님께서 이렇게 말씀하신 것도 하나님 아버지를 중심으로 하는 삶을 나타내신 것이다. 예수님께서 십자가에서 죽으실 때에도 어머니 공경에 대한 모범을 보여 주셨다. 예수님은 육신의 죽음을 대면하신 경우에서도 어머니를 사랑하시는 제자에게 부탁하셨다. 즉 그 제자에게 자기가 없을 때 어머니를 모셔 줄 것을 부탁하셨다.

예수님은 가정을 해치는 이혼에 대해 분명하게 말씀하셨다. 즉 예수님은 이혼이 하나님 중심에서 볼 때에 허락되지 않는 것임을 분명히 밝히셨다.

> [3] 바리새인들이 예수께 나아와 그를 시험하여 가로되 사람이 아무 연고를 물론하고 그 아내를 내어버리는 것이 옳으니이까 [4] 예수께서 대답하여 가라사대 사람을 지으신 이가 본래 저희를 남자와 여자로 만드시고 [5] 말씀하시기를 이러므로 사람이 그 부모를 떠나서 아내에게 합하여 그 둘이 한 몸이 될지니라 하신 것을 읽지 못하였느냐 [6]

이러한즉 이제 둘이 아니요 한 몸이니 그러므로 하나님이 짝지어 주신 것을 사람이 나누지 못할지니라 하시니 [7] 여짜오되 그러하면 어찌하여 모세는 이혼 증서를 주어서 내어버리라 명하였나이까 [8] 예수께서 가라사대 모세가 너희 마음의 완악함을 인하여 아내 내어버림을 허락하였거니와 본래는 그렇지 아니하니라 [9] 내가 너희에게 말하노니 누구든지 음행한 연고 외에 아내를 내어버리고 다른 데 장가드는 자는 간음함이니라(마 19:3-9).

예수님은 하나님을 아버지로 부르시면서 하나님 중심의 삶을 밝히신다. 예수님은 기도를 가르쳐 주실 때에도 "하늘에 계신 우리 아버지"라고 하라고 하셨다. 또 기도를 하실 때에도 하나님을 아버지라고 직접 부르셨다.

[40] 예수께서 가라사대 내 말이 네가 믿으면 하나님의 영광을 보리라 하지 아니하였느냐 하신대 [41] 돌을 옮겨 놓으니 예수께서 눈을 들어 우러러 보시고 가라사대 아버지여 내 말을 들으신 것을 감사하나이다 [42] 항상 내 말을 들으시는 줄을 내가 알았나이다 그러나 이 말씀 하옵는 것은 둘러선 무리를 위함이니 곧 아버지께서 나를 보내신 것을 저희로 믿게 하려 함이니이다(요 11:40-42).

예수님께서 죽으시고 부활하셨을 때에 사람들이 예수님이 참으로 하나님의 아들이었다고 고백했다는 기록도 있다(마 27:54; 막 15:39). 또 예수님은 십자가에 못 박혀 달려 있으면서도 기도하시는 가운데 하나님에게 "아버지여, 저들을 사하여 주옵소서 자기들이 하는 것을 알지 못함이니이다"라고 말씀하셨다(눅 23:34). 그리고 예수님은 이어서 "아버지여 내 영혼을 아버지 손에 부탁하나이다"라고 말씀하셨다(눅 23:46). 이러한 과정에서 예수님은 항상 하나님을 아버지로 부르시면서 친밀감을 드러내셨고, 아버지를 공경하는 태도를 보여 주셨다. 우리는 예수님을 보면서 그를 따라 가정을 든든하게 세워, 하나님 중심의 삶과 하나님 나라를 향하는 삶을 살도록 하여야 할 것이다.

여섯째 계명은 "비폭력 방법을 사용하는 삶을 살라"이다. 비폭력 저항은 일을 만들기 위해서나 성취하기 위해서는 사용하기 대단히 어려운 방법이지만, 하나님 나라에는 가장 적합한 방법이라고 생각한다. 예수님은 일관되게 이것을 위해 사셨기 때문에 결국 십자가에서 죽으심을 당하셨다. 예수님은 특별히 산상설교에서 이것을 확실하게 보여 주셨고, 이 가르침은 세계의 유명한 많은 사람들에게 오늘날까지 영향을 끼쳐왔다. 비폭력 방법은 인간의 생각에 항상 불가능하게 보이기 때문에 포기하기 쉽고, 그저 개인적인 입장에서 고려하거나 하나의 이상(理想)으로 여겨지곤 했다. 그러나 역사 가운데 간디와 같은 사람은 그것을 실천하여 목적을 달성하였고, 많은 사람들이 실제로 따르려 애쓰는 방법이다. 어렵지만 가능한 것이고 예수님을 따르면 사람에게는 불가능하지만 하나님에게는 가능하다는 것을 확실히 보여 주는 방법이라고 할 수 있다.

비폭력 방법은 예수님께서 잡히시는 때에도 나타났다. 베드로가 칼을 가지고 빼어 대제사장의 종을 쳐서 오른 편 귀를 베어버렸다. 이때에 예수님은 베드로에게 말씀하셨다. "칼을 칼집에 꽂으라. 칼을 가지는 자는 다 칼로 망한다." 이어서 예수님은 분명히 비폭력의 뜻을 밝히셨다.

[53] 너는 내가 내 아버지께 구하여 지금 열두 영 더 되는 천사를 보내시게 할 수 없는 줄로 아느냐 [54] 내가 만일 그렇게 하면 이런 일이 있으리라 한 성경이 어떻게 이루어지리요 하시더라 [55] 그 때에 예수께서 무리에게 말씀하시되 너희가 강도를 잡는 것 같이 검과 몽치를 가지고 나를 잡으러 나왔느냐 내가 날마다 성전에 앉아 가르쳤으되 너희가 나를 잡지 아니하였도다 [56] 그러나 이렇게 된 것은 다 선지자들의 글을 이루려 함이니라 하시더라 이에 제자들이 다 예수를 버리고 도망하니라(마 26:53-56).

예수님은 철저하게 하나님 중심으로 십자가를 대하셨다. 예수님은 "아버지께서 주신 잔을 내가 마시지 아니하겠느냐"라고 말씀하셨다. 예수님은 잡히시면서 물질적인 또는 육체적인 저항은 하시지 않았지만 잡는 사람들에게 하나님에 대해 증언하셨으며 진리를 가르치셨다. 예수님은 평소에도 제자들에게 용서를 가르치셨을 뿐 아니라, 죽으시면서도 다른 사람들을 위해 용서를 비셨다. 이것은 폭력을 없애는 지름길이다. 예수님은 제자들이 땅에 떨어진 씨앗이 죽어서 많은 열매를 맺듯이 열매를 맺는 사람들이 될 것을 바라셨다. 그리고, 하나님 나라가 침노당하는 것을 현실로 받아들이면서도 하나님 나라를 전파하여 확장할 것을 말씀하셨다.

예수님은 제자들이 다른 사람들을 용서할 수 있는 사람이 되기를 바라시면서 비판하지 말 것을 말씀하셨다. 결국 비판을 하면 같은 사람이 되고, 하나님 나라에서 하나님께서 같은 기준으로 심판하실 것을 말씀하셨다(마 7:1 이하). 그리고 예수님은 자신의 티를 보지 못하고 다른 사람의 들보를 먼저 보는 우를 범하기 쉽다고 말씀하셨다(마 7:3 이하). 또 예수님은 살인을 말씀하시는 가운데 노하거나 욕도 하지 말라고 말씀하셨다. 노하는 것은 살인으로 들어가는 관문이 될 수 있기 때문이다(마 5:21 이하). 그래서 원망 받을 만한 일이 있으면 빨리 사과하라고도 하셨다. 다투지도 말아야 한다. 왜냐하면 다툼도 살인으로 갈 수 있기 때문이다.

예수님은 악한 자를 대적하지 말라고 말씀하셨다. 오히려 원수도 사랑하라고 하셨다.

[38] 또 눈은 눈으로, 이는 이로 갚으라 하였다는 것을 너희가 들었으나 [39] 나는 너희에게 이르노니 악한 자를 대적지 말라 누구든지 네 오른편 뺨을 치거든 왼편도 돌려 대며 [40] 또 너를 송사하여 속옷을 가지고자 하는 자에게 겉옷까지도 가지게 하며 [41] 또 누구든지 너로 억지로 오 리를 가게 하거든 그 사람과 십 리를 동행하고 [42] 네게 구하는 자에게 주며 네게 꾸고자 하는 자에게 거절하지 말라 [43] 또 네 이웃을 사랑하고 네 원수를 미워하라 하였다는 것을 너희가 들었으나 [44] 나는 너희에게 이르노니 너희 원수를 사랑하며 너희를 핍박하는 자를 위하여 기도하라 [45] 이같이 한즉 하늘에 계신 너희 아버지의 아들이 되리니 이는 하나님이 그 해를 악인과 선인에게 비춰게 하시며 비를 의로운 자와 불의한 자에게 내리우심이니라 [46] 너희가 너희를 사랑하는 자를 사랑하면 무슨 상이 있으리요 세리도 이같이 아니하느냐 [47] 또 너희가 너희 형제에게만 문안하면 남보다 더 하는 것이 무엇이냐 이방인들도 이같이 아니하느냐 [48] 그러므로 하늘에 계신 너희 아버지의 온전하심과 같이 너희도 온전하라(마 5:38-48).

그리고 예수님은 하나님이 항상 인간의 아버지보다 더 좋은 것을 주시는 분으로 이해하셨기 때문에 좋은 것으로 주실 것을 확신하셨다.

[8] 구하는 이마다 얻을 것이요 찾는 이가 찾을 것이요 두드리는 이에게 열릴 것이니라 [9] 너희 중에 누가 아들이 떡을 달라 하면 돌을 주며 [10] 생선을 달라 하면 뱀을 줄 사람이 있겠느냐 [11] 너희가 악한 자라도 좋은 것으로 자식에게 줄 줄 알거든 하물며 하늘에 계신 너희 아버지께서 구하는 자에게 좋은 것으로 주시지 않겠느냐(마 7:8-11).

예수님은 철저하게 하나님의 주권을 수용하여 하나님 중심의 해결 방법이 무엇인지를 잘 아시고 하나님 나라에서의 방법인 비폭력 방법을 제시하셨다고 할 수 있다. 그리고 예수님은 비폭력을 통해 통합적인 사회를 구성할 것을 제안하신 것이라고 할 수 있다. 이것을 온전하고 균형 있는 삶으로 이해하신 것이다. 원수도 함께 살 수 있는 사회는 하나님 중심의 삶에서는 온전한 삶이었다. 이것은 가능한 삶이다.

일곱째 계명은 "먼저 사랑하며 살라"이다. 구약성경의 십계명에서 제7계명은 간음하지 말라이다. 예수님은 구약성경에서 간음에 대하여 엄격하게 법으로 금지하고 있음을 잘 아시고 계셨을 것이다. 예수님께서 간음에 대하여 말씀하신 것을 보자.

[27] 또 간음치 말라 하였다는 것을 너희가 들었으나 [28] 나는 너희에게 이르노니 여자를 보고 음욕을 품는 자마다 마음에 이미 간음하였느니라 [29] 만일 네 오른 눈이 너로 실족케 하거든 빼어 내버리라 네 백체 중 하나가 없어지고 온 몸이 지옥에 던지우지 않는 것이 유익하

며 [30] 또한 만일 네 오른손이 너로 실족케 하거든 찍어 내버리라 네 백체 중 하나가 없어지고 온 몸이 지옥에 던지우지 않는 것이 유익하니라 [31] 또 일렀으되 누구든지 아내를 버리거든 이혼 증서를 줄 것이라 하였으나 [32] 나는 너희에게 이르노니 누구든지 음행한 연고 없이 아내를 버리면 이는 저로 간음하게 함이요 또 누구든지 버린 여자에게 장가드는 자도 간음함이니라(마 5:27-32).

구약성경은 주로 법률적으로 또는 문자적으로 해석할 가능성을 주었다. 그래서 사람들이 문자적으로만 간음하지 않으면 된다고 생각하였다. 그러나 예수님은 같은 계명을 더 구체적이고 심층적으로 해석하셨다. 우선 예수님은 여자를 보고 음욕을 품으면 간음하는 것으로 이해하셨다. 이것은 심층적 이해이다. 즉 마음의 간음을 대단히 중요하게 여기신 것이다. 만일 그렇게 음욕을 품을 경우 완전히 돌이켜야 한다. 손이나 발이나 지체 가운데 하나가 그렇게 실족하게 하였다면, 그것을 빼 버려야 한다. 하나님이 마음을 보시기 때문이다. 또 예수님은 제도적으로도 이혼한 여자에게 장가드는 것도 간음하는 것으로 간주하셨다. 예수님은 철저하게 하나님 앞에서 하나님을 중심으로 사건을 이해하신 것을 볼 수 있다. 이것이 하나님 나라에 합당하기 때문이었다.

간음은 종교적으로도 큰 문제이었다. 이것은 하나님을 배반하는 우상숭배에 해당하는 것으로 여겨졌다. 물론 하나님은 간음한 사람에게도 넓은 사랑을 보이셨지만, 단 회개할 경우이거나 죄 값을 치를 경우에 그렇게 하셨다. 전자의 경우는 호세아 선지자의 경우가 잘 보여 주었고, 후자의 경우는 하나님께서 예수님을 십자가에서 죽으시게 하심으로써 잘 보여 주셨다. 이것으로 하나님은 인류에게 사랑을 보이셨음을 확실히 알 수 있다. 그래서 요한복음 기자는 하나님이 세상을 사랑하신다는 내용을 증언한다.

예수님 앞으로 한 간음한 여인이 붙들려 왔을 때에 예수님은 사랑과 용서를 보여 주셨다. 아마도 이것은 하나님의 사랑을 의식하시고 보여 주신 것이리라.

[1] 예수는 감람산으로 가시다 [2] 아침에 다시 성전으로 들어오시니 백성이 다 나오는지라 앉으사 저희를 가르치시더니 [3] 서기관들과 바리새인들이 간음 중에 잡힌 여자를 끌고 와서 가운데 세우고 [4] 예수께 말하되 선생이여 이 여자가 간음하다가 현장에서 잡혔나이다 [5] 모세는 율법에 이러한 여자를 돌로 치라 명하였거니와 선생은 어떻게 말하겠나이까 [6] 저희가 이렇게 말함은 고소할 조건을 얻고자 하여 예수를 시험함이러라 예수께서 몸을 굽히셔서 손가락으로 땅에 쓰시니 [7] 저희가 묻기를 마지아니하는지라 이에 일어나 가라사대 너희 중에 죄 없는 자가 먼저 돌로 치라 하시고 [8] 다시 몸을 굽히사 손가락으로 땅에 쓰시니 [9] 저희가 이 말씀을 듣고 양심의 가책을 받아 어른으로 시작하여 젊은이까지 하나씩 하나씩 나가고 오직 예수와 그 가운데 서 있는 여자만 남았더라 [10] 예수께서 일어나사 여자 외에 아무도 없는 것을 보시고 이르시되 여자여 너를 고소하던 그들이 어디 있느냐 너를 정죄한 자가 없느냐 [11] 대답하되 주여 없나이다 예수께서 가라사대 나도 너를 정죄하지 아니하노니 가서 다시는 죄를 범치 말라 하시니라(요 8:1-11).

모든 범죄의 최종 심판자는 하나님이시며, 죄인이 아닌 사람이 없음을 나타내는 장면이기도 하지만, 예수님은 사랑을 통하여 여자에게 말씀하신 것을 볼 수 있다. 정죄하시지 않으시지만, 다시는 그러한 죄를 짓지 말라고 말씀하신 것은 간음죄를 결코 가볍게 여기시지 않으셨음을 보여 준다. 사실, 예수님은 하나님 앞에서 죄를 가볍게 여길 수 없음을 처음부터 끝까지 보여 주셨다. 예수님의 죽음이 바로 그것을 증언해 주고 있다. 결코 간음해서는 안 된다. 그렇지만 여기서 예수님은 이러한 부정적인 계명보다는 더 적극적으로 서로 사랑하되, 네가 먼저 사랑하며 살라는 말씀을 해 주시는 것이다.

여덟째 계명은 "일하고 먹는 삶을 살라"이다. 구약성경의 여덟째 계명은 도둑질 하지 말라이다. 도둑질은 남의 물건을 주인 모르게 자기의 것으로 만드는 것을 의미한다. 예수님에게 있어서 도둑질은 다양한 모습으로 나타난다. 고르반이라고 하여 부모를 공경하지 않으면서 물질적 도움까지 주지 않는 사람도 부모에게 돌려야 할 것을 간접적으로 도둑질한 것이라 할 수 있다. 다시 말하면 몫을 주지 않는 것도 도둑질이지만, 당연히 해야 할 일을 하지 않는 것도 도둑질임을 알 수 있게 된다. 가정을 돌보지 않는 것도 결국 도둑질과 같다. 이럴 때에 아굴의 기도를 떠올리게 된다.

혹 내가 배불러서 하나님을 모른다 여호와가 누구냐 할까 하오며 혹 내가 가난하여 도둑질하고 내 하나님의 이름을 욕되게 할까 두려워함이니이다(잠 30:9).

도둑질은 결국 하나님의 이름을 욕되게 할 위험이 있으며 하나님 중심에서 이탈하는 방향의 삶을 살 가능성이 크다는 것을 가르쳐 주는 말이다. 도둑질을 하지 않기 위해서는 아굴의 기도를 통해 보듯이, 욕심을 버리는 것이라고 생각한다. 이럴 때에는 예수님의 말씀을 들을 필요가 있다.

[24] 한 사람이 두 주인을 섬기지 못할 것이니 혹 이를 미워하며 저를 사랑하거나 혹 이를 중히 여기며 저를 경히 여김이라 너희가 하나님과 재물을 겸하여 섬기지 못하느니라 [25] 그러므로 내가 너희에게 이르노니 목숨을 위하여 무엇을 먹을까 무엇을 마실까 몸을 위하여 무엇을 입을까 염려하지 말라 목숨이 음식보다 중하지 아니하며 몸이 의복보다 중하지 아니하냐 [26] 공중의 새를 보라 심지도 않고 거두지도 않고 창고에 모아 들이지도 아니하되 너희 천부께서 기르시나니 너희는 이것들보다 귀하지 아니하냐 [27] 너희 중에 누가 염려함으로 그 키를 한 자나 더할 수 있느냐 [28] 또 너희가 어찌 의복을 위하여 염려하느냐 들의 백합화가 어떻게 자라는가 생각하여 보아라 수고도 아니하고 길쌈도 아니하느니라 [29] 그러나 내가 너희에게 말하노니 솔로몬의 모든 영광으로도 입은 것이 이 꽃 하나만 같지 못하였느니라 [30] 오늘 있다가 내일 아궁이에 던지우는 들풀도 하나님이 이렇게 입히시거든 하물며 너희일까보냐 믿음이 적은 자들아 [31] 그러므로 염려하여 이르기를 무엇을 먹을까 무엇을 마실까 무엇을 입을까 하지 말라 [32] 이는 다 이방인들이 구하는 것이라 너희 천부께서 이 모든 것이 너희에게 있어야 할 줄을 아시느니라 [33] 너희는 먼저 그의 나라와 그의 의를 구하라 그리하면 이 모든 것을 너희에게 더하시리라 [34] 그러므로 내일 일을 위하여 염려하지 말라 내일 일은 내일 염려할 것이요 한 날 괴로움은 그 날에 족하니라(마 6:24-34).

위의 말씀은 목숨이 물질보다 더 중요하며, 하나님이 물질보다 더 중요함을 일깨워 주는 말씀이다. 물질에 대해 욕심을 낼 경우, 하나님을 떠나게 되고 이탈하게 된다. 사실, 물질에 대한 욕심이 모든 악의 근원이 될 수 있다(참고. 딤전 6:10). 도둑질을 하지 않고 그것을 발생키는 욕심을 갖지 않기 위해서는, 먼저 하나님 나라를 생각해야 한다. 하나님 나라는 물질에 있지 않다(롬 14:17)는 바울의 말에서 하나님 나라를 더욱 깊게 생각해 본다. 하나님 나라는 바울에 의하면 성령 안에 있는 의와 평강과 희락이다. 이렇게 예수님은 바울의 말의 근원이 될 수 있는 하나님 나라에서의 삶을 간결하게 정리하셨다. 즉 마음이 가난해야 하고, 의를 위하여 박해를 받아야 한다(막 5:3-8). 그리고 마음이 청결해야 하고, 평화를 만드는 사람이 되어야 한다. 그렇지 않으면, 하나님을 볼 수도 없고, 하나님의 아들이라고 불릴 수도 없다. 이것은 하나님 중심에서 이탈하는 것을 의미한다. 이렇게 예수님은 도둑질하지 말라는 계명도 하나님 중심과 하나님 나라의 관점에서 이해하고 계심을 알 수 있게 하신다. 따라서 필자는 도둑질하지 말라는 말 속에서 일하면서 살라는 말을 얻을 수 있음을 알았다. 오히려 일하여 자기의 삶을 풍족하게 만들 뿐만 아니라 필요한 다른 사람들에게 줄 것이 있는 삶을 살아야 할 것이다. 그래서 예수님의 제자라는 이름으로 지극히 작은 자에게 냉수라도 줄 수 있어야 한다. 일하는 사람은 줄 것이 반드시 생긴다. 그 일 속에서 하나님 나라의 경험을 어느 정도 할 수 있을 것으로 생각된다.

예수님은 항상 주는 것에 관심을 많이 가지셨고, 거저 주는 것에 깊은 관심을 보이셨다. 항상 거저 주는 일을 이행하는 것이 좋다. 그렇지 않으면 하나님으로부터 상을 받기 전에 사람으로부터 이미 상을 받게 되며, 결국 하나님으로부터 아무것도 받을 수 없게 될 수 있다. 일하는 사람은 먹을거리를 위해 염려하는 일은 없을 것이다. 그러므로 일하면서 살아라. 이것은 하나님이 인간에게 주신 은혜이다.

아홉째 계명은 "진실을 말하면서 살라"이다. 구약성경에서 아홉째 계명은 네 이웃에 대하여 거짓 증언하지 말라이다. 하나님께서 이를 싫어하심을 구약성경에서 밝힌 바 있다.

> [16] 여호와의 미워하시는 것 곧 그 마음에 싫어하시는 것이 육 칠 가지니 [17] 곧 교만한 눈과 거짓된 혀와 무죄한 자의 피를 흘리는 손과 [18] 악한 계교를 꾀하는 마음과 빨리 악으로 달려가는 발과 [19] 거짓을 말하는 망령된 증인과 및 형제 사이를 이간하는 자니라(잠 6:16-19).

예수님께서도 이러한 것들을 하나님께서 싫어하시는 것처럼 싫어하실 것이 분명하다. 예수님은 나실 때부터 거짓 증언 때문에 죽임을 당할 뻔 하셨다. 동방에서 박사들이 별을 보고 예수님을 경배하기 위하여 찾을 때, 예수님을 죽일 마음을 갖고 있던 헤롯은 거짓으로 예수님을 경배할 테니 알려달라고 한 적이 있다(마 2:7-8). 그래서 예수님은 애굽으로 피난 가야 했다.

예수님은 처음부터 끝까지, 즉 죽으실 때까지 거짓 증언에 시달려야 했다. 바리새인들은 예수님을 잡아 죽이려고 할 때에 많은 증언들과 증거들을 내세우려고 했다. 그러나 결코 얻지 못했다(마 26:59 이하). 이 거짓 증언이나 거짓 증거는 바리새인들이나 그들과 함께 한 사람들이 예수님을 죽이려는 의도에서 찾는 것들이었다. 살인의 전제는 곧 거짓 증언을 하고, 거짓 증거를 찾는 것이다. 또 예수님은 부활하신 후에도 거짓 증언을 당하시게 된다.

[11] 여자들이 갈 제 파수꾼 중 몇이 성에 들어가 모든 된 일을 대제사장들에게 고하니 [12] 그들이 장로들과 함께 모여 의논하고 군병들에게 돈을 많이 주며 [13] 가로되 너희는 말하기를 그의 제자들이 밤에 와서 우리가 잘 때에 그를 도적질하여 갔다 하라 [14] 만일 이 말이 총독에게 들리면 우리가 권하여 너희로 근심되지 않게 하리라 하니 [15] 군병들이 돈을 받고 가르친 대로 하였으니 이 말이 오늘날까지 유대인 가운데 두루 퍼지니라(마 28:11-15).

또 오해로 인하여 거짓 증언을 할 경우도 있음을 알게 된다. 예를 들면 예수님이 베드로에게 양을 치라고 말씀하신 후 베드로에게 하신 말씀이 오해되어 거짓 증언이 되었다.

[22] 예수께서 가라사대 내가 올 때까지 그를 머물게 하고자 할지라도 네게 무슨 상관이냐 너는 나를 따르라 하시더라 [23] 이 말씀이 형제들에게 나가서 그 제자는 죽지 아니하겠다 하였으나 예수의 말씀은 그가 죽지 않겠다 하신 것이 아니라 내가 올 때까지 그를 머물게 하고자 할지라도 네게 무슨 상관이냐 하신 것이러라(요 21:22-23).

이렇게 해서 필자는 예수님을 통해, 이 계명을 소극적으로 이웃에 대하여 거짓 증언을 하지 말라는 계명으로보다는 진실을 말하라는 계명으로 만들어 적극적이고 긍정적인 표현으로 만들고 싶다. 때로는 진실이라고 하여 다 말하는 것이 반드시 좋은 것은 아니지만, 그리고 진실을 알고 말을 안 할 경우도 있겠지만, 그럼에도 불구하고 특별히 삶을 종결하는 죽을 가능성이 있는 재판에서는 진실을 말하는 것이 하나님 중심의 삶이라고 생각된다. 하나님 앞에서 진실만이 용납될 수 있기 때문이다. 그리고 하나님 나라에서는 진실만이 통한다.

열째 계명은 "평화를 추구하며 살라"이다. 구약성경에서는 열째 계명이 내 이웃의 집을 탐내지 말라이다. 이어서 구약성경은 이렇게 말한다.

> …… 네 이웃의 아내나 그의 남종이나 그의 여종이나 그의 소나 그의 나귀나 무릇 네 이웃의 소유를 탐내지 말지니라(출 20:17).

예수님의 모든 계명은 평화를 만드는 일, 즉 샬롬을 증진시키는 것이었다. 이것은 예수님께서 하나님 나라의 관점에서 행하셨기 때문이다. 그리고 이것은 하나님께서 원하시는 것이며, 이렇게 평화를 만드는 사람은 하나님의 자녀로 불릴 것으로 확신한다. 예수님은 분명히 하나님 나라의 맥락에서 평화를 만드는 사람이 하나님의 아들로 불릴 것을 말씀하셨다. 이것을 위해 모든 삶을 거기에 맞추도록 하셨다. 용서해야 하고, 원수도 사랑해야 하고, 구제도 해야 하지만, 무엇보다 온전한 삶을 삶으로써 원수를 만들지 말고, 만약 그러한 생각이 나면 즉시 가서 사과부터 하라고 하셨다. 예수님은 하는 행동을 통해 그 사람의 마음가짐도 알 수 있다고 하셨다.

평화를 만들 수 없게 하는 것들은 교만과 욕심과 미움이다. 바리새인들과 헤롯왕과 헤롯당, 그리고 사두개인들과 서기관들, 모두 교만과 욕심과 미움에서 예수님을 죽이려고 하였다. 바리새인들은 예수님께서 항상 옳고 참된 말씀을 하시는 것을 알면서도 빈틈을 찾으려고 무척 애를

썼다. 그들에게 있어서 욕심은 질투를 야기하기도 하였다. 예수님의 비유 가운데 포도원 비유가 있다(마 20:1-16). 여기서 한 데나리온 계약을 하고 일한 사람들이 아주 늦게 들어와 일한 사람들에게도 좋은 일을 한 주인에게 불평을 말하였는데, 이것은 시기와 질투에서 나온 것이라고 할 수 있다.

또 바른 것을 미워하는 사람들이 분쟁을 일으킬 수 있다. 이것 또한 교만에서 나왔다고 할 수 있다. 이렇게 해서 교만을 원죄라고도 한다. 교만은 욕심과 미움에 연결되며, 연결될 경우 무서운 폭발력을 발휘하여 진실을 왜곡하게 만들며, 평화는 결코 만들 수 없다. 미워하는 것은 편을 가르고, 다른 길로 가게 할 수 있다. 예를 들면 하나님을 미워하거나 하나님을 떠나는 사람은 중심을 이탈하게 된다. 그래서 결국 중심을 둘로 설정하게 되고, 다른 중심을 선택하게 된다. 그러나 예수님은 두 주인을 섬길 수 없다고 단호하게 말씀하셨다. 왜냐하면 한 중심을 사랑하고 한 중심은 미워할 수밖에 없기 때문이다. 특히 예수님은 이러한 경우를 물질과 하나님을 동시에 섬길 수 없다는 것으로 말씀하셨다.

하나님 나라는 샬롬의 나라이며, 여기에 생명이 있다. 예수님의 제자로서 총력을 기울여 할 일은 바로 이 샬롬을 만드는 일이다. 샬롬의 나라를 향해 지상에서도 샬롬의 공동체를 만들라는 것이 우리가 마땅히 해야 할 계명이며, 통합적 실천을 요구하는 계명이라고 할 수 있다. 이것을 위해 예수님은 죽으시고, 대제사장으로서 제물을 드리셨다. 자신을 제물로 드리는 제사장의 뜻은 샬롬을 만들기 위해서이다. 이것을 잘 이해할 수 있도록 바울의 말을 볼 수 있다.

[17] 그런즉 누구든지 그리스도 안에 있으면 새로운 피조물이라 이전

것은 지나갔으니 보라 새 것이 되었도다 [18] 모든 것이 하나님께로 났나니 저가 그리스도로 말미암아 우리를 자기와 화목하게 하시고 또 우리에게 화목하게 하는 직책을 주셨으니 [19] 이는 하나님께서 그리스도 안에 계시사 세상을 자기와 화목하게 하시며 저희의 죄를 저희에게 돌리지 아니하시고 화목하게 하는 말씀을 우리에게 부탁하셨느니라 [20] 이러므로 우리가 그리스도를 대신하여 사신이 되어 하나님이 우리로 너희를 권면하시는 것 같이 그리스도를 대신하여 간구하노니 너희는 하나님과 화목하라(고후 5:17-20).

우리는 예수님을 따라 서로 사랑하며 평화를 만들자. 이것은 우리가 반드시 실현해야 할 계명이다. 이것은 21세기에 사람들이 모두 지켜야 할 키워드로 삼아야 할 것이다. 하나님 나라에서는 하나님 사랑과 이웃 사랑이라는 대 원칙에 따라 하나님 중심의 삶을 살게 될 것이지만, 하나님 나라를 향해 가는 도상에서 예수님을 믿는 사람들이 마땅히 하여야 할 일들이 있을 것이다. 따라서 거기에 맞는 규칙들도 있을 것이다. 이 것에 합당한 규칙들 가운데 가장 필요하다고 생각되는 십계명을 여기서 정리하였는데, 삶에 많은 도움을 줄 것을 기대한다. 이 십계명은 임마누엘 하나님이신 예수님의 말씀을 따라 새롭게 정리한 새로운 십계명으로 하나님 나라에 들어가려고 하는 사람들의 삶에 큰 도움을 줄 뿐만 아니라 생명을 살리는 사람들이 마땅히 할 일을 하는 데 큰 도움을 줄 것이다. 그렇지만 여기서 말하는 규칙들을 결코 문자적인 의미에 한정하지 말고 오히려 하나님 나라의 관점에서 이행되어야 할 넓고 깊은 것으로 이해해야 한다는 점도 반드시 고려해야 한다.

본서의 목적은 사람이 왜 살아야 하고, 또 산다면 어떻게 살 것인가라는 질문에 대한 대답을 찾는 것이었다. 그리고 이제, 이것을 예수의 윤리에서 분명하게 찾을 수 있음을 본서를 통해 알 수 있게 되었을 것이다. 왜 지금 예수의 윤리인가? 예수의 윤리에 대해 오늘날 많은 문제들이 제기되어 도전하고 있기 때문이다. 필자는 본서를 통해 이러한 문제와 도전들이 왜 일어나는지를 두루 살펴보았다. 그리고 그에 대해 체계적으로 응답하고 예수의 윤리의 고유성과 독자성과 차별성을 밝히고 사람이 마땅히 할 일 즉 생명을 살리는 일을 찾아 정리하였다. 동시에 예수의 윤리의 정의(定義)와 필요성도 확실하게 밝혀놓았다.

예수의 탄생은 예수의 윤리의 출발점이다. 이것은 하나님의 카이로스(kairos)에서 나타난다. 여기서 하나님은 생명의 하나님으로서 삼위일체 즉 성부, 성자, 성령 되심을 드러내셨다. 이는 임마누엘로서 나타났고, 새로운 세상을 깨우는 것이었다. 이것은 혼돈에서 질서를 보게 하였고, 비전을 보고 갖게 하였으며, 삼위일체 하나님의 약속이 이행되는 것을 볼 수 있게 했다. 이것은 동서(東西)의 협력 모델로 나타나고, 신앙을 위한 감성과 아우라로 나타난다.

예수는 그 이름을 통해, 우리와 함께함을 확인해 주셨다. 그분은 우리를 인도하시는 목자로 자신을 보여 주셨고, 공의(公義)로 인도하심을 보여 주셨다. 이것은 샬롬의 길이다. 이것은 생명을 살리고 윤리적 행위를 통해 공동체를 구성하는 윤리성(倫理性)으로 나타난다. 윤리의 행위자로서의 예수의 인간은 임마누엘로 함께하는 하나님의 은혜와 긍휼에 대해 감사와 예배를 하며, 신앙(正信)을 가지고 하나님과 만나며, 그것을 바르게 사유(思惟)하는 신학(正思)을 가능하게 한다. 여기서 하나님의 사랑과 이웃 사랑, 자연법, 양심, 가치관, 세계관 등을 다루었다. 하나님은 인위적 환경과 자연환경을 통해 하나님의 인도하심과 인간의 행위를 이해하게 하신다. 사람들은 여기서 하나님을 믿는 종교에 초점을 맞추어 행위를 한다. 이 행위는 샬롬과 생명과 사랑(正行)과 연결되어 있다.

여기서 우리는 인간의 현실을 직시하게 되며, 하나님의 사랑을 받고 살아감을 깨닫는다. 또 소명(召命, calling)의 의미를 깨닫고, 동시에 인간이 육체, 정신, 마음, 혼, 영의 요소로 구성되어 살아가고 있음을 깨닫는다. 이렇게 해서 인간은 몸에서 육체, 기초, 공동체, 훈련의 의미를 보고, 정신에서 지식, 지성, 신학, 선택의 의미를 보며, 마음에서 정서, 감정, 정열, 목회의 의미를 보며, 혼에서 통합되어 결국 영(靈)과 연결되는 것을 본다. 그리고 영(靈)에서 지혜, 비전, 에너지, 인침의 의미를 본다.

또 삼위일체 하나님의 은혜와 긍휼을 힘입어 다른 존재, 탁월한 존재 등
으로 인정받아 하나님께 감사와 예배를 하는 자가 되고, 하나님 앞에서
책임 있는 자, 실천자, 소금과 빛, 섬기는 자, 예수님의 새 계명을 지키
는 자, 집 짓는 자, 교회 건설자 등 현실적이고 실천적인 의미를 갖는 인
간으로 나타난다.

예수의 윤리의 방법(方法)은 통합과 실천으로 나타난다. 예수는 용서
와 포용으로서 통합과 실천의 본(本)을 보이신다. 이것은 하나님 사랑과
이웃 사랑으로 표현된다. 예수님은 시대가 변화하는 가운데서도 사랑을
통해 함께 공유(sharing)하는 공동체를 구성할 수 있게 만드신다. 여기에
는 희생과 실천이 따른다. 이것은 기독교윤리학적으로 표현하면 형성
(形成, formation)을 의미한다. 이것은 예수의 윤리에서 찾은 목적의 의미
를 보여 준다. 즉 정신(正信), 정사(正思), 정행(正行)이 통합되는 것을 볼
수 있다.

예수의 윤리는 가치들을 보여 준다. 기본 가치로서 자유, 정의, 평화
를, 근본 가치로서 믿음, 사랑, 소망을, 현실 가치로서 인권, 사회적 책
임, 실행을 보여 주며, 특히 실행(實行)을 요구한다. 이 가치들은 행위의
질(質), 방향(方向), 내용(內容)을 가늠하게 한다. 가치는 샬롬과 연결되면
서 사회의 공동체성 즉 통합의 의미를 보여 준다.

예수의 윤리의 네 가지 핵심 영역은 생명, 미래, 복지, 문화로 나타난
다. 생명의 의미, 특히 육신의 생명, 혼 또는 목숨 등의 의미로서의 생
명, 영원한 생명, 영(靈)으로서의 생명은 인간의 복잡성을 보이면서도
삼위일체 하나님과 연결되는 복잡성과 질서를 보게 한다. 특히 생명을
지탱하고 지속하는 보전의 의미는 우리로 하여금 하나님의 생명 창조와
생명의 경외를 느끼게 한다. 이 생명은 반드시 보전되어야 한다.

미래(未來)는 생명의 지탱, 지속의 보전을 보여 준다. 미래는 기독교의 종말의 의미를 다시 돌아보게 하며, 부활과 새로운 세계의 의미를 찾게 한다. 이는 교만과 욕심과 미움을 다 버리게 한다. 적극적으로 표현하자면, 겸손과 나눔과 사랑을 하도록 한다. 그래서 미래는 오히려 가벼운 마음으로 희망을 갖게 한다.

복지(福祉)는 삶의 질을 형성하게 하는 것으로서 예수의 윤리의 내용에 따라 기독교인이 구호적(救護的) 기능, 예방적 기능, 개발 기능을 이행할 것을 요구한다. 특히 복지는 가정, 정치, 교회에서의 역할을 살펴보게 한다. 복지는 생명의 소중함과 지탱, 지속되어 가는 과정에서 나타나는 삶의 형식으로서 기필할 수 없는 삶의 부분이기도 하다. 복지는 생명의 미래와 병행하는 것으로서 삶의 기반을 갖는다고 했을 때에 더욱 강력하게 요구되는 부분이다. 즉 먹을거리가 해결되고 안정이 되어 가고 관계가 이뤄져야 하며 자존감과 자기실현을 하고자 할 때 복지는 불가분의 요구로 나타난다. 예수의 윤리는 이러한 복지의 요구의 방향과 형식을 지시한다.

문화(文化)는 사람의 삶의 양식(樣式)으로서 하나님께서 처음에 아담과 하와에게 내리신 명령으로 나타난다. 인간이 타락한 이후 하나님 자신, 즉 하나님이신 예수 그리스도께서 직접 문화를 형성하여 우리의 삶의 양식의 본(本)을 보여 주셨다. 문화 형성은 자연에 대해 관리하는 것이다. 이 형성의 한계를 지나치게 넘어서자 자연 파괴, 오염 등의 문제가 일어났다. 그러나 예수 그리스도는 문화 형성의 본(本)을 보여 환경을 회복하고, 은혜와 진리가 충만하게 만드셨음을 알 수 있다. 여기서 삼위일체 하나님의 전능하심을 체험하게 하심을 깨닫게 된다. 이렇게 해서 예수께서 말씀하신 대로 자기를 부인하고 자기 십자가를 지고 예수님을 따르는 삶을 통해 사람이 마땅히 할 일을 어떻게 실천하는 것인가를 보게 된다.

예수의 윤리의 목표는 하나님 나라이며 예수의 윤리의 완성도 하나님 나라이다. 하나님 나라는 인류가 가장 근본적으로 그리고 절박하게 바라는 나라로서 영생의 나라, 샬롬의 나라, 소망의 나라이다. 이것은 새 하늘과 새 땅으로 상징되는 나라이다. 이것은 철저하게 하나님의 나라이다. 인간이 방해하고 침노하기까지 하지만 최종적으로 하나님께서 홀로 주관하시는 나라이다. 여기서는 삼위일체 하나님이 왕으로서 통치하시며, 우리는 그의 백성이 된다. 본서는 하나님 나라의 특성들을 살펴보았으며, 그래서 하나님 나라와 세상 나라가 얼마나 그리고 어떻게 다른가도 살펴보았다.

따라서 우리는 예수의 윤리를 통해 사람의 삶의 질을 높이는 삶의 규칙들을 유추할 수 있다. 즉 새로운(新) 십계명을 생각해 볼 수 있다. 이 십계명은 중심을 잡고 살라, 중심에 굳게 서서 살라, 이름을 알리는 삶을 살라, 하루는 쉬어가면서 살라, 가정을 든든히 세워가는 삶을 살라, 비폭력 방법을 사용하는 사람을 살라, 먼저 사랑하며 살라, 일하고 먹는 삶을 살라, 진실을 말하면서 살라, 평화를 추구하며 살라 등으로 구성되어 있다.

이렇게 전개된 내용들을 살펴보면서, 예수의 윤리의 핵심은 다음 네 가지로 다시 압축될 수 있음을 확인한다.

(1) 예수의 윤리는 생명 윤리이다. 즉 윤리적이면서도 영생의 길로 안내하는 윤리이다.

(2) 예수의 윤리는 생명의 근원이신 살아 계신 삼위일체 하나님, 즉

임마누엘 하나님의 윤리이다. 이것은 인간의 모든 윤리 행위의 근원이며 본(本)이 된다.

(3) 예수의 윤리는 생명의 나라인 하나님 나라의 윤리이다. 이것은 예수의 윤리의 처음과 나중이다. 따라서 기독교인의 윤리의 처음과 나중이 된다. 그래서 우리는 이 하나님 나라를 영생의 나라, 샬롬의 나라, 소망의 나라, 우리가 궁극적으로 추구해야 할 나라라고 부른다.

(4) 예수의 윤리는 반드시 실행(實行)을 통해서 실현되어야 하는 윤리이다.

나는 예수의 윤리에서 다음과 같은 주관적이고 고백적인 결론을 얻는다. 예수님은 죽음으로 향한 사람에게 생명을 주는 구주이며, 해결해야 할 문제의 응답이며, 이 시대의 도덕적 기준이 되는 양심이다. 바른 판단력을 제공하여 세상의 길을 바로 잡아 주는 정의이며, 상대방의 마음을 배려하고 열정과 청결한 마음을 주는 사랑이며, 갈등과 편견 때문에 잃어버렸으나 다시 찾을 수 있는 평화이다. 지나친 욕심 때문에 절망하는 세상에 확실하게 바랄 수 있는 희망이며, 위선과 거짓이 없는 믿음의 대상이며, 시대를 확실하게 볼 수 있게 하는 통찰력과 분별력을 제시하는 계시이며, 상처받은 사람의 위로이다.

주__

1) Richard Koch, *The Third Revolution*, Oxford: Capstone, 1998 참고.

2) 같은 책.

3) 「神學春秋」, 2007년 11월 27일(화) 통합 57호 8쪽.

4) Frank J. Tipler, *The Physics of Christianity*, New York: Doubleday, 2007; Ray Kurzweil, *The Singularity Is Near*, 『특이점이 온다』, 김명남, 장시형 역, 서울: 김영사, 2007 참고.

5) 「長神論壇」 24(2005), 192 이하 참고.

6) 같은 책, 192-193쪽.

7) 吉永良正(요시나가 요시마사), 『複雜系란 무엇인가』, 주명갑 역, 서울: 한국경제신문사, 1997, 22쪽.

8) 같은 책, 22-23쪽.

9) 같은 책 42쪽.

10) 같은 책, 88쪽.

11) 같은 책 122쪽.

12) 같은 책.

13) 같은 책, 123쪽.

14) Madan Sarup, *An Introductory Guide to Post-Structuralism and Postmodernism*, 2nd ed. Athens: University of Georgia Press, 1993, 131쪽.

15) 같은 책, 130쪽.

16) Jean-François Lyotard, *The Postmodern Condition*, Minneapolis: University of Minnesota Press, 1991.

17) Sarup, 앞의 책, 132쪽.

18) 같은 책.

19) Leonard Sweet, *Faithquakes*, Nashville: Abingdon Press, 1994 참고.

20) Leonard Sweet, *Soultsunami*, Grand Rapids: Zondervan Publishing House, 1999 참고.

21) Leonard Sweet, *Aqua Church*, Loveland: Group, 1999, Leonard Sweet, *Learn to Dance the Soul Salsa*, Grand Rapids: Zondervan Publishing House, 2000 참고.

22) Leonard Sweet, *Post-modern Pilgrims*, Nashville: Broadman and Holman Publishers, 2000 참고.

23) Linda Edwards, *A Brief Guide to Beliefs*, Louisville: Westminster John Knox Press, 2001, 9쪽 이하 참고.

24) Veli-Matti Kärkkäinen, *An Introduction to the Theology of Religions*, Downers Grove: InterVarsity Press, 2003, 20쪽.

25) Jacques Dupuis, *Toward a Christian Theology of Religious Pluralism*, Maryknoll: Orbis, 1997.

26) Alexander Miller, *An Introduction to Contemporary Metaethics*, Cambridge, UK: Polity Press, 2003.

27) William K. Frankena, *Ethics*, Englewood Cliffs: Prentice-Hall, Inc., 1963, 78쪽.

28) Justin Oakley and Dean Cocking, *Virtue Ethics and Professional Roles*, Cambridge: Cambridge University Press, 2001 참고.

29) 같은 책, 9쪽.

30) 같은 책, 19쪽.

31) 같은 책, 20쪽.

32) 같은 책, 21쪽.

33) 같은 책, 23쪽.

34) 같은 책, 24쪽.

35) 같은 책, 25쪽 이하.

36) Melvin Tinker, *Evangelical Concerns*, Glasgow: Mentor, 2001 참고.

37) Ed Stetzer, *Planting New Churches in a Postmodern Age*, Nashville, Broadman and Holman Publishers, 2003 참고.

38) 옥성호, 『심리학에 물든 부족한 기독교』, 서울: 부흥과개혁사, 2007; 옥성호, 『마케팅에 물든 부족한 기독교』, 서울: 부흥과개혁사, 2007 참고.

39) Wolfgang Achtner, Stefan Kunz and Thomas Walter, *Dimensions*

of Time: The Structures of the Time of Humans, of the World, and of God, trans. Arthur H. Williams, Jr., Grand Rapids: William B. Eerdmans Publishing Company, 1998 참고.

40) 시편 57편 제목 참고.

41) 이 이하는 마태복음 2장에 나타난 말씀을 근거로 하여 정리하려고 한다.

42) Paul K. Ryu, *The World Revolution*, San Diego: American West Independent Publishing, 1997, 68쪽.

43) 같은 책, 68-72쪽.

44) 진중권, 『호모 코레아니쿠스』, 서울: 웅진지식하우스, 2007, 254쪽 이하.

45) 최정화, 『엔젤아우라』, 서울: 중앙books, 2007.

46) 같은 책, 7쪽.

47) 같은 책 8쪽.

48) 같은 책 9-10쪽.

49) *The Interpreter's Dictionary of the Bible*(K-Q), Nashville: Abingdon Press, 1962, 501쪽.

50) 같은 책, 502-503쪽.

51) 강조는 필자의 것임.

52) 필자는 need를 필요한 것으로 이해한다. 욕구라고도 번역할 수 있지만 욕구는 인간이 갈망하여 필요를 충족시키려고 하는 부분이 더 분명하고 따라서 인간 중심의 노력이 요구된다. 그렇다고 여기서 필요하고 하다는 것은 David Miller가 그의 책 *Social Justice*에서 말하는 사회정의를 의미하는 것도 아니다. 여기서 필요라고 하는 것은 하나님께서 인간의 부족한 부분 즉 필요를 아시고 하나님 중심으로 그 필요를 채우시는 일을 하시는 상황에서 이해하는 내용이다. 물론 이것은 하나님의 정의와 공의의 실현을 위한 상황임에는 틀림없다.

53) 「神學春秋」, 2007년 11월 27일(화) 통합 57호 참고.

54) 괄호 안의 말은 필자의 것임.

55) 강조는 필자의 것임.

56) 「조선일보」 인터넷 판, 2007, 12, 11. 각계 전문가로 구성된 자문단과 수차례 토론을 한 후 한국의 변화를 읽으며 한국의 국가 정체성과 한국을 둘러싼 혼동의 징후를 읽으면서 얻은 압축된 내용을 조선일보 김수혜 기자가 정리한 것을 옮긴 것임.

57) 같은 신문.

58) 강조는 필자의 것임.

59) 강조는 필자의 것임.

60) Ethelbert W. Bullinger, *A Critical Lexicon and Concordance to the English and Greek New Testament*, Grand Rapids: Zondervan Publishing House, 1979, 499쪽.

61) 같은 책.

62) 같은 책, 728쪽.

63) 같은 책.

64) 같은 책.

65) 시 112:1-10.

66) 강조는 필자의 것임.

67) Alasdair MacIntyre, *After Virtue: A Study in Moral Theory*, 2nd ed., Notre Dame: University of Notre Dame Press, 1984; Stanley Hauerwas and Alasdair MacIntyre, ed., *Revisions*, Notre Dame: University of Notre Dame Press; Justin Oakley and Dean Cocking, *Virtue Ethics and Professional Roles*, Cambridge: Cambridge University Press, 2001 참고.

68) 맹용길, 『예수님의 산상설교』, 서울: 한국장로교출판사, 2005.

69) 강조는 필자의 것임.

70) 인터넷 「조선일보」, 2007. 09. 14. 김현진의 글.

71) 같은 신문.

72) 인터넷 「조선일보」, 2007, 12, 09.

73) 『동아 새 국어사전』 4판, 동아출판사, 2000, 2347쪽.

74) Fritjof Capra, *The Web of Life: A New Scientific Understanding of Living Systems*, New York: Doubleday, 1996, 17쪽.

75) 같은 책.

76) 같은 책.

77) 같은 책, 18쪽.

78) Frank J. Tipler, *The Physics of Christianity*, New York: Doubleday, 2007, 6-7쪽.

79) 같은 책, 7쪽 이하 참고.

80) 같은 책.

81) Ian G. Barbour, *Religion in an Age of Science*, SCM Press, 1990.

82) 강조는 필자의 것임.

83) Sandra Teplinsky, *Why Care about Israel?: How the Jewish Nation Is Key to Unleashing God's Blessings in the 21st Century*, Grand Rapids: Chosen, 2005, 63쪽.

84) 가치에 대해서는 다음 장에서 논의할 것이다.

85) 정의도 가치의 부분에서 다시 다룰 것임으로 여기서는 생략한다.

86) 맹용길, 『기독교윤리 실천 방법론』, 서울: 장로회신학대학교 출판부, 1998, 8-32쪽 참고.

87) Leonard Sweet, *Soultsunami: Sink or Swim in New Millenium Culture*, Grand Rapids: Zondervan Publishing House, 1999.

88) 이것에 대해서는 맹용길, 『기독교윤리학 입문』, 서울: 대한기독교서회, 1975을 참고할 것.

89) Rick Warren, *The Purpose-driven Life*, Grand Rapids: Zondervan, 2002.

90) 이 부분은 부흥과개혁사에서 출판한『부족한 기독교』3부작을 낸 옥성호의 글을 참고하기 바란다. 처음 두 권은 출판되었지만 세 번째 책은 아직 출판되지 않았다. 그러나 일 권에서 참고할 수 있다.

91) 맹용길, 『기독교윤리 실천 방법론』, 서울: 장로회신학대학교출판부, 1998 참고.

92) 맹용길, 『기독교윤리학 개론』, 서울: 한국장로교출판사, 2005년 판 4장 참고.

93) Moshe Weinfelf, *Social Justice in Ancient Israel and in the Ancient Near East*, Minneapolis: Fortress Press, 1995 참고.

94) Walter Laqueur and Barry Rubin, ed., *The Human Rights*, New York: New American Library, 1979; John Warwick Montgomery, *Human Rights and Human Dignity*, Zondervan Publishing House, 1986 참고.

95) Allen O. Miller, ed., *Christian Declaration on Human Rights: Theological Studies of the World Alliance of Reformed Churches*, Grand Rapids: William B. Eerdmans Publishing Company, 1977.

96) 같은 책, 129쪽.

97) 같은 책, 130쪽.

98) Russell Sparkes, *Socially Responsible Investment: A Global Revolution*,『사회책임투자: 세계적 혁명』, 넷임팩트코리아 역, 서울: 홍성사, 2007.

99) 같은 책, 43쪽. 이것은 저자가 Chris Cowton의 글에서 인용한 것이다.

100) 같은 책.

101) 같은 책, 47쪽.

102) Andy Hines and Peter Bishop, *Thinking about the Future: Guidelines for Strategic Foresight*, Social Technologies, 2006 참고.

103) Jürgen Habermas, *Theory and Practice*, Boston: Beacon Press, 1973; Richard Kilminster, *Praxis and Method*, London: Routledge and Kegan Paul, 1979.

104)『동아 새 국어사전』, 서울: 두산동아, 2000, 2167쪽.

105) John R. Kohlenberger III and James A, Swanson, *The Hebrew-English Concordance to the Old Testament with the New International Version*, Grand Rapids: Zondervan, 1998, 8120쪽 참고.

106) 맹용길,『기독교윤리학 개론』, 서울: 한국장로교출판사, 2005년 판, 제5장 참고; 배재욱, "요한복음이 말하는 영원한 생명에 대한 소고",「선교와 신학」, 2004년 제14집, 199-227쪽 참고.

107) 강조는 필자의 것임.

108) 이 표현은 성경의 순서를 따른 것임을 밝힌다.

109) 맹용길,『미래연구』, 서울: 장로회신학대학교출판부, 1997; Edward Cornish, *Futuring: The Exploration of the Future*, Bethesda: World Future Society, 2004; Eddie L. Long and John C. Maxwell, *Futuring: Leading Your Church into Tomorrow*; 맹용길,『기독교윤리학 개론』, 서울: 한국장로교출판사, 2005년 판, 295쪽 이하 참고.

110) 맹용길,『노인복지 목회론』, 서울: 한국장로교출판사, 1998 참고.

111) John Howard Yoder, *The Politics of Jesus*,『예수의 정치학』, 신원하, 권연경 역, 서울: IVP, 2007 참고.

112) Alan Greenspan, *The Age of Turbulence*,『격동의 시대: 신세계에서의 모험』, 현대경제연구원 역, 서울: 북@북스, 2007 참고.

113) Walter Rauschenbusch, *The Righteousness of the Kingdom*, Nashville: Abingdon Press, 1968 참고; 맹용길, 『基督教倫理思想』, 서울: 대한기독교서회, 1980, 205쪽 이하 참고.

114) 강조는 필자의 것임.

예수의 윤리

왜 지금 예수의 윤리인가?

초판 인쇄 | 2008년 3월 3일
초판 발행 | 2008년 3월 14일

지은이 | 맹용길
펴낸이 | 심만수
펴낸곳 | (주)살림출판사
출판등록 | 1989년 11월 1일 제9-210호

주소 | 413-756 경기도 파주시 교하읍 문발리 파주출판도시 522-2
전화 | 031)955-1350   기획·편집 | 031)955-1395
팩스 | 031)955-1355
이메일 | salleem@chol.com
홈페이지 | http://www.sallimbooks.com

ISBN 978-89-522-0818-7   03230

책임편집·교정 : 정모세

값 12,000원